Christophe Colomb
La découverte de l'Amérique

Christophe Colomb

La découverte de l'Amérique

Traduction de Jean-Pierre Clément
et Jean-Marie Saint-Lu
Abrégée par Marie-Hélène Sabard

Classiques abrégés
l'école des loisirs
11, rue de Sèvres, Paris 6e

La présente édition est tirée des Œuvres complètes *de Christophe Colomb*
publiées en 1992 par les éditions de la Différence
Nous remercions Christine Ehm pour sa précieuse relecture

Composition : Sereg, Paris
Loi n° 49.956 du 16 juillet 1949 sur les publications
destinées à la jeunesse : octobre 1999
Dépôt légal : octobre 1999
Imprimé en France par Bussière Camedan Imprimeries
à Saint-Amand-Montrond
N° d'édit. : 3247. N° d'impr. : 993268/1

Introduction

Dès le début des années 1480, Christophe Colomb a l'idée d'atteindre les « Indes » par l'ouest, en traversant l'Atlantique. Cette erreur, on le sait, le mettra en présence des « Indiens » d'Amérique, et non du Grand Khan, empereur de Chine... Pour la comprendre, il faut se rappeler que, en cette fin de Moyen Âge, le monde est conçu comme un bloc de trois continents – l'Europe, l'Afrique et l'Asie – cernant la Méditerranée et entouré par une seule et unique mer. Redécouverte en 1409 puis largement diffusée par l'imprimerie, la *Géographie* de Ptolémée (IIe siècle) conforte cette vision et fait autorité dans toute la chrétienté. Toutefois, la carte léguée à l'Occident par Ptolémée fourmille d'inexactitudes : ainsi, l'Asie est très allongée vers l'est, si bien que ses côtes orientales semblent peu éloignées du littoral européen. En outre, bien que les savants s'accordent sur le fait que la Terre est ronde, sa circonférence est encore nettement sous-évaluée. Colomb estime donc que, après une traversée de quelques jours, il abordera ces contrées décrites par Marco Polo, où abondent l'or et les épices...

Le 3 août 1492, ayant obtenu le mandat des souverains d'Espagne, il part avec deux caravelles, la *Pinta* et la *Niña*, et une nef, la *Santa María*, ce sera le premier de quatre longs voyages… On pourra s'étonner de ce que ces quatre voyages n'aient pas donné lieu à des récits d'égale importance. Le premier a été à l'origine du texte le plus long, alors qu'il fut le plus court dans le temps. D'une part, étant le premier, la nouveauté de la découverte appelait davantage de descriptions ; par ailleurs, comme on le comprendra au fil de la lecture et dans la « Chronologie » placée en fin de volume, les revers subis par Colomb avaient altéré son enthousiasme et beaucoup de ses écrits du troisième et du quatrième voyage visaient surtout le rétablissement de ses droits.

On possède assez peu de documents de sa main. La plupart de ses écrits nous sont parvenus grâce à des copies faites par Bartolomé de Las Casas, ami de Diego Colomb, le fils aîné du découvreur. Ayant accès aux archives familiales, Las Casas va recopier ou raconter l'histoire de ces découvertes ; c'est pourquoi l'on trouve dans ce volume à la fois un journal, des lettres de Colomb et des récits de la plume de Las Casas. Celui-ci annotera sa copie de commentaires personnels, notamment sur les traitements infligés aux Indiens. (Ils sont indiqués entre crochets et en italique dans le courant du texte.) En effet, ce dominicain espagnol s'est posé en farouche défenseur des Indiens. Il a lutté contre les *encomiendas*, ces grandes propriétés où l'on réduisait les indigènes à l'esclavage, a été l'instigateur des « nouvelles lois » visant à une colonisation plus humaine de l'Amérique et, dans sa *Très brève relation de la destruction des Indes* (1542), a dénoncé avec force les atrocités commises par les Espagnols.

Dernier point à préciser : la mystérieuse signature de Colomb. Elle se présente ainsi :

·S·
·S· A ·S·
X M Y
Christo Ferens

Les trois S disposés en triangle signifieraient « Sanctus, sanctus, sanctus » et la disposition triangulaire serait un rappel de la Sainte-Trinité, fréquemment évoquée par Colomb. Le A et le M placés l'un au-dessous de l'autre viendraient pour « Ave Maria ». Le X et le Y encadrant le M représenteraient respectivement saint Christophe (Xristophoros), le saint patron du découvreur, et saint Jean Baptiste (Yohannes = Jean). Quant au *Christo Ferens* final, il signifie littéralement « Qui porte pour le Christ ».

Colomb se considérait donc d'abord comme un missionnaire, un croisé, dont l'ambition était de répandre la parole divine et d'amasser suffisamment d'or pour financer la reconquête de la Terre sainte. Ce que confirment page après page ses écrits…

I
Journal du premier voyage (1492-1493)

Lettre de Christophe Colomb à Ferdinand d'Aragon et Isabelle de Castille, souverains d'Espagne. Cette lettre marque le véritable début de l'aventure colombienne

« Très Chrétiens, Très Hauts, Très Excellents et Très Puissants Princes, Roi et Reine des Espagnes et des îles de la mer, Nos Seigneurs, en la présente année 1492, comme j'avais informé Vos Altesses des pays de l'Inde et d'un prince qui est appelé Grand Khan[1] (qui veut dire en notre langue commune Roi des Rois), et vous avais dit comment, maintes fois, lui et ses prédécesseurs avaient fait demander à Rome des docteurs en notre sainte foi, afin qu'ils la leur enseignassent, et comment jamais le Saint-Père ne leur en avait fourni, de sorte que tant de peuples se perdaient en tombant dans l'idolâtrie

1. À la suite du retour de Nicolas et Marco Polo de leur voyage en Orient (1295), coururent par toute l'Europe de fabuleuses histoires sur le Grand Khan qui, d'après eux, avait demandé au pape cent théologiens pour convertir les Mongols (*N.d.T.*).

et en admettant pour eux-mêmes des doctrines de perdition; lors, Vos Altesses, en chrétiens catholiques et princes qui chérissent la sainte foi chrétienne, désireux de son accroissement et ennemis de la secte de Mahomet et de toutes les idolâtries et hérésies, pensèrent à m'envoyer, moi, Cristóbal Colón[1], en les susdites contrées de l'Inde afin de voir lesdits princes, leurs peuples, leurs pays et la disposition de chacun et de l'ensemble, ainsi que la manière dont on pourrait user pour leur conversion à notre sainte foi, et ordonnèrent que j'allasse vers l'orient non pas par terre, par où l'on a coutume de se diriger, mais en suivant le chemin de l'occident, par lequel, à ce jour, nous ne savons pas de façon certaine que quiconque ait passé. Pour cela elles me firent de grandes faveurs et m'anoblirent, afin que dorénavant je m'appelasse Don et fusse Grand Amiral de la mer océane, et Vice-Roi, et Gouverneur perpétuel de toutes les îles et de la terre ferme que je pourrais découvrir et conquérir, et qu'à l'avenir on pourrait découvrir et conquérir dans la mer océane, et que me succédât mon fils aîné, et qu'après lui il en fût de même, de degré en degré, pour toujours et à jamais.

«Je quittai donc la ville de Grenade le douzième jour du mois de mai de cette même année 1492, un

1. En France le découvreur est connu sous le nom de Christophe Colomb, et c'est pour cela que, dans le titre et les notes, nous avons gardé cette forme; mais nous avons, dans le texte, conservé au personnage le nom qu'il voulait lui-même qu'on lui donnât en Castille (*N.d.T.*).

samedi, et vins en la ville de Palos, qui est port de mer, où j'armai trois navires. Puis je quittai ledit port, bien pourvu d'une profusion de nourriture et de nombreux gens de mer, le troisième jour du mois d'août de ladite année, qui était un vendredi, une demi-heure avant le lever du soleil, et suivis le chemin des îles Canaries

qui appartiennent à Vos Altesses et sont en ladite mer océane, afin de prendre là ma route et naviguer jusqu'à ce que j'arrivasse aux Indes pour y porter l'ambassade de Vos Altesses aux princes de ces pays, accomplissant ainsi ce qu'elles m'avaient mandé ; c'est pourquoi j'ai pensé coucher par écrit tout ce voyage très précisément, de jour en jour, en notant tout ce que je ferais, verrais et parcourrais, comme on le verra plus avant. »

Voici, avec ses routes et son chemin,
le récit du premier voyage que fit
l'Amiral don Cristóbal Colón quand
il découvrit les Indes

Vendredi 3 août

« Nous partîmes le vendredi troisième jour d'août de l'an 1492, de la barre de Saltès, à huit heures. Nous avançâmes avec une forte brise de mer, jusqu'au coucher du soleil, vers le sud pendant soixante milles, qui font quinze lieues[1], puis vers le sud-ouest et le sud quart sud-ouest qui était alors le chemin des Canaries. »

Lundi 6 août

Le gouvernail de la caravelle *Pinta*, où allait Martín Alonso Pinzón[2], sauta ou se déboîta. L'Amiral se vit pour l'occasion en grand trouble de ne pouvoir porter aide à ladite caravelle sans se mettre en péril, et dit cependant qu'il perdait un peu de son inquiétude en sachant que Martín Alonso Pinzón était homme courageux et de bon entendement. Finalement, ils franchirent, entre le jour et la nuit, vingt-neuf lieues.

1. Le journal fait indistinctement référence à des lieues et à des milles. Il faut tenir compte que la lieue utilisée par Colomb est celle des marins italiens et équivaut à quatre milles marins (*N.d.T.*).

2. Colomb part avec trois navires : la *Santa María*, la *Pinta*, qui a pour capitaine Martín Alonso Pinzón, et la *Niña*, gouvernée par Vicente Yáñez, le frère de Martín Alonso.

Mardi 7 août

Le gouvernail de la *Pinta* ayant de nouveau sauté, ils le réparèrent, puis marchèrent en quête de l'île de Lanzarote qui est une des îles Canaries.

Jeudi 9 août

L'on répara très bien la *Pinta* grâce aux grands efforts et à la diligence de l'Amiral, de Martín Alonso et des autres. Ayant fait provision d'eau, de bois de chauffe, d'aliments, l'Amiral mit enfin à la voile avec ses trois caravelles, le jeudi sixième jour de septembre.

Vendredi 7 septembre

Tout le vendredi et le samedi jusqu'à trois heures du matin, il se trouva pris dans le calme.

Samedi 8 septembre

À trois heures du matin, le samedi, le vent se mit à souffler du nord-est, aussi l'Amiral prit-il sa route en direction de l'ouest.

Dimanche 9 septembre

Il franchit ce jour-là quinze lieues et décida d'en compter moins qu'il n'en faisait, afin que, si le voyage devenait trop long, ses gens ne fussent point effrayés ou découragés. Pendant la nuit, il franchit cent vingt milles, à raison de dix milles par heure, ce qui fait trente lieues au total. Les marins gouvernaient mal, déviant vers le quart nord-ouest et même vers le demi-quart suivant ; de quoi l'Amiral les réprimanda maintes fois.

Vendredi 14 septembre

Ce jour-là et la nuit suivante, ils naviguèrent en gardant leur cap à l'ouest, et ils franchirent vingt lieues. Il en compta quelqu'une de moins. Lors dirent ceux de la caravelle *Niña* qu'ils avaient vu une hirondelle de mer et un paille-en-queue, oiseaux qui ne s'écartent jamais de la terre de plus de vingt-cinq lieues.

Lundi 17 septembre

Dès le lever du jour, ce lundi, ils virent beaucoup d'herbes, qui semblaient des herbes de rivière, sur lesquelles ils trouvèrent un crabe vivant que l'Amiral conserva. Et il dit que c'étaient là des signes certains de la terre, car on ne trouve pas de crabe à plus de quatre-vingts lieues de la terre. Ils trouvaient l'eau de la mer moins salée depuis leur départ des Canaries, les vents toujours plus doux. Tous étaient joyeux, et les navires, à qui mieux mieux, filaient pour voir en premier la terre. Ils virent de nombreux thons et les gens de la *Niña* en pêchèrent un. Ici l'Amiral dit que ces signes étaient ceux du couchant, « où j'espère que Dieu Tout-Puissant, entre les mains de qui sont toutes les victoires, très vite nous offrira une terre ». Il dit que, ce matin-là, il vit un oiseau blanc qui s'appelle paille-en-queue et n'est point accoutumé à dormir en mer.

Mercredi 19 septembre

Il navigua en gardant son cap et, entre le jour et la nuit, dut franchir vingt-cinq lieues, car ils eurent du temps calme ; il en nota vingt-deux. Ce jour-là, à dix heures, un albatros vint se poser sur la nef et, dans l'après-midi, ils en virent un second, alors que ces oiseaux ne sont point accoutumés à s'éloigner de plus de vingt lieues de la terre. Une bruine sans vent se mit à tomber, ce qui est signe certain de la proximité de la terre. Point ne voulut l'Amiral se ralentir en louvoyant pour vérifier qu'il y avait une terre, et il tint seulement pour assuré que du côté du nord comme du sud il y avait quelques îles. «Parce que sa volonté était de continuer plus avant jusqu'aux Indes, et le temps est beau, de sorte que s'il plaît à Dieu, tout cela se pourra voir au retour.» Ce sont là ses paroles.

Vendredi 21 septembre

Ce jour-là régna le plus grand calme, puis il y eut un peu de vent. Ils franchirent, entre le jour et la nuit, parfois en faisant du surplace, parfois non, jusqu'à treize lieues. Dès le lever du jour, ils trouvèrent tant d'herbe qu'il semblait que la mer en était entièrement recouverte; elle venait de l'ouest. Ils virent un albatros. La mer aussi étale qu'un fleuve et la brise la meilleure du monde. Ils virent une baleine, ce qui est signe qu'ils étaient proches de la terre, car ces animaux ne s'en éloignent jamais.

Mardi 25 septembre

Ce jour il y eut un grand calme, puis le vent souffla, et ils suivirent leur cap à l'ouest jusqu'à la nuit. Au coucher du soleil, Martín Alonso monta sur la poupe de son navire et, avec beaucoup d'allégresse, appela l'Amiral, lui demandant un cadeau de bonne nouvelle, car il voyait la terre. Ici l'Amiral dit que, lorsqu'il l'entendit assurer cela, il se mit à rendre grâce à Notre-Seigneur à genoux, pendant que Martín Alonso chantait le *Gloria in excelsis Deo* avec ses hommes. Même chose firent les gens de l'Amiral et ceux de la *Niña*. Tous grimpèrent dans la mâture et le gréement, et tous affirmèrent que c'était bien la terre ; l'Amiral pensa la même chose et aussi qu'il pouvait y avoir vingt-cinq lieues pour y arriver. Jusqu'à la nuit ils ne cessèrent tous d'affirmer que c'était bien la terre. L'Amiral ordonna à tous d'abandonner leur cap qui était à l'ouest et de prendre celui du sud-ouest, ce qui fait vingt et une, bien qu'il dît treize lieues à ses gens, parce qu'il faisait croire à ses hommes qu'il faisait peu de chemin, afin que celui-ci ne leur parût pas long, de sorte qu'il nota ce voyage selon deux chemins : le plus court fut le faux et le plus long le vrai. Il avança par une mer très étale, aussi nombre de marins se jetèrent-ils à l'eau pour nager. Ils virent beaucoup de daurades et d'autres poissons.

Mercredi 26 septembre

Il navigua en gardant son cap à l'ouest jusqu'après midi ; puis ils allèrent vers le sud-ouest jusqu'à ce qu'ils se rendissent compte que ce qu'ils disaient être la terre n'était que le ciel. Ils franchirent, pendant le jour et la nuit, trente et une lieues, mais pour ses gens il en compta vingt-quatre. La mer était comme un fleuve, la brise douce et très agréable.

Samedi 29 septembre

Il navigua en gardant son cap à l'ouest. Ils franchirent vingt-quatre lieues ; il en compta vingt et une pour ses gens. En raison de moments de calme qu'ils eurent, ils avancèrent peu, entre le jour et la nuit. Ils virent un oiseau que l'on appelle frégate, qui fait vomir aux albatros ce qu'ils mangent pour le manger à son tour, et ne se nourrit pas d'autre chose. C'est un oiseau de mer, mais il ne se pose pas sur la mer et ne s'éloigne pas de plus de vingt lieues de la terre. Il y en a beaucoup dans les îles du Cap-Vert. Ensuite, ils virent deux albatros. La brise était très douce et délicieuse, de sorte que, dit-il, il ne manquait que d'entendre le rossignol, et la mer était lisse comme un fleuve. Puis, en trois fois, se présentèrent trois albatros et une frégate. Ils virent beaucoup d'herbe.

Dimanche 7 octobre

Ce jour, au lever du soleil, alors que tous avançaient à qui mieux mieux pour voir en premier la terre, afin de bénéficier de la récompense que les souverains avaient promise à qui la verrait le premier, la caravelle *Niña*, qui allait devant, car elle était véloce, hissa un pavillon à la pointe de son mât et tira un coup de bombarde, comme l'avait ordonné l'Amiral, pour signaler qu'on voyait la terre. Il avait également ordonné qu'au lever du soleil et à son coucher, les autres navires le rejoignissent, parce que ces deux moments sont les plus favorables, l'atmosphère permettant alors de voir plus loin.

Comme, l'après-midi, ils n'avaient toujours pas vu la terre que les gens de la *Niña* croyaient avoir vue et comme passait une multitude d'oiseaux allant du nord vers le sud-ouest, ce qui laissait penser qu'ils s'en allaient dormir à terre, ou peut-être qu'ils fuyaient l'hiver, qui devait s'approcher des régions d'où ils arrivaient, l'Amiral décida de laisser la route de l'ouest et de mettre le cap à l'ouest-sud-ouest avec la ferme intention de marcher deux jours selon cette direction.

Mercredi 10 octobre

Il navigua cap à l'ouest-sud-ouest. Entre le jour et la nuit, ils franchirent cinquante-neuf lieues, à raison de dix milles par heure et parfois douze et d'autres fois sept. Il compta, pour ses hommes, quarante-quatre lieues, pas plus. Lors, ses hommes trouvaient tout cela insupportable [*les critiques et les malédictions qu'avant ils disaient en eux-mêmes et à l'encontre de leur capitaine en général, ils se mirent à les exprimer à haute voix et à lui dire effrontément en face qu'il les avait trompés et perdus, qu'il les menait à la mort, et ils juraient sur un tel et un tel que, s'il ne s'en retournait pas, ils le jetteraient le premier à la mer*] ; ils se plaignaient de la longueur du voyage, mais l'Amiral les encouragea du mieux qu'il put, leur donnant bon espoir sur les profits qu'ils en pourraient avoir, et il ajoutait qu'il ne servait à rien de se plaindre, car lui était là pour aller aux Indes et qu'il continuerait ainsi jusqu'à ce qu'il les atteignît avec l'aide de Notre-Seigneur.

Jeudi 11 octobre

Ils eurent une mer plus forte qu'ils n'avaient eue pendant tout le voyage. Ils virent des pétrels et un jonc vert près de la nef. Ceux de la caravelle *Pinta* virent un roseau et un morceau de bois, et attrapèrent un autre petit morceau de bois qui semblait gravé au fer, ainsi qu'un bout de roseau, une autre plante qui pousse sur terre et une planchette. Ceux de la caravelle *Niña* virent également d'autres signes de la terre et un petit bout de bois couvert de fruits d'églantier. À ces signes, tous respirèrent et se réjouirent. Parce que la caravelle *Pinta* était la plus fine voilière et allait devant l'Amiral, ce fut elle qui découvrit la terre et fit les signaux que l'Amiral avait mandés.

Cette terre fut aperçue en premier par un marin qui s'appelait Rodrigo de Triana. Pourtant l'Amiral, à dix heures du soir, avait déjà aperçu une lumière alors qu'il se trouvait sur le château de poupe. C'est pourquoi, lorsqu'ils récitèrent le *Salve Regina*, que sont accoutumés de réciter et de chanter, chacun à leur façon, tous les marins, qui sont alors tous réunis, l'Amiral les pria et leur recommanda de faire bonne garde sur le château de proue et de bien chercher la terre des yeux; il leur dit aussi qu'à celui qui le premier lui dirait qu'il voyait la terre, il donnerait incontinent un pourpoint de soie, sans compter les autres récompenses que les souverains avaient promises et qui se montaient à dix mille maravédis[1] de rente per-

1. La monnaie espagnole de l'époque.

pétuelle à qui la verrait le premier. À deux heures après minuit, la terre apparut, dont ils pouvaient être à deux lieues. Ils amenèrent toutes les voiles et ne gardèrent que le tréou qui est la grand-voile, sans les bonnettes, et ils mirent à la cape, ne bougeant plus jusqu'à ce que se levât ce jour du vendredi où ils arrivèrent à une petite île qui s'appelait, en la langue des Indiens, Guanahaní.

Dès l'abord ils virent des gens nus, et l'Amiral descendit à terre avec la barque armée, accompagnée de Martín Alonso Pinzón et Vicente Yáñez, son frère, qui était capitaine de la *Niña*. L'Amiral déploya la bannière royale et ses capitaines les deux bannières à croix verte que l'Amiral avait mises sur chaque navire comme sa marque et qui portaient un F et un I[1], chaque lettre étant surmontée de sa couronne respective et placée l'une d'un côté de la croix et l'autre de l'autre. Ayant mis pied à terre, ils virent des arbres très verts, et beaucoup d'eaux courantes, et des fruits de diverses sortes. L'Amiral appela à lui les deux capitaines et tous ceux qui avaient débarqué, ainsi que Rodrigo de Escobedo, notaire de l'ensemble de l'expédition, et Rodrigo Sánchez de Ségovie, et leur demanda de lui rendre foi et témoignage de ce qu'au vu de tous, il prenait possession de ladite île au nom du roi et de la reine, ses souverains. Bientôt de nombreux habitants de l'île se regroupèrent auprès d'eux [*les Indiens étaient stupéfaits en regardant les chrétiens, épouvantés par leurs barbes, ils s'approchaient des hommes barbus, spécialement de l'Amiral, et touchaient les barbes de la main, s'en émerveillant car ils sont toujours imberbes*]. Ce qui suit maintenant est exactement ce qu'écrivit l'Amiral dans le récit de son premier voyage et de sa découverte de ces Indes-ci.

«Quant à moi, afin qu'ils nous tinssent en grande

1. Les initiales de Ferdinand d'Aragon et Isabelle de Castille, souverains d'Espagne.

amitié, car je vis que c'étaient des gens qui s'ouvriraient et se convertiraient à notre sainte religion plus par amour que par force, je donnai à quelques-uns

d'entre eux des bonnets rouges et des colliers de perles de verre qu'ils se mettaient autour du cou, et bien d'autres choses de peu de valeur, grâce auxquelles ils furent très contents et nous restèrent si attachés que c'en était merveille. Ces gens venaient ensuite à la nage jusqu'aux barques des navires sur lesquelles nous nous trouvions, et nous apportaient des perroquets, du fil de coton en pelotes, des sagaies et bien d'autres choses, et nous les troquaient contre d'autres choses que nous leur donnions, comme des petites perles de verre et des grelots. Enfin, ils acceptaient tout et donnaient ce qu'ils avaient de bon gré, mais il me sembla que c'étaient des gens très pauvres de tout.

«Tous vont nus comme leur mère les a mis au monde, les femmes également, quoique je n'en eusse vu qu'une seule, fort jeunette; et tous ceux que je vis étaient tous jeunes, de sorte que je n'en vis aucun âgé de plus de trente ans, très bien faits, avec des corps harmonieux et de très beaux visages, les cheveux presque aussi épais que les crins de la queue des chevaux, et courts. Ils portent les cheveux sur les sourcils, sauf quelques mèches qu'ils portent longues derrière et jamais ne coupent. Certains se peignent de brun, d'autres sont de la couleur des Canariens[1], ni noirs ni blancs, d'autres se peignent de blanc, d'autres de rouge, d'autres de ce qu'ils trouvent; certains se peignent le visage, d'autres le corps, d'autres seulement les yeux, d'autres seulement le nez. Ils ne portent point

1. À plusieurs reprises, la couleur des Indiens est comparée à celle des Canariens. Depuis l'Antiquité, on pensait que le teint des hommes s'assombrissait à mesure que l'on avançait vers le sud. Sur un parallèle plus méridional que les îles Canaries, Colomb pensait se trouver devant des hommes noirs.

d'armes ni ne les connaissent, parce que, si je leur montrais des épées, ils les prenaient par le tranchant et se coupaient par ignorance. Ils n'ont aucun objet de fer ; leurs sagaies sont des bâtons sans pointe de fer, mais certaines d'entre elles ont au bout une dent de poisson. Tous semblablement sont de bonne taille, ont de beaux traits et sont bien faits. J'en vis quelques-uns qui avaient des marques de blessures sur le corps ; je leur demandai alors par signes ce que c'était, et eux m'expliquèrent par gestes comment des gens venaient là d'autres îles qui étaient proches pour les enlever, et comment ils se défendaient. Je pensai donc et je pense toujours que ces gens viennent là depuis la terre ferme pour en faire leurs captifs. Eux doivent être bons serviteurs et de bon entendement, car je m'aperçois qu'ils répètent très vite tout ce que je leur ai dit. Et je pense qu'ils deviendraient facilement chrétiens, car il me sembla qu'ils n'avaient aucune religion. Quant à moi, s'il plaît à Notre-Seigneur, j'en emmènerai d'ici, lorsque je partirai, six à Vos Altesses, afin qu'ils apprennent à parler notre langue. Je ne vis aucune bête d'aucune sorte, sauf des perroquets en cette île. » Telles sont les paroles exactes de l'Amiral.

Samedi 13 octobre

« Dès que le jour se leva, nombre de ces hommes vinrent sur la plage, tous jeunes, comme je l'ai dit, et tous de bonne taille, très bien faits ; leurs cheveux non crépus mais au contraire raides et gros comme des crins de chevaux, et tous avec un front et une tête plus larges qu'aucune race que j'aie vue à ce jour ; ils n'avaient pas les yeux petits mais très beaux. Ils ont les jambes très droites, tous semblablement, et le ventre non point gros mais très bien proportionné. Ils vinrent jusqu'à

la nef avec des almadies, qui sont faites du tronc d'un seul arbre et sont une sorte de barque longue et toute d'une pièce, taillée de merveilleuse façon comme cela se fait dans ce pays ; certaines sont grandes, sur lesquelles pouvaient aller quarante à quarante-cinq hommes, et d'autres plus petites, si bien que sur certaines d'entre elles n'allait qu'un seul homme. Ils ramaient avec une pelle semblable à celles des boulangers ; cette barque avance à merveille, et si elle se retourne, aussitôt ils se mettent à nager, la redressent et la vident avec des calebasses qu'ils ont avec eux. Ils apportaient des pelotes de coton filé, des perroquets, des sagaies et d'autres petites choses qu'il serait ennuyeux d'énumérer, et ils donnaient tout en échange de n'importe quelle chose qu'on leur pouvait donner. Quant à moi, je mettais toute mon attention et tous mes efforts à savoir s'il y avait de l'or, et vis que quelques-uns d'entre eux en portaient un morceau accroché à un trou dans le nez. Et à leurs gestes je pus comprendre qu'en allant vers le sud ou bien en contournant l'île par le sud, il y avait là un roi qui avait en abondance de grands vases de ce métal.

« Cette île est assez grande et très basse avec des arbres très verts, de nombreux cours d'eau et une très grande lagune au milieu, sans aucune montagne ; et tout y est tellement vert que c'est un plaisir de la contempler. En outre, les gens y sont fort doux ; leur envie est si grande d'avoir de nos objets que, craignant qu'on ne leur en donne point s'ils ne donnent eux-mêmes quelque chose, et ne possédant rien, ils prennent ce qu'ils trouvent et s'enfuient aussitôt à la nage ; cependant, tout ce qu'ils possèdent ils le donnent contre n'importe quoi qu'on leur puisse donner, si bien qu'ils prenaient même en échange les morceaux des écuelles et des tasses de verre brisées. »

Dimanche 14 octobre

« Dès que le jour se leva, je fis préparer la chaloupe de la nef et les barques des caravelles, et, longeant l'île en direction du nord-nord-est afin de voir ce qu'il y avait sur l'autre côte, qui était située à l'est, et de voir aussi les villages qu'il pouvait y avoir, j'en vis bientôt deux ou trois dont les gens venaient tous sur la plage, nous appelant et remerciant Dieu. Les uns apportaient de l'eau, d'autres diverses choses à manger ; d'autres, quand ils voyaient que je ne me souciais pas d'aller à terre, se jetaient à l'eau et venaient à la nage nous demander – c'est ce que nous comprenions – si nous étions venus du ciel. Lors, un vieux vint sur la chaloupe pendant que d'autres à grands cris les appelaient tous, hommes et femmes : "Venez voir les hommes qui sont venus du ciel, apportez-leur à manger et à boire. " Beaucoup d'hommes et de femmes vinrent, chacun avec quelque chose, remerciant Dieu en se prosternant jusqu'au sol, puis ils levaient les mains vers le ciel et nous demandaient à grands cris de venir à terre ; cependant, moi je voulais voir un grand récif rocheux qui fait le tour de cette île, au milieu de laquelle il y a un port profond et assez grand pour recevoir toutes les nefs qu'il y a dans toute la chrétienté, et dont l'entrée est très étroite. Il est vrai qu'à l'intérieur de cette ceinture il y a quelques bas-fonds, où, par conséquent, la mer ne bouge pas plus que dans un puits.

«Je croisai donc toute la matinée, afin de voir tout ceci et de pouvoir en faire la relation à Vos Altesses, mais aussi afin de savoir où je pourrais construire un fortin ; je découvris alors une langue de terre qui fait comme une île, bien que ce n'en soit pas une, sur laquelle il y avait six maisons et qui pourrait, en deux jours, être transformée en île par une tranchée, encore que je n'en voie pas la nécessité, car ces gens sont très innocents en matière d'armes, comme le verront Vos Altesses avec les sept que j'ai fait prendre pour les emmener avec moi et leur apprendre notre langue, puis les ramener chez eux, sauf que, si Vos Altesses l'ordonnent, elles peuvent faire emmener tous les gens de cette île en Castille, ou bien tous les faire tenir captifs ici même, parce que avec cinquante hommes elles les tiendront tous en soumission et leur feront faire ce qu'elles voudront. En outre, près de cet îlot se trouvent des vergers d'arbres, les plus beaux que j'aie vus, aussi verts et feuillus que ceux de Castille aux mois d'avril et mai, et beaucoup d'eau. J'examinai bien ce port, revins ensuite à la nef et mis à la voile ; je découvris alors tant d'îles que je n'arrivais pas à décider vers laquelle j'irais d'abord. Et les hommes que j'avais pris pour les emmener avec moi me disaient par gestes qu'il y en avait tant et tant qu'on ne les pouvait compter, et ils en désignèrent par leur nom plus de cent. Je choisis donc la plus grande et c'est vers elle que je décidai de me diriger ; c'est ce que je fais maintenant ; elle doit être distante de cinq lieues de celle de San Salvador[1]. »

Lundi 15 octobre

« Il devait être midi quand j'arrivai à ladite île. Puis, comme de cette île j'en vis une autre plus grande à l'ouest, je fis carguer les voiles pour avancer doucement tout le jour jusqu'au soir, car à ce moment-là je n'aurais pu encore atteindre le cap occidental de l'île près de laquelle je me trouvais et à laquelle je donnai le nom de Sainte-Marie-de-la-Conception ; c'est donc presque au coucher du soleil que je mouillai près dudit cap, voulant savoir s'il y avait de l'or, car les gens que j'avais fait prendre sur l'île de San Salvador me disaient que ceux d'ici portaient de très gros bracelets d'or aux jambes et aux bras. Je pensai bien que tout ce qu'ils disaient était tromperie pour s'enfuir. Toutefois, ma

1. Première mention du nom espagnol de l'île de Guanahaní (aujourd'hui Watling) (*N.d.T.*).

volonté était de ne passer devant aucune île sans en prendre possession, quoique, en ayant pris une, cela valait pour toutes.

«Je jetai l'ancre et restai là jusqu'en ce jour de mardi où, dès l'aube, avec les barques armées, je gagnai le rivage où je mis pied à terre; quant aux habitants, qui étaient nombreux, tout aussi nus et de même condition que ceux de l'île de San Salvador, ils nous laissèrent aller à travers l'île et nous donnaient ce qu'on leur demandait. Cependant, comme le vent soufflait fort par le travers sud-est, je ne voulus point m'attarder et je retournai à la nef.

«Une grande almadie était accostée à la caravelle *Niña* et l'un des hommes de l'île de San Salvador, qui se trouvait à bord de celle-ci, se jeta à la mer et s'en fut avec l'esquif; on poursuivit l'almadie, laquelle fila si vite qu'aucune barque ne l'aurait pu rattraper, en raison de la grande avance qu'elle avait sur nous; ainsi l'almadie put atteindre le rivage où ses occupants l'abandonnèrent; lorsque quelques-uns des hommes de ma troupe sautèrent à terre à leur poursuite, ils s'enfuirent comme des poules; quant à l'almadie qu'ils avaient abandonnée, nous l'amenâmes contre la caravelle *Niña* où se trouvait alors, sur l'autre bord, une autre petite almadie avec un seul homme qui venait échanger une pelote de coton; comme il ne voulait pas monter sur la caravelle, quelques marins se jetèrent à l'eau et se saisirent de lui. Mais moi qui étais à la poupe de la nef et avais tout vu, je l'envoyai chercher et lui donnai un bonnet rouge, un collier de petites perles vertes en verre que je lui mis au bras et deux grelots que je lui mis aux oreilles, puis je lui dis de retourner à son almadie qui était maintenant accostée à la barque et le renvoyai à terre. Au moment où arrivait à terre l'homme à qui j'avais donné les choses susdites et à qui je n'avais pas voulu prendre sa pelote de coton, bien qu'il me l'eût voulu donner, je vis que tous les autres s'étaient approchés de lui et qu'il était tout surpris car il s'était aperçu que nous étions de braves gens et que celui qui s'était enfui nous avait dû faire quelque mal, raison pour laquelle nous l'avions emmené. C'est d'ailleurs pour ce motif que j'agis ainsi envers lui, le faisant libérer et lui donnant lesdites choses, afin qu'il nous tînt en cette opinion et qu'une autre fois, quand Vos Altesses enverront de nouveau quelqu'un ici, ces gens ne lui fassent point mauvais accueil ; enfin, tout ce que je lui avais donné ne valait pas quatre maravédis.

« C'est ainsi que je partis, alors qu'il pouvait être dix heures, avec un vent de sud-est qui tournait au sud, afin de gagner l'autre île, laquelle était très grande et où tous les hommes que j'emmène de celle de San Salvador disent par gestes qu'il y a beaucoup, beaucoup d'or, et que les gens l'y portent en bracelets aux bras, ainsi qu'aux jambes, aux oreilles, au nez et au cou.

« Il y avait de l'île de Sainte-Marie à cette autre neuf lieues d'est en ouest. L'île est très basse, sans montagne aucune, tout comme celles de San Salvador et de Sainte-Marie ; toutes les plages sont dépourvues de rochers, sauf que sur toutes il y a quelques écueils près du rivage sous la surface de l'eau ; c'est pourquoi il est nécessaire d'ouvrir l'œil quand on veut jeter l'ancre et de ne pas mouiller trop près de la terre, bien que les eaux soient toujours très claires et que l'on voie le fond. D'ailleurs, à deux jets de bombarde de la côte de toutes ces îles, il y a tellement de fond qu'on ne le peut mesurer. Ces îles sont très verdoyantes et fertiles, l'air très doux, et il peut y avoir bien d'autres choses que j'ignore, car je ne veux point m'attarder, afin d'aller visiter beaucoup d'îles pour y trouver de l'or.

« Alors que j'étais au milieu du golfe qui sépare ces deux îles, à savoir celle de Sainte-Marie et la grande à laquelle je donne le nom de Fernandina[1], je trouvai un homme seul sur une almadie qui passait de l'île de Sainte-Marie à la Fernandina ; il avait avec lui un morceau de son pain[2], qui ne devait pas être plus gros que le poing, et une calebasse d'eau, ainsi qu'un peu de terre rouge réduite en poudre puis pétrie en pâte, et quelques feuilles sèches[3] qui doivent être quelque chose de très apprécié parmi ces gens, car ils m'en avaient apporté en présent à San Salvador ; il avait un petit panier, à la manière du pays, dans lequel il avait un bout de collier de petites perles de verre et deux blancs, à quoi je reconnus qu'il venait de l'île de San Salvador. L'homme s'approcha de la nef ; je le fis monter, comme il le demandait, fis mettre son almadie sur la nef et garder tout ce qu'il avait avec lui, puis lui fis donner

1. Nom donné en l'honneur du roi Ferdinand, aujourd'hui Long Island (*N.d.T.*).

2. Il s'agit, en réalité, du maïs (*N.d.T.*).

3. Première allusion au tabac (*N.d.T.*).

à manger du pain et du miel, et à boire. Et ainsi je le ferai passer à la Fernandina et lui rendrai tout son bien, afin qu'il donne de bonnes informations sur nous, et que, s'il plaît à Notre-Seigneur, quand Vos Altesses enverront des sujets par ici, ceux qui viendront soient reçus avec les honneurs; afin aussi que ces gens donnent aux nôtres de tout ce qu'il pourra y avoir.»

Mardi [et mercredi] 16 octobre

«J'arrivai en vue d'un village devant lequel je jetai l'ancre et où était déjà arrivé cet homme que j'avais trouvé la veille dans son almadie au milieu du golfe; lequel avait donné de si bonnes informations sur nous que pendant toute la nuit les almadies ne manquèrent pas contre le flanc de la nef, nous apportant de l'eau et de ce que ces gens possédaient. Et moi, à chacun d'eux je faisais donner quelque chose, à savoir de petites perles de verre, dix ou douze, enfilées, et des sonnettes de laiton, de celles qui valent en Castille un maravédi pièce, ainsi que des aiguillettes, toutes choses qu'ils tenaient en très grande estime; je leur faisais aussi donner de quoi manger, quand ils montaient sur la nef, et de la mélasse. Puis j'envoyai à terre la chaloupe de la nef chercher de l'eau et eux indiquaient de très bon gré à mes hommes où il y en avait; ils portaient eux-mêmes les barils pleins à la chaloupe et étaient tout à fait ravis de nous faire plaisir.

«Cette île est très grande et je décidai d'en faire le tour, car, d'après ce que je peux comprendre, sur elle ou près d'elle, il y a une mine d'or. Maintenant, alors que j'écris ces lignes, je viens de mettre à la voile avec un vent de sud, afin de me lancer dans le tour complet de l'île et de m'efforcer de trouver Samoet qui est l'île ou la cité où est l'or, ainsi que le disent tous ceux qui viennent ici sur la nef et que nous le disaient ceux des îles de San Salvador et de Sainte-Marie. Ces gens sont semblables à ceux des autres îles susdites, ont même langue et mêmes coutumes, excepté qu'ils me semblent quelque peu plus civilisés, commerçants et fins, car je vois qu'ils ont apporté du coton ici, sur la nef, et d'autres petites choses, dont ils savent mieux discuter le paiement que ne le faisaient les autres. Dans cette île je vis encore des tissus de coton en forme de mantille; les gens y sont mieux faits et les femmes portent sur le devant du corps une petite chose de coton qui cache avec peine leur nature. C'est une île très verdoyante, plate et très fertile, aussi n'est-il pas douteux pour moi que c'est tout au long de l'année qu'ils sèment du millet[1] et le récoltent, ainsi que bien d'autres choses. Je ne leur connais nulle religion et je crois qu'ils deviendraient très vite chrétiens, car ils sont d'une très

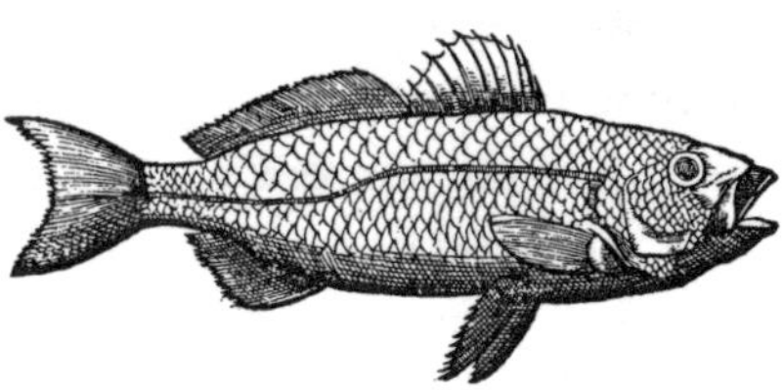

bonne intelligence. Ici les poissons sont si différents des nôtres que c'est merveille. Il y en a quelques-uns qui ressemblent à des saint-pierre, avec des couleurs les plus

1. Il s'agit, en réalité, du maïs (*N.d.T.*).

fines du monde, bleus, jaunes, rouges et de toutes les couleurs, et d'autres bariolés de mille façons ; leurs couleurs sont si fines qu'il n'est personne qui ne s'en émerveille et ne prenne un grand moment pour les regarder ; il y a aussi des baleines. À terre je ne vis nulle sorte de bêtes, hormis des perroquets et des lézards. Un mousse me dit qu'il avait vu un grand serpent [*cela devait être un iguane*]. Je ne vis ni moutons ni chèvres ni aucune bête ; et bien qu'il soit exact que je ne sois resté ici que très peu de temps, c'est-à-dire une demi-journée, s'il y en avait eu, je n'aurais pu manquer d'en voir quelqu'une. Le tour de cette île, je le décrirai après que je l'aurai achevé. »

Mercredi 17 octobre

« À midi je quittai le village devant lequel j'avais jeté l'ancre, afin d'aller faire le tour de cette île Fernandina. Je mis à la voile vers le nord-nord-ouest, et quand on fut à environ deux lieues de la pointe de l'île, je trouvai un très merveilleux port avec une entrée ; une fois à terre je trouvai un groupe de huit ou dix hommes qui tout de suite vinrent à nous et nous montrèrent que leur village était tout près de là ; j'y envoyai mes gens chercher l'eau, certains avec des armes, d'autres avec des barils ; c'est ainsi que l'on fit de l'eau.

« Cependant, comme c'était assez loin, moi je m'arrêtai l'espace de deux heures ; pendant ce temps je me promenai sous les arbres qui étaient la chose la plus belle à voir que j'eusse jamais vue : toute cette végétation, aussi verte qu'au mois de mai en Andalousie, et tous ces arbres différents des nôtres autant que le jour de la nuit, ainsi que les fruits, ainsi que les herbes, et les pierres, et toutes les choses. Les gens étaient tous semblables aux autres dont j'ai déjà parlé, de même nature, tout aussi nus et de même taille, et ils donnaient de ce qu'ils avaient contre n'importe quelle chose qu'on leur pouvait donner; c'est alors que je vis que des mousses de nos navires leur échangeaient contre des sagaies de petits morceaux d'écuelles brisées et de verre. Et les autres qui étaient allés chercher l'eau me dirent comment ils étaient entrés dans leurs maisons, que celles-ci étaient, à l'intérieur, bien balayées et propres, et que leurs lits et tentures d'ornement sont comme des filets de coton; quant aux maisons, toutes sont en forme de tente de campagne, très hautes, avec de bonnes cheminées, mais parmi tous les villages que je vis, je n'en vis pas un qui dépassât douze ou quinze maisons. Ils observèrent alors que les femmes mariées portaient des caleçons de coton, pas les jeunes filles, hormis quelques-unes qui avaient déjà atteint l'âge de dix-huit ans.

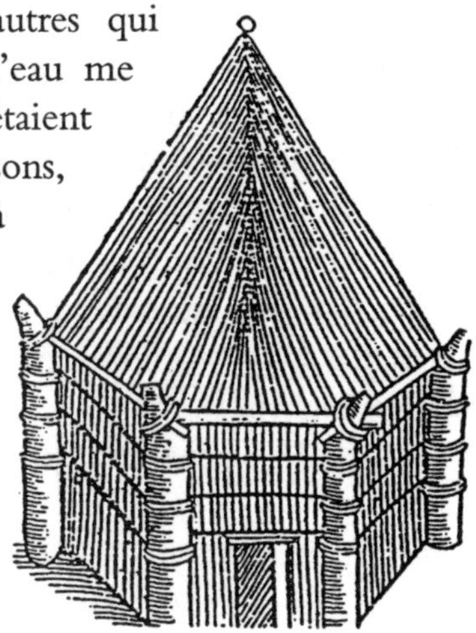

«Il y avait là des chiens mâtins et des chiens de

manchon[1], et là ils trouvèrent un homme qui avait au nez un morceau d'or qui pouvait être gros comme la moitié d'un castillan[2], sur lequel ils virent une inscription. Je les réprimandai de ne pas l'avoir échangé contre ce qu'il aurait demandé, afin de voir ce qu'était et d'où venait cette monnaie, mais eux me répondirent qu'ils n'avaient jamais osé.

«Après avoir pris l'eau, je revins à la nef, puis mis à la voile et partis vers le nord-ouest, découvrant ainsi toute cette partie de l'île jusqu'à la côte qui court d'est en ouest. Cette nuit-là, il plut très fort après minuit, presque jusqu'au jour; le ciel est toujours chargé de nuages de pluie, et nous nous trouvons à la pointe de l'île sur la côte sud-est, où j'espère mouiller jusqu'à ce qu'il s'éclaircisse, afin de voir les autres îles où je dois aller. C'est ainsi que, depuis que je me trouve en ces Indes, il a, plus ou moins, plu tous les jours. Que Vos Altesses sachent bien que cette terre est la meilleure et la plus fertile, tempérée et plate qu'il y ait au monde.»

Vendredi 19 octobre

«Dès que le jour parut, je levai mes ancres. Et bientôt, alors que nous n'avions pas marché trois heures, nous vîmes une île à l'est, vers laquelle nous

1. Les chiens qu'il a vus ne pouvaient être ni des mâtins ni des chiens de manchon, parce qu'il n'y en avait pas dans le Nouveau Monde. Ces chiens servaient de nourriture aux Indiens qui les engraissaient avec du poisson (*N.d.T.*).

2. Le castillan était une monnaie d'or qui valait quatre cent quatre-vingt-quinze maravédis à l'époque des Rois Catholiques (*N.d.T.*).

nous dirigeâmes. Nos navires atteignirent tous trois avant midi sa pointe nord, qui fait comme un îlot avec un récif de pierre qui s'en détache vers le nord et un autre entre celui-ci et l'île principale, que ces hommes de San Salvador que j'emmène avec moi désignèrent comme l'île Samoet et à laquelle je donnai le nom d'Isabela[1].

«Cette île est la plus belle chose que j'aie vue, car si les autres sont très belles, celle-ci l'est davantage. Elle a beaucoup d'arbres, très verts et très grands; cette terre est plus haute que les autres îles que j'ai trouvées et possède quelques petites hauteurs que l'on ne peut pas appeler montagnes mais qui embellissent le reste; elle semble avoir de nombreux cours d'eau. Là, depuis la partie centrale de l'île en direction du nord-est, se forme une grande anse abondamment plantée d'arbres très touffus et très grands. J'y voulus aller mouiller, afin de descendre à terre pour voir toute cette beauté, mais il y avait peu de fond et je ne pouvais jeter l'ancre que loin de la côte. Mes yeux ne se lassent pas de voir toute cette belle végétation, si différente de la nôtre; je crois même qu'il y a là beaucoup de plantes qui peuvent servir en Espagne comme teintures ou comme médicaments spécifiques, mais je ne les connais pas, ce dont j'ai grand-peine. Quand j'atteignis le cap, me parvint de la terre une odeur si bonne et si suave de fleurs et d'arbres que c'était la chose la plus douce du monde.

«Je n'ai cure de visiter tout par le menu, car je ne

1. Colomb la baptise ainsi en l'honneur de la reine de Castille.

pourrais le faire en cinquante ans; or ce que je veux c'est voir et découvrir le plus de terres que je pourrai, afin de retourner auprès de Vos Altesses, s'il plaît à Notre-Seigneur, en avril. Il est vrai que si je trouve un endroit où il y ait de l'or et des épices en quantité, je m'arrêterai jusqu'à ce que j'en aie obtenu tout ce qu'il est possible; c'est pourquoi je me dépêche pour essayer d'y arriver.»

Dimanche 21 octobre

«À dix heures, j'atteignis le cap de l'îlot et jetai l'ancre avec les caravelles. Puis, après avoir mangé, j'allai à terre où il n'y avait pour tout village qu'une seule maison dans laquelle je ne trouvai personne car je pense que ses occupants s'étaient enfuis de peur, puisqu'il y avait là tous les objets domestiques. Je ne laissai toucher à rien et partis avec mes capitaines et mes hommes visiter cette île qui, si les autres que j'ai déjà visitées sont très belles, verdoyantes et fertiles, l'est bien davantage, avec ses grandes plantations d'arbres très verts. On y trouve de grandes lagunes, dans lesquelles et autour desquelles il y a ces arbres qui sont merveilleux et qui, comme sur toute l'île, sont tous aussi verts – les plantes également – qu'en avril en Andalousie; il y a aussi le chant des petits oiseaux qui donne à l'homme l'idée de ne jamais vouloir repartir d'ici, et les bandes de perroquets qui obscurcissent le soleil, et des oiseaux, gros et petits, de toute sorte et si différents des nôtres que c'est merveille. Et puis il y a des arbres de mille sortes, qui "donnent" chacun leur fruit et qui

tous sentent si bon que c'est merveille et que je suis fort peiné de ne les point connaître, car je suis bien certain que tous sont choses de valeur; c'est pourquoi j'en apporte avec moi des échantillons, ainsi que des plantes.

«En faisant ainsi le tour d'une de ces lagunes, je vis un serpent [*ceci devait être un iguane*] que nous tuâmes et dont j'apporte la peau à Vos Altesses. Celui-ci, dès qu'il nous vit, se jeta à l'eau où nous le poursuivîmes, car elle était peu profonde, jusqu'au moment où nous le tuâmes à coups de lance; il a sept empans de long; je crois qu'il y en a beaucoup de semblables ici dans ces lagunes. Ici, j'ai reconnu de l'aloès[1] et ai décidé d'en faire porter demain dix quintaux à la nef, car on me dit que cela vaut cher.

« Ensuite, comme nous étions à la recherche d'une source d'eau douce, nous allâmes jusqu'à un village tout proche, mais les habitants, dès qu'ils nous entendirent arriver, prirent la fuite, abandonnèrent leurs maisons, et cachèrent leur linge et tout ce qu'ils avaient dans les bois. Je ne laissai rien prendre, pas même la valeur d'une épingle. Après cela quelques-uns de ces hommes s'approchèrent de nous, et à l'un d'eux qui s'approcha davantage je donnai des grelots et de petites perles de verre dont il fut tout content et tout joyeux; aussi, afin de voir l'amitié grandir et de les solliciter quelque peu, je lui fis demander de l'eau, et eux, après que je fus retourné à la nef, vinrent aussitôt sur la plage avec leurs calebasses pleines et se réjouirent grandement de nous en donner. Je leur fis alors donner un collier de petites perles de verre et ils dirent qu'ils reviendraient par ici le lendemain matin. »

Lundi 22 octobre

« Beaucoup de gens d'ici vinrent, semblables à ceux des autres îles, également nus, également peints, soit de blanc, soit de rouge, soit de noir et de nombreuses

1. Ce n'est pas possible, car le seul aloès des Antilles – *Aloes barbadensis* – ne sera trouvé que plus tard à la Jamaïque, mais Colomb est influencé par sa lecture du *Livre de Marco Polo*, dans lequel il avait appris qu'au Japon (Cipango, voir note p. 44) il y en avait, ainsi que bien d'autres richesses (*N.d.T.*).

autres façons aussi. Ils nous apportaient des sagaies et des pelotes de coton pour les échanger, et ils les troquaient avec les marins contre des morceaux de verre, de tasses brisées et contre des morceaux d'écuelles de terre cuite. Certains d'entre eux portaient des morceaux d'or accrochés au nez, qu'ils donnaient de bon gré pour un grelot, de ceux que l'on met aux pattes des éperviers[1], ou pour de petites perles de verre. Ils tenaient également notre venue à grand-merveille et croyaient que nous étions venus du ciel. »

Mercredi 24 octobre

« Cette nuit je levai mes ancres à minuit du cap de l'îlot qui est du côté nord de l'île Isabelle, où j'avais fait relâche, afin d'aller à l'île de Cuba dont j'avais entendu dire qu'elle était très grande et de grand commerce, et qu'il y avait de l'or, des épices, de grandes nefs et des

1. Afin de pouvoir retrouver les faucons quand on les avait perdus, on avait coutume de leur mettre un grelot.

marchands ; si ce que tous les Indiens de ces îles et ceux que j'emmène sur mes navires me firent comprendre par leurs gestes – car leur langue je ne l'entends pas – est bien vrai, je crois qu'il s'agit de l'île de Cipango [1], dont on conte des choses merveilleuses. »

Dimanche 28 octobre

De là il partit vers le sud-sud-ouest à la recherche de l'île de Cuba et atteignit sa côte la plus proche ; il entra alors dans un fleuve très beau et dépourvu de tout danger de hauts-fonds et autres risques. L'embouchure du fleuve avait douze brasses et était suffisamment large pour louvoyer. Il y mouilla, dit-il, à un jet de bombarde. L'Amiral dit qu'il n'avait jamais vu tant belle chose : il y avait tout à l'entour du fleuve grande quantité d'arbres, beaux et verts, et différents des nôtres, avec des fleurs et chacun son fruit particulier ; beaucoup de gros oiseaux, et des petits qui chantaient tout doucement ; il y avait un grand nombre de palmiers d'une autre sorte que ceux de Guinée et les nôtres, d'une taille moyenne, le tronc dépourvu de cette tunique qui est la leur, avec des feuilles très grandes dont on couvre les maisons ; la terre très plate.

L'Amiral sauta dans la barque et descendit à terre ; il arriva à deux maisons qu'il pensa être celles de pêcheurs qui s'étaient enfuis par crainte ; dans l'une d'elles il trouva un chien qui jamais ne put aboyer ; et dans les deux maisons il trouva des filets en fibres de

1. Nom que Marco Polo avait donné au Japon dans son *Livre des merveilles du monde* ou *Livre de Marco Polo*.

palme, des cordelettes, des hameçons en corne, des harpons en os et d'autres instruments de pêche, ainsi que plusieurs foyers, ce qui lui donna à penser que dans chaque maison se regroupent de nombreuses personnes. Il manda que l'on ne touchât à rien de tout cela, et il fut ainsi fait.

L'herbe était haute, comme en Andalousie en avril et en mai. Il trouva beaucoup de pourpiers et de blettes. Il revint à la barque et remonta le fleuve pendant un bon moment, et c'était, dit-il, un grand plaisir que de voir cette végétation, ces bouquets d'arbres et ces oiseaux si beaux qu'il ne les pouvait laisser pour s'en retourner. Il dit que cette île est la plus belle que regard humain ait jamais contemplée, pleine de très bons ports et de fleuves profonds, et la mer n'y semblait jamais devoir monter, parce que l'herbe du rivage arrivait presque jusqu'à l'eau, ce qui n'est point accoutumé d'arriver là où la mer est mauvaise. Jusqu'alors il n'avait pas observé dans toutes ces îles que la mer fût mauvaise. Cette île-ci, dit-il, est pleine de montagnes très belles, bien qu'elles ne soient pas très étendues, mais elles sont hautes, et tout le reste de ce pays est de même hauteur que la Sicile. Les Indiens disaient que sur cette île il y avait des mines d'or ainsi que des perles, et l'Amiral vit un endroit propice à ces dernières et des clovisses[1] qui en sont l'indice. L'Amiral comprenait que là venaient des nefs

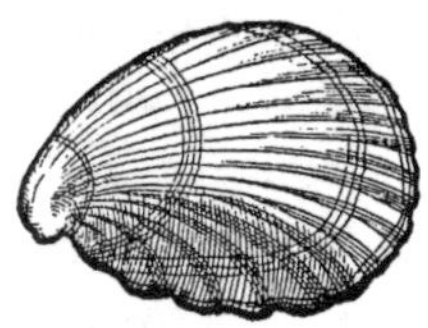

1. Des coquillages.

du Grand Khan, de grandes nefs, et que de là jusqu'à la terre ferme il y avait dix jours de voyage [*la terre ferme n'était pas celle qu'il pensait, mais celle que l'on appelle aujourd'hui Floride*]. L'Amiral donna à ce fleuve et à ce port le nom de San Salvador.

Lundi 29 octobre

Il leva ses ancres de ce port et navigua vers l'occident. Une pointe de l'île faisait saillie au nord-ouest à six lieues de là ; une autre pointe faisait saillie à dix lieues à l'est. Il parcourut une lieue de plus et découvrit un fleuve dont l'embouchure n'était pas si grande, auquel il donna le nom de fleuve de la Lune. Il avança jusqu'à l'heure des vêpres. Il découvrit un autre fleuve, beaucoup plus grand que les autres, comme le lui confirmèrent par gestes les Indiens ; près de lui il vit des maisons bien organisées en villages ; il appela ce fleuve, fleuve de Mars.

Il envoya deux barques à un village pour prendre langue, avec, sur l'une d'elles, un des Indiens qu'il emmenait avec lui, parce qu'ils comprenaient maintenant quelque peu les chrétiens et se montraient contents d'être avec eux ; à leur approche, tous, hommes, femmes et enfants, s'enfuirent, abandonnant les maisons et tout ce qu'ils possédaient ; l'Amiral manda alors qu'on ne touchât à quoi que ce fût. Les maisons, dit-il, étaient désormais bien plus belles que toutes celles qu'il avait vues, et il pensait que, plus il s'approcherait de la terre ferme, meilleures elles seraient. Elles étaient faites à la manière de très grands pavillons, ressemblant aux tentes d'un campement militaire, sans être ordonnées en rues, l'une par-ci, l'autre par-là, mais bien balayées et propres à l'intérieur et leur mobilier bien arrangé. Toutes sont faites de branches de palmier, très belles. Ils trouvèrent beaucoup de statues à figures de femmes et beaucoup de têtes comme des masques grimaçants, très bien sculptées; je ne sais s'ils tiennent cela pour ornements ou pour objets d'adoration. Il y avait des chiens qui n'aboient jamais. Il y avait de petites volailles sauvages domestiquées dans leurs maisons. Il y avait de merveilleux filets tressés, des hameçons et des instruments de pêche. Ils ne touchèrent à aucune de ces choses. Il pensa que tous les gens de cette côte devaient être des pêcheurs qui portent leur poisson à l'intérieur, parce que cette île est très grande; elle est si belle qu'il ne se lassait pas d'en dire du bien. Il dit qu'il trouva des arbres, et des fruits d'une très merveilleuse saveur; et il dit qu'il doit y avoir là des vaches et d'autre bétail, parce qu'il vit des crânes qui lui avaient semblé être de vaches [*ce devait être un lamantin*]. De gros oiseaux et des petits, et le chant des grillons pendant toute la nuit dont tous se réjouissaient. L'air délicieux et doux pendant toute la nuit, ni froid ni chaud; il dit cependant que, sur le chemin des autres îles à celle-ci, il faisait une grande chaleur, alors qu'au contraire ici tout était tempéré comme en mai.

Jeudi 1er novembre

Dès le lever du soleil, l'Amiral envoya les barques à terre jusqu'aux maisons qu'il y avait là, et l'on s'aperçut que tous les gens avaient fui ; pourtant, au bout d'un bon moment, un homme parut, mais l'Amiral demanda qu'on le laissât se rassurer ; les barques revinrent donc. Puis, après manger, il envoya de nouveau à terre un des Indiens qu'il emmenait avec lui, lequel cria de loin à l'autre que ses compagnons et lui ne devaient point avoir peur, parce que les Espagnols étaient de braves gens qui ne faisaient de mal à personne et n'appartenaient pas au Grand Khan, et qu'au contraire ils donnaient de ce qu'ils avaient comme ils l'avaient fait dans la plupart des îles où ils avaient été ; ensuite il se jeta à l'eau et gagna la terre, où deux des gens de l'île le prirent chacun par un bras et le menèrent jusqu'à une maison où ils prirent de lui des informations ; et dès qu'ils furent certains qu'on n'allait pas leur faire de mal, ils se rassurèrent et aussitôt plus de seize almadies ou canots vinrent jusqu'aux navires avec du coton filé et d'autres petites choses à eux ; desquelles l'Amiral manda qu'on ne prît rien, parce que ces gens devaient savoir que l'Amiral ne cherchait que l'or, qu'ils appelaient « nucay ».

Et c'est ainsi que toute la journée ils firent des allées et venues de la côte aux navires et que des chrétiens se rendirent à terre en toute sécurité. L'Amiral ne vit d'or sur aucun d'eux, mais il dit qu'il vit à l'un d'eux un morceau d'argent ouvragé, accroché au nez, ce qui fut pour lui l'indice qu'il y avait de l'argent dans ce pays. Par gestes, ils dirent qu'ayant envoyé un grand nombre des leurs à travers tout le pays pour faire savoir la venue de l'Amiral, avant trois jours de nombreux marchands de l'intérieur du pays viendraient acheter de ces choses que les chrétiens apportent là, et donneraient des nouvelles du roi de ce pays, lequel, d'après ce que l'on put entendre par les gestes qu'ils faisaient, se trouvait à quatre journées de voyage de là.

« Ces gens, dit l'Amiral, sont de même condition et de mêmes coutumes que les autres que nous avons découverts, sans que je leur connaisse aucune religion, car jusqu'à ce jour je n'ai vu faire aucune prière à aucun de ceux que j'emmène avec moi ; au contraire, ils disent le *Salve Regina* et l'*Ave Maria*, les mains tournées vers le ciel comme on le leur montre, et ils font le signe de la croix. Leur langue est la même pour tous et ils sont tous amis, et je pense qu'il doit en aller ainsi pour toutes ces îles et que c'est contre le Grand Khan, qu'ils appellent Cavila, et sa cité Bafan, qu'ils doivent être en guerre. Et ils vont également nus, comme les autres. » Voilà ce que dit l'Amiral.

Vendredi 2 novembre

L'Amiral résolut d'envoyer à terre deux Espagnols. Avec eux il envoya aussi deux Indiens. Il leur donna des colliers de perles de verre, afin d'acheter de quoi manger s'ils en manquaient, et six jours de délai pour revenir. Il leur donna des échantillons d'épices pour voir s'ils en trouvaient quelqu'une. Il leur donna des instructions sur la façon dont ils se devaient enquérir du roi de ce pays et sur ce qu'ils lui devaient dire de la part des souverains de Castille : comment ceux-ci envoyaient l'Amiral, afin que celui-ci, de leur part, lui remît leurs lettres et un présent, s'inquiétât de sa santé, gagnât son amitié et lui fît en leurs noms toutes les faveurs dont il aurait besoin, etc. ; ils devaient également s'informer de certaines provinces, certains ports et certains fleuves dont l'Amiral avait connaissance et savoir à quelle distance ils en étaient, etc.

Dimanche 4 novembre

Dès que le jour se leva, l'Amiral monta dans la barque et alla à terre chasser des oiseaux qu'il avait vus la veille. À son retour, Martín Alonso Pinzón vint à lui avec deux morceaux de cannelle et lui dit qu'un Portugais qu'il avait sur son navire avait vu un Indien qui en portait deux grosses bottes, mais qu'il n'avait pas osé les lui échanger en raison de la punition que l'Amiral avait établie pour quiconque pratiquerait des échanges. Il disait aussi que cet Indien transportait des choses rouges, grosses comme des noix. Le maître d'équipage de la *Pinta* dit qu'il avait trouvé des arbres de cannelle. L'Amiral y alla aussitôt et s'aperçut que ce n'en était point. Il montra à quelques Indiens de l'endroit de la cannelle [*de la cannelle, on n'en a jamais trouvé dans toutes ces îles*] et du poivre qu'il amenait, semble-t-il, de Castille comme échantillons, et, dit-il, ils les reconnurent et dirent par gestes qu'il y en avait beaucoup non loin de là en direction du sud-est. Il leur montra de l'or et des perles, et quelques vieillards répondirent qu'en un endroit qu'ils appelèrent Bohío[1],

1. L'île d'Haïti, que Colomb appellera plus tard l'île Espagnole.

il y en avait en quantité infinie et qu'on l'y portait au cou, aux oreilles, aux bras et aux jambes, ainsi que les perles. Il comprit également que loin de là il y avait des hommes avec un seul œil et d'autres avec des museaux de chien, qui mangeaient les hommes et qui, dès qu'ils en attrapaient un, l'égorgeaient, buvaient son sang et lui coupaient les parties naturelles.

L'Amiral décida de revenir à la nef pour y attendre les deux hommes qu'il avait envoyés, afin de se décider à repartir à la découverte de ces contrées, si ceux-ci ne lui rapportaient pas quelque bonne nouvelle concernant ce qu'ils souhaitaient tous. L'Amiral dit aussi : « Ces gens sont très doux et très craintifs, nus comme je l'ai déjà dit, sans armes et sans religion. Ces terres sont très fertiles. Ils les couvrent de *mames*[1] [*ce sont des ajes ou patates douces*] qui sont comme des

1. L'igname, l'*aje* et la patate douce sont des plantes distinctes, mais elles furent vite confondues (*N.d.T.*).

carottes qui ont le goût des châtaignes, et ils ont des haricots et des fèves très différents des nôtres, et beaucoup de coton, qu'ils ne sèment pas mais qui pousse dans les forêts parmi les grands arbres, et je pense qu'en toute saison on en peut cueillir, parce que j'en ai vu avec les fruits tout ouverts et d'autres qui commencent à s'ouvrir ou en fleurs, tout cela sur le même arbuste, et mille autres sortes de fruits qu'il ne m'est point possible de décrire, et tout cela doit être chose très profitable. » Voilà ce que dit l'Amiral.

Lundi 5 novembre

Dès le lever du jour, il ordonna que l'on mît la nef au sec ainsi que les autres navires, mais pas tous en même temps, afin qu'en restassent toujours deux à l'emplacement où ils se trouvaient pour assurer la sécurité, encore que, dit-il, ces gens fussent très sûrs et que l'on eût pu sans crainte mettre en même temps tous les navires au sec. Sur ces entrefaites, le maître d'équipage de la *Niña* vint demander un cadeau de bonne nouvelle à l'Amiral, parce qu'il avait trouvé du mastic[1], mais il n'en rapportait pas car il avait laissé tomber son échantillon ; l'Amiral lui promit la récompense et envoya Rodrigo Sánchez et Maître Diego voir ces arbres ; ils rapportèrent un peu de gomme, qu'il conserva pour la porter aux souverains, ainsi qu'un morceau de l'arbre ; il dit alors qu'il avait reconnu que c'était bien du mastic, quoiqu'il eût fallu

1. Gomme ou résine du lentisque (*N.d.T.*).

le recueillir à la bonne saison, et qu'il y avait dans cette contrée de quoi en tirer mille quintaux l'an. Il dit qu'un Indien lui avait dit par gestes que le mastic était bon pour les douleurs d'estomac.

Mardi 6 novembre

Hier, pendant la nuit, dit l'Amiral, les deux hommes qu'il avait envoyés découvrir l'intérieur du pays revinrent et lui dirent comment ils avaient marché douze lieues jusqu'à un village de cinquante maisons, d'où il conclut qu'il devait y avoir mille habitants, étant donné qu'ils vivent nombreux dans chaque maison. Ces maisons sont des sortes de très grands pavillons. Les hommes dirent que ces gens les avaient reçus avec grande solennité, selon leur coutume, et que tous, aussi bien les hommes que les femmes, les étaient venus voir ; ils les avaient logés dans les meilleures maisons ; ils les avaient touchés et leur avaient baisé les mains et les pieds, s'émerveillant car ils croyaient qu'ils venaient du ciel et le leur avaient ainsi fait comprendre. Ils leur avaient donné à manger de ce qu'ils avaient. Ils dirent que, dès leur arrivée, les hommes les plus respectables du village les avaient portés dans leurs bras jusqu'à la maison principale et leur avaient donné deux sièges sur lesquels ils s'étaient assis, ensuite tous s'étaient assis sur le sol autour d'eux. L'Indien qui venait avec eux les avait informés de la façon de vivre des chrétiens et combien c'étaient de braves gens. Après quoi les hommes étaient sortis, puis les femmes étaient entrées et s'étaient assises de la même manière autour d'eux, leur baisant les mains et leur touchant les pieds, les palpant pour voir s'ils étaient de chair et d'os comme eux. Tous les avaient priés de rester là, avec eux, au moins cinq jours. Ils avaient montré la cannelle, le poivre et d'autres épices que l'Amiral leur avait données, et ces gens leur avaient dit par gestes qu'il y en avait beaucoup non loin de là vers le sud-est, mais qu'ils ne savaient pas s'il y en avait par ici.

Voyant que ceux-ci n'avaient pas une ville organisée, les Espagnols s'en étaient retournés ; s'ils avaient voulu permettre à ceux qui voulaient venir avec eux de le faire, plus de cinq cents hommes et femmes seraient venus avec eux, car ils croyaient qu'ils retournaient au ciel. Un notable du village vint cependant avec eux, ainsi que l'un de ses fils et l'un de ses hommes. L'Amiral parla avec eux, les traita avec grand honneur, et l'Indien lui nomma la plupart des terres et des îles qu'il y avait en ces parages. Il avait pensé l'amener aux souverains, cependant, à la nuit noire, et probablement par peur, car l'Amiral dit ne pas savoir ce qui lui était passé par la tête, l'homme voulut retourner à terre ; l'Amiral dit alors que, comme sa nef était au sec sur le rivage et qu'il ne voulait pas le courroucer, il l'avait laissé aller, celui-ci promettant de revenir dès le lever du soleil ; mais il ne revint jamais.

Tout ce que ces gens avaient, ils le donnaient, dit-il, à très vil prix. «Je tiens pour assuré, Sérénissimes Princes, que si des personnes dévotes en religion savaient leur langue habituelle, ceux-ci deviendraient vite chrétiens ; j'espère donc en Notre-Seigneur que

Vos Altesses se résoudront à cela avec grande diligence, afin d'amener à l'Église de si nombreux peuples, et qu'elles les convertiront, tout comme elles ont détruit ceux-là qui n'avaient pas voulu confesser le Père, le Fils et le Saint-Esprit ; et qu'après leurs jours terrestres, car nous sommes tous mortels, elles laisseront leurs royaumes en état de paix et libres de toute hérésie et de tout mal, et seront bien reçues en présence du Créateur éternel, auquel plaise leur donner longue vie et grand accroissement de plus grands royaumes et seigneuries, ainsi que la volonté et l'aptitude pour accroître la sainte religion chrétienne, comme elles l'ont fait jusque-là. Amen.

« Aujourd'hui j'ai remis la nef à flot et j'expédie tout pour partir jeudi au nom de Dieu et aller vers le sud-est rechercher de l'or et des épices et découvrir des terres. » Telles sont les paroles de l'Amiral.

Lundi 12 novembre

Il partit du port et du fleuve de Mars afin de gagner une île dont les Indiens qu'il emmène avec lui affirmaient avec insistance qu'elle s'appelait Baneque[1] et où, d'après ce qu'ils disent par gestes, les gens qui y vivent ramassent l'or à la chandelle, la nuit, sur la plage, puis, avec un marteau, ont coutume d'en faire des barres. Après avoir parcouru huit lieues tout droit le long de la côte, il vit un fleuve puissant et plus grand qu'aucun de ceux qu'il avait vus jusqu'alors. Toute

1. Peut-être Great Inagua, au nord du canal qui sépare Haïti de Cuba (*N.d.T.*).

cette côte était principalement habitée près du fleuve, auquel il donna le nom de fleuve du Soleil. Il dit que la veille, dimanche 11 novembre, il lui avait semblé qu'il serait bien de prendre quelques-unes des personnes des rives de ce fleuve, pour les amener aux Souverains afin qu'elles apprissent notre langue, mais aussi pour savoir ce qu'il y a en leur pays et, enfin, pour qu'à leur retour elles fussent les truchements des chrétiens et adoptassent nos coutumes et les choses de notre foi.

«Vos Altesses se doivent résoudre à les faire chrétiens, car je crois que, si elles entreprennent la chose, en peu de temps elles auront réussi à convertir à notre sainte foi une multitude de peuples, tout en s'appropriant de grandes seigneuries et richesses, et tous leurs peuples d'Espagne avec elles. Parce qu'il n'y a pas de doute qu'il y a en ces contrées une très grande quantité d'or et qu'il y a aussi des pierres, et qu'il y a des perles précieuses et une infinité d'épices. En outre, sur les rives de ce fleuve de Mars d'où je suis parti cette nuit, il est sûr qu'il y a une très grande quantité de mastic et plus grande encore si on la veut obtenir, parce que ces mêmes arbres, à peine sont-ils plantés, prennent aussitôt ; ils sont

très nombreux et très grands, et ont les feuilles comme le lentisque ainsi que les fruits, sauf qu'ils sont plus grands que ceux que décrit Pline et que ceux que j'ai vus moi-même en l'île de Chio, dans son Archipel[1].

1. Il s'agit du Dodécanèse ou Sporades du Sud (en Grèce) (*N.d.T.*).

Du mastic il faut bien s'en occuper, parce qu'il n'y en a qu'en ladite île de Chio où je crois qu'on en tire bien cinquante mille ducats, si je n'ai pas mauvaise mémoire.

«Et il y a ici, à l'embouchure dudit fleuve, le meilleur port que j'aie vu à ce jour: dégagé, large et profond, c'est un bon endroit et un bon site pour établir une ville et son fort, et n'importe quel navire pourra aborder à ses murs; le pays est très tempéré, élevé et avec de très bons cours d'eau. C'est pourquoi, hier, lorsqu'une almadie vint contre le bord de la nef avec six jeunes gens, dont cinq montèrent sur la nef, je les fis prendre [*ce ne fut pas la meilleure chose du monde*] et les amène. J'envoyai ensuite mes gens à une maison qui est sur la rive du fleuve située au couchant, d'où ils ramenèrent sept têtes de femmes, filles et adultes, et trois enfants. J'agis ainsi parce que les hommes se comportent mieux en Espagne s'ils ont des femmes de leur pays que s'ils n'en ont pas; en effet, il est déjà arrivé bien d'autres fois que l'on ramenât des hommes de Guinée pour qu'ils apprissent la langue au Portugal, mais après leur retour et alors que l'on pensait tirer parti d'eux dans leur pays en raison du bon traitement qu'ils avaient eu et des cadeaux qu'on leur avait donnés, dès qu'ils mettaient pied à terre, plus aucun autre ne se présentait jamais et il n'était plus question d'en tirer parti. Alors que, s'ils ont leurs femmes [*voyez cette merveille !*], ils auront envie de mener les discussions dont on les pourra charger et, en outre, ces femmes apprendront à nos hommes leur langue, laquelle est la même dans toutes ces îles de l'Inde, car tous se comprennent et tous vont de l'une à l'autre avec leurs almadies, ce qui n'est pas le cas en Guinée où il y a mille sortes de langues, si bien que celui qui parle l'une ne comprend pas l'autre. Cette nuit vint à bord, sur une almadie, le mari de l'une de ces femmes et père de trois des enfants, un garçon et deux filles ; il demanda qu'on le laissât aller avec eux, ce à quoi j'accédai avec plaisir : tous sont maintenant consolés en sa compagnie, car ils doivent être tous parents ; quant à lui, c'est un homme qui a bien quarante-cinq ans. » Toutes ces paroles sont formellement celles de l'Amiral.

Mercredi 14 novembre

Toute la nuit d'hier il resta en panne, louvoyant, car, disait-il, il n'était pas bon de naviguer parmi ces îles de nuit, tant qu'il ne les avait pas reconnues. Au lever du soleil il décida d'aller à la recherche d'un port, car le vent avait tourné du nord au nord-est et que, s'il ne trouvait pas de port, il devrait revenir aux ports qu'il laissait en arrière dans l'île de Cuba.

Après avoir parcouru soixante-quatre milles, il trouva une entrée très profonde, qui était un bon port sur un fleuve où il entra. Il vit là tant d'îles qu'il ne les put compter toutes, de bonne grandeur et qui étaient des terres très hautes, couvertes d'arbres variés, aux mille espèces, et d'une infinité de palmiers. Il s'émerveilla grandement de voir tant d'îles et si hautes, et il certifie aux souverains qu'entre les montagnes qu'il a vues depuis avant-hier le long de ces côtes et celles de ces îles-ci, il lui semble qu'il n'y en a pas de plus hautes au monde ni d'aussi belles et nettes, sans brouillards ni neige, avec, à leur pied, de très grands fonds ; il dit également qu'il pense que ces îles sont ces fameuses îles innombrables que l'on place sur les mappemondes aux confins de l'Orient. Il dit encore qu'il croyait qu'il y avait là de très grandes richesses, des pierres précieuses et des épices. Il donna à ces lieux le nom de mer de Notre-Dame.

Vendredi 16 novembre

Il monta dans la barque et gagna l'embouchure de ces ports ; sur une pointe de terre, il trouva deux très grandes pièces de bois, l'une plus longue que l'autre, et l'une par-dessus l'autre formant une croix, de sorte que, dit-il, un charpentier ne les aurait pu placer de façon plus convenable ; puis, après avoir adoré cette croix, et comme, partout où il allait, îles ou terres, il laissait toujours une croix dressée, il fit faire avec ces mêmes pièces de bois une très grande et haute croix.

En revenant à la nef, il trouva les Indiens qu'il emmenait avec lui en train de pêcher de très grands coquillages qu'il y a en ces mers. Il fit alors entrer ses hommes dans l'eau pour chercher s'il y avait des huîtres nacrées qui sont celles dans lesquelles naissent les perles ; or ils en trouvèrent beaucoup, mais pas de perles, et il attribua cela au fait que ce ne devait pas être le moment qui, pensait-il, se situait aux alentours de mai et juin. Les marins trouvèrent un animal qui ressemblait à un blaireau. Ils pêchèrent également avec des filets et prirent un poisson, parmi bien d'autres, qui ressemblait tout à fait à un cochon[1], mais pas à un thon ; il était, dit-il, fait d'une carapace très dure et n'avait rien de mou, sauf la queue et les yeux, ainsi qu'un trou sous celle-ci pour évacuer ses déjections. Il le fit saler pour le faire voir aux souverains.

Mercredi 21 novembre

Après le lever du soleil, il navigua vers l'est avec un vent du sud. Il avança peu, car la mer était contraire. Ce jour Martín Alonso Pinzón s'éloigna d'eux avec la caravelle *Pinta*, en désobéissance et contre la volonté de l'Amiral, par convoitise, car il pensait, dit celui-ci, qu'un Indien que l'Amiral avait fait mettre sur sa caravelle lui allait donner beaucoup d'or. C'est ainsi qu'il s'en alla sans attendre, sans que le mauvais temps en fût la cause, simplement parce qu'il le voulut. Et l'Amiral dit ici : « Il m'en a fait et dit bien d'autres. »

Vendredi 23 novembre

L'Amiral navigua toute la journée en direction d'une terre située au sud. Et par-delà ce cap dépassait un autre cap ou terre qui s'avance vers l'est, que ces Indiens qu'il emmenait avec lui appelaient Bohío, laquelle, disaient-

1. Peut-être un lamantin (*N.d.T.*).

ils, était très grande et habitée de gens qui avaient un seul œil sur le front, et par d'autres que l'on appelait cannibales[1], desquels ils montraient avoir grand-peur; c'est pourquoi, dès qu'ils virent qu'il prenait ce chemin, ils ne pouvaient plus parler, dit-il, car ils pensaient que ces gens sont accoutumés de les manger et qu'ils sont bien armés. L'Amiral dit qu'il croit bien qu'il y avait là quelque chose de vrai, mais que, puisqu'ils étaient armés, ils devaient être doués de raison; il disait aussi que ces gens avaient dû en capturer quelques-uns et que, comme les autres ne revenaient pas en leur pays, ils devaient se dire qu'ils les mangeaient. Ils avaient pensé la même chose des chrétiens et de l'Amiral, quand les premiers d'entre eux les avaient vus.

Samedi 24 novembre

Il navigua toute cette nuit-là et à la troisième heure du jour il accosta à l'île Plate, au même endroit où il avait abordé la semaine précédente.

Dimanche 25 novembre

Avant le lever du soleil, il monta dans la barque et alla voir un cap ou pointe de terre, à environ une lieue et demie au sud-est de la petite île Plate, parce qu'il lui semblait qu'il devait y avoir là quelque bon fleuve.

1. Il s'agit des Caraïbes qui peuplaient les Petites Antilles et le nord de l'Amérique du Sud (jusqu'à l'Amazone). Leur réputation fut tout de suite telle que leur nom, *Caribe*, est resté, sous la forme *Canibe* et surtout *Canibal* (comme ici), pour désigner des mangeurs de chair humaine (*N.d.T.*).

Puis, à l'extrémité du cap, il vit couler un grand ruisseau à l'eau très belle, qui descendait de la montagne en faisant grand bruit. Il alla jusqu'à cette rivière et y vit briller des pierres qui avaient des taches couleur d'or ; il se rappela alors que dans le fleuve Tage, en son cours bas, près de la mer, on trouve de l'or ; il lui sembla donc que celui-ci devait certainement avoir de l'or ; aussi fit-il ramasser quelques-unes de ces pierres pour les apporter aux souverains.

Ils en étaient là, quand les jeunes mousses se mettent à crier qu'ils voyaient des bois de pins. Il regarda vers la montagne et les vit, si grands et si merveilleux qu'il ne pouvait suffisamment encenser leur hauteur et leur rectitude, semblables qu'ils étaient à des fuseaux, renflés et minces, à quoi il vit que l'on pouvait faire des navires et une infinité de planchers et de mâts pour les plus grandes nefs d'Espagne. Il vit des chênes et des arbousiers, et un bon fleuve disposé de façon à y installer des scieries à eau. Il loue tout cela grandement aux souverains et montre qu'il a ressenti en le voyant, et particulièrement les pins, une joie et un plaisir inestimables, parce que l'on pouvait faire là tous les navires que l'on désirerait, en apportant les équipements, mais pas le bois, ni la poix qui se peut faire sur place en grande quantité.

Lundi 26 novembre

Au lever du soleil, il leva ses ancres du port de Sainte-Catherine, où il se trouvait amarré dans l'île Plate, et navigua le long de la côte en direction du cap du Pic qui était au sud-est. Il arriva tard à ce cap, parce que le vent était tombé. Une fois arrivé, il vit au sud-est quart est un autre cap qui pouvait être à soixante milles ; et en deçà il vit un autre cap ; il lui donna le nom de cap de la Cloche. Il estimait que la terre qu'il avait vue ce jour du côté sud-est du cap de la Cloche était l'île que les Indiens appelaient Bohío [*ce Bohío doit être l'île Espagnole*]. Et il semble que ce soit elle, parce que ledit cap est bien écarté de cette terre. Il dit que tous les gens qu'il a trouvés à ce jour ont très grand-peur des Caniba ou Canima qui, d'après eux, vivent dans l'île de Bohío – laquelle doit être très grande, à ce qu'il lui semble –, et il pense que ces derniers vont capturer les autres dans leur pays et jusque dans leurs

maisons, profitant de ce qu'ils sont très couards et ne connaissent rien aux armes ; c'est donc pour cette raison, lui semble-t-il, que ces Indiens qu'il amenait n'ont point coutume de s'établir près du bord de la mer, parce qu'ils sont voisins de cette terre ; aussi lorsqu'ils virent, dit-il, qu'il virait de bord dans cette direction-là, ne pouvaient-ils plus parler, craignant de se faire manger, et on ne leur pouvait ôter cette crainte ; ils disaient aussi que ces gens avaient un seul œil et des faces de chien.

Mardi 27 novembre

On leva les voiles à midi pour gagner un beau cap qui se trouvait à l'est et qui devait être à huit lieues de là. Après avoir parcouru une demi-lieue dans cette même baie, l'Amiral vit, du côté sud, un très remarquable port et, du côté sud-est, des terres merveilleusement belles, ainsi qu'une plaine vallonnée au milieu de ces montagnes ; on y apercevait de grandes fumées et de grands villages, et des terres toutes bien cultivées ; c'est pourquoi il résolut de mettre pied à terre en ce port et d'essayer, s'il le pouvait, d'avoir langue et commerce avec eux. Il ne cessait de dire aux hommes qu'il avait en sa compagnie que, pour faire aux souverains la relation des côtes qu'ils voyaient, mille langues ne suffiraient point pour l'exposer ni sa main pour l'écrire, en sorte qu'il lui semblait que tout cela était enchanté.

Ici, l'Amiral dit encore ces mots : « Et je ne vous écris point le bénéfice qu'on en pourra tirer. Il est certain, Seigneurs Princes, que là où il y a de semblables terres, il doit y avoir une infinité de choses de profit. Je ne m'arrête cependant en aucun port, parce que je voudrais voir toutes les autres terres que je pourrais, pour en faire relation à Vos Altesses ; et en outre je n'en connais point la langue : les gens de ces pays ne me comprennent mie, ni moi ni nul autre que je puisse avoir avec moi ; quant à ces Indiens que j'amène, je comprends souvent une chose qu'ils disent pour une autre contraire, et je ne me fie pas beaucoup à eux, car ils ont maintes fois essayé de s'enfuir. Mais maintenant, s'il plaît à Notre-Seigneur, je ferai le plus de découvertes que je pourrai, et peu à peu je comprendrai, connaîtrai et ferai apprendre cette langue à des personnes de ma suite, parce que je vois que jusqu'ici c'est toujours la même et unique langue. Alors seulement l'on saura quels en peuvent être les bénéfices et l'on s'efforcera de rendre tous ces peuples chrétiens, ce qui se fera facilement, parce qu'ils ne sont d'aucune religion ni idolâtres. Puis Vos Altesses manderont que l'on fasse en ces contrées ville et forteresse, et ces pays se convertiront. Et je certifie à Vos Altesses qu'il me semble qu'il ne peut y en avoir de meilleurs sous le soleil, tant par la fertilité que par la modération du froid et de la chaleur et l'abondance de l'eau qui est bonne et saine, et non comme les fleuves de Guinée qui ne sont que pestilence ; en effet, loué soit Notre-Seigneur, jusqu'à présent, de tous mes gens il n'y a eu personne qui ait eu mal à la tête ou soit resté au lit pour maladie, hormis un vieux, atteint de la pierre, dont il a souffert toute sa vie et qui guérit bien vite au bout de deux jours. Ce que je dis là, c'est pour l'ensemble des trois navires. Il est certain qu'il plaira à Dieu que Vos Altesses envoient par ici ou que viennent des hommes savants qui verront alors la vérité de tout ceci. » Voilà intégralement ses paroles.

Il remonta ensuite le fleuve, puis, faisant le tour du port, il découvrit à l'embouchure du fleuve des bois pleins de charme, qui faisaient comme un très agréable verger.

Mercredi 28 novembre

Il resta en ce port ce jour-là, parce qu'il pleuvait et que le temps était très bouché. Les gens des navires descendirent à terre pour laver leur linge. Quelques-uns s'avancèrent un temps à l'intérieur des terres. Ils trouvèrent de grands villages aux maisons vides, parce que tout le monde avait fui.

Jeudi 29 novembre

Parce qu'il pleuvait et que le ciel était bouché comme la veille, il ne bougea point ; d'autres chrétiens parvinrent à un autre village près de la côte nord-ouest, mais ils ne trouvèrent dans les maisons rien ni personne. Et en chemin, ils tombèrent sur un vieillard qui ne put leur échapper ; ils s'en saisirent, lui dirent qu'ils ne lui voulaient point faire de mal et lui donnèrent quelques petites choses qui servaient aux échanges, puis le laissèrent. L'Amiral aurait voulu le voir pour lui donner des vêtements et prendre langue avec lui, car il était très content de l'aspect heureux de cette terre et des facilités qu'il y avait pour faire un peuplement ; il pensait, en outre, qu'il devait y avoir de grandes bourgades. Dans une maison, ils trouvèrent un pain de cire [*cette cire était venue là du Yucatán, et c'est pourquoi je pense que cette terre est Cuba*] qu'il a apporté aux souverains, et dit que là où il y a de la cire il doit aussi y avoir mille autres bonnes choses. Les marins trouvèrent aussi dans la maison une tête d'homme[1] [*ils virent de nombreuses têtes d'homme accrochées et des restes humains. Ce devaient être des seigneurs ou des personnes qu'ils aimaient, parce qu'il n'est pas probable qu'il ait pu s'agir de ceux qu'ils mangeaient*] dans un panier couvert par un autre panier et accroché à un poteau de la maison, et ils en trouvèrent une autre de la même sorte dans un autre village. L'Amiral pensa que ce devaient être celles de quelques notables de leur famille, parce que ces maisons étaient faites pour accueillir beaucoup de gens en une seule, et tous doivent être parents et descendants d'un seul.

Lundi 3 décembre

À cause du temps contraire qui régnait toujours, il ne pouvait quitter ce port, aussi décida-t-il d'aller voir un très beau cap à un quart de lieue de là, en direction du sud-est. Il y alla avec les barques et quelques hommes en armes. Il monta au sommet d'une montagne, et il découvrit alors qu'elle était toute plate et si bien semée de nombreux produits du sol et de courges qu'elle était merveilleuse à voir ; en son centre il y avait

1. Dans la religion arawak existait le culte des ancêtres (*N.d.T.*).

un grand bourg; il tomba soudain sur les gens de ce village. Mais, dès qu'ils le virent, hommes et femmes prirent la fuite; l'Amiral certifie aux souverains que dix hommes peuvent en faire fuir dix mille, tant ils sont couards et craintifs, n'ayant même pas d'armes, hormis quelques bâtons avec, au bout, un petit morceau de bois pointu, durci au feu.

Quand ils furent revenus là où ils avaient laissé leurs barques, il envoya quelques chrétiens jusqu'à l'endroit par lequel ils étaient montés, parce qu'il lui avait semblé avoir vu un grand rucher. Avant que ne revinssent ceux qu'il avait envoyés, de nombreux Indiens s'assemblèrent et s'approchèrent des barques où l'Amiral s'était déjà retiré avec tous ses gens. L'un d'entre eux s'avança tout près de la poupe de sa barque et fit un grand discours que l'Amiral ne comprenait point, hormis qu'il voyait que les autres Indiens levaient de temps en temps les mains au ciel et poussaient un grand cri. L'Amiral pensait qu'ils le rassuraient et que sa venue leur plaisait, mais il vit l'Indien qu'il avait amené avec lui changer de visage, devenir jaune comme cire et trembler beaucoup en disant par gestes à l'Amiral de s'en aller de ce fleuve, car les autres les voulaient tuer; puis il s'approcha d'un chrétien qui avait une arbalète armée et la montra aux Indiens; alors l'Amiral comprit qu'il leur disait qu'on les tuerait tous, parce que cette arbalète tirait loin et tuait; il prit également une épée et la tira de son fourreau pour la leur montrer, disant la même chose. Ce qu'ayant ouï, ils se mirent tous à fuir, et l'Indien resta tout tremblant encore de sa couardise et de son peu de cœur. L'Amiral ne voulut point quitter ce fleuve; il fit au contraire ramer en direction de l'endroit de la rive où se trouvaient les Indiens, qui étaient très nombreux, tous peints en rouge et nus comme leur mère les avait mis au monde, certains d'entre eux ayant des panaches sur la tête et autres plumets, tous avec des sagaies plein les mains.

«Je m'approchai d'eux, leur donnai quelques bouchées de pain et leur demandai leurs sagaies, et en échange je donnai aux uns un petit grelot, à d'autres une petite bague de laiton, à d'autres de petites perles de verre, en sorte que tous s'apaisèrent et que tous s'approchèrent des barques; ils donnaient alors tout ce qu'ils avaient pour n'importe quoi qu'on leur donnait. Les marins avaient tué une tortue dont la carapace était dans la barque, en morceaux; les mousses en donnaient aux Indiens gros comme l'ongle et eux leur donnaient une poignée de sagaies. Ce sont là des gens comme les autres que j'ai découverts – dit l'Amiral – et de même croyance, qui croyaient que nous venions du ciel; de ce qu'ils ont ils donnent aussitôt pour n'importe quelle chose qu'on leur puisse donner, sans dire que c'est peu; et je pense qu'ils feraient de même avec les épices et l'or s'ils en avaient.»

Mercredi 5 décembre

Il décida de laisser Cuba ou Juana, qu'il avait jusque-là tenue pour la terre ferme en raison de sa grandeur et parce qu'il avait bien parcouru cent vingt lieues de suite le long de la même côte, et partit en direction du sud-est quart est.

Jeudi 6 décembre

À l'est se présentait une terre, qui semblait être une île, pas très grande, dont il pouvait être à quarante milles. Il lui donna le nom d'île de la Tortue. On vit de nombreux feux cette nuit-là et, de jour, beaucoup de fumées, en sorte que l'on eût dit que des vigies étaient en alerte contre certaines gens avec lesquelles ceux-ci seraient en guerre. À l'heure des vêpres, il entra dans un port et lui donna le nom de port de Saint-Nicolas, en l'honneur de saint Nicolas dont c'était la fête ; dès l'entrée il s'émerveilla en voyant combien c'était un beau et bon port.

Vendredi 7 décembre

À la relève du quart du jour, il mit les voiles et quitta ce port de Saint-Nicolas. Il laissa le cap de l'île de la Tortue à environ trente-deux milles au nord-est. Puis, au bout de six lieues, il trouva une grande anse, et aperçut, à l'intérieur des terres, de très grandes vallées, des campagnes et de très hautes montagnes, le tout semblable à la Castille. À seize milles de là, il découvrit, pénétrant d'un quart de lieue dans les terres, un port si vaste et si profond qu'il n'en trouva pas le fond à l'entrée. Et bien qu'il fût encore très tôt – environ une heure après midi –, et que le vent fût en proue et fort, mais étant donné que le ciel montrait qu'il allait pleuvoir beaucoup et était tout bouché – ce qui est dangereux même dans des régions que l'on connaît et d'autant plus dans celles que l'on ne connaît pas –, il décida d'entrer en ce port qu'il appela port de la Conception.

Il aborda alors la terre en une rivière pas très grande qui est au fond de ce port et coule à travers une plaine cultivée dont la beauté était merveilleuse à voir. Il emporta des filets de pêche, et avant qu'il eût atteint le rivage, un muge[1], pareil à ceux d'Espagne même, sauta dans la barque : jusqu'alors il n'avait pas vu de poisson qui ressemblât à ceux de Castille. Les marins en pêchèrent et en prirent d'autres, ainsi que des soles et d'autres poissons semblables à ceux de Castille. Il marcha un peu à travers ce pays qui est tout cultivé et entendit chanter le rossignol et d'autres petits oiseaux pareils à ceux de Castille. Ils aperçurent cinq hommes, mais eux ne les voulurent point attendre et s'enfuirent. Il trouva du myrte et d'autres arbres et plantes, pareils à ceux de Castille, comme le sont cette terre et ces montagnes.

Dimanche 9 décembre

Ce jour il a plu et fait un temps d'hiver comme en octobre en Castille. L'île est très grande, et, ajoute l'Amiral, elle doit faire au moins deux cents lieues de

1. Un poisson à chair blanche que l'on appelle aussi mulet.

tour. Il vit qu'elle était toute cultivée; il pensait que les villages devaient être loin de la mer, d'où les gens voyaient quand il arrivait; c'est pourquoi ils fuyaient tous, emportant avec eux tout ce qu'ils avaient, et faisaient des signaux de fumée comme s'ils étaient en guerre. Ce port était bien dégagé et de bonne tenue, en sorte que n'importe quelle nef y peut mouiller sans crainte et pénétrer sans précaution; au fond débouchent deux rivières qui amènent peu d'eau; en face de lui, il y a des campagnes cultivées, les plus belles du monde et presque semblables aux terres de Castille, sur lesquelles elles l'emportent même, c'est pourquoi il donna à cette île le nom d'île Espagnole[1].

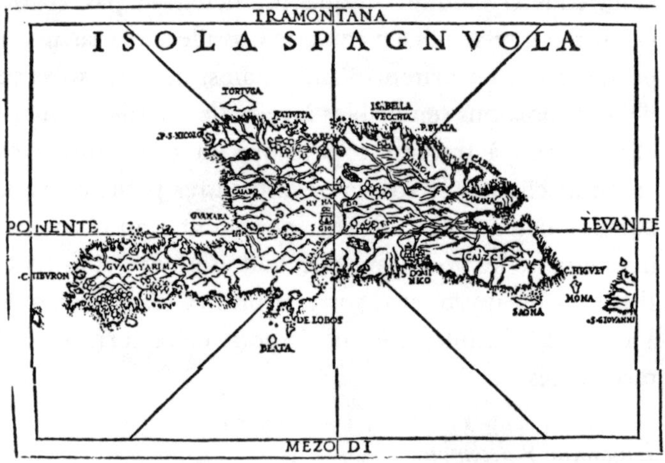

1. L'île Espagnole gardera le nom d'Hispaniola pendant toute la domination espagnole, avant d'être scindée en deux au XVIIe siècle par le traité de Ryswick. En 1843, la partie orientale forma un État indépendant: la république Dominicaine. À l'ouest, Haïti devint elle aussi une république en 1859.

Mercredi 12 décembre

Il ne partit pas ce jour-là pour la raison que le vent était contraire. Il dressa une grande croix à l'entrée du port, du côté ouest, sur une hauteur bien visible, en signe – dit-il – que cette terre appartient à Vos Altesses, et surtout en signe de Jésus-Christ et pour l'honneur de la chrétienté ; celle-ci une fois installée, trois marins s'enfoncèrent dans les bois pour en voir les arbres et les plantes ; ils entendirent alors un grand vacarme causé par des gens, tous nus comme ceux rencontrés auparavant, qu'ils appelèrent et suivirent, mais ces Indiens prirent la fuite.

Et finalement ils se saisirent d'une femme, mais ne purent faire plus, « parce que, dit l'Amiral, je leur avais mandé qu'ils se saisissent de quelques-uns d'entre eux, afin de les traiter avec honneur, de leur faire perdre leur peur et d'obtenir quelque chose de profit, car il semble qu'il ne puisse y avoir autre chose, tant cette terre est belle ; ils amenèrent donc cette femme, très jeune et belle, jusqu'à la nef, et elle parla avec les Indiens rencontrés auparavant, car ils avaient tous la même langue ». L'Amiral la fit vêtir et lui donna un collier de perles de verre, des grelots et des bagues de laiton, puis la renvoya à terre avec beaucoup d'honneurs, selon son habitude ; et il envoya quelques personnes de la nef avec elle, ainsi que trois des Indiens qu'il emmenait avec lui, afin qu'ils parlassent avec ces gens-là. Les marins qui allaient dans la barque, afin de la mener à terre, dirent à l'Amiral qu'elle n'avait alors plus envie de quitter la nef, mais de rester avec les autres femmes indiennes qu'il avait fait saisir au port de Mars de l'île Juana ou Cuba. Tous ces Indiens qui s'étaient trouvés en compagnie de cette Indienne étaient venus, dit-il, d'on ne sait où sur un canot, qui est leur caravelle et sur lequel ils naviguent, mais quand ils s'étaient présentés à l'entrée du port et avaient aperçu les navires, ils avaient fait demi-tour, laissé leur canot en un certain endroit et s'en étaient allés en direction de leur village. Cette femme leur avait montré où se situait son village ; elle portait un petit morceau d'or à la narine, ce qui était le signe qu'il y avait de l'or dans cette île.

Jeudi 13 décembre

Les trois hommes que l'Amiral avait envoyés avec la femme revinrent à trois heures du matin, mais ils n'étaient pas allés avec elle jusqu'à son village, ou bien parce qu'il leur avait semblé loin, ou bien parce qu'ils avaient eu peur. Ils dirent que le lendemain beaucoup de monde viendrait aux navires, car ces gens devaient désormais être rassurés par les nouvelles qu'avait dû donner cette femme. L'Amiral, désireux de savoir s'il y avait quelque chose de profit en cette terre et afin de prendre quelque peu langue avec ces gens-là, décida d'envoyer à nouveau des hommes jusqu'à ce village, confiant qu'il était dans les nouvelles que l'Indienne avait pu donner des chrétiens en disant que c'étaient de braves gens ; il choisit pour cela neuf hommes bien équipés en armes et aptes pour une telle affaire, et avec eux alla un des Indiens qu'il amenait avec lui.

Ils se dirigèrent vers le village qui était à quatre lieues

et demie au sud-est et le découvrirent dans une très grande vallée, mais il était vide, parce que, dès que les gens avaient entendu venir les chrétiens, ils s'étaient tous enfuis à l'intérieur des terres, laissant tout ce qu'ils avaient. Le village avait mille maisons et plus de trois mille habitants. L'Indien que les chrétiens emmenaient avec eux courut après les autres en leur criant de ne point avoir peur, car les chrétiens n'étaient point des Caniba, mais qu'au contraire ils venaient du ciel et donnaient beaucoup de belles choses à tous ceux qu'ils rencontraient. Ce qu'il avait dit leur fit si forte impression qu'ils se rassurèrent et que plus de deux mille d'entre eux s'approchèrent des chrétiens : tous, qui pourtant étaient tout tremblants tant qu'on ne les eut pas bien rassurés, venaient vers eux et leur mettaient la main sur la tête, ce qui était signe de grande révérence et amitié. Les chrétiens dirent qu'après qu'ils eurent perdu leur peur, ils étaient tous retournés à leurs maisons et que chacun leur avait rapporté de ce qu'ils avaient à manger, c'est-à-dire du pain d'ignames, qui sont des racines semblables à de grosses raves qui poussent seules, ou bien qu'ils sèment, font pousser et plantent eux-mêmes dans toutes ces terres, et qui est leur nourriture ; ils en font un pain[1] qu'ils cuisent et grillent, et elles ont tellement le goût des châtaignes que personne ne peut croire, quand il en mange, que ce ne soient point des châtaignes. Ils leur donnaient du pain et des poissons. Et comme les Indiens qu'il

1. En réalité les Indiens font leur « pain » – la *cassave* – avec la farine du manioc et non celle de la patate douce (*N.d.T.*).

amenait sur son bateau avaient compris que l'Amiral désirait quelque perroquet[1], il semble que l'Indien qui allait avec les chrétiens ait dit aux autres quelque chose là-dessus ; c'est pourquoi ceux-ci amenèrent des perroquets et leur donnaient tout ce qu'ils demandaient sans rien vouloir en échange. Ils les priaient de ne point s'en retourner ce soir-là, car ils leur donneraient le lendemain bien d'autres choses qu'ils avaient dans la montagne. Pendant qu'ils étaient tous auprès des chrétiens, ils virent venir une grande troupe ou foule de gens qui accompagnaient le mari de la femme que l'Amiral avait traitée avec honneur et renvoyée : ils la portaient à cheval sur leurs épaules et venaient remercier les chrétiens pour l'honneur que l'Amiral lui avait fait et les cadeaux qu'il lui avait donnés.

Les chrétiens dirent à l'Amiral que tous ces gens étaient très beaux et de meilleur naturel qu'aucun des autres qu'ils avaient jusque-là rencontrés. Ils disaient que toutes ces terres étaient cultivées et qu'au milieu de cette vallée coulait un fleuve très large et assez grand pour arroser toutes ces terres. Tous les arbres étaient verts et pleins de fruits, et les plantes toutes fleuries et très hautes ; les chemins très larges et bons ; la brise était comme en avril en Castille ; le rossignol chantait, ainsi que d'autres petits oiseaux, comme pendant ce même mois en Espagne, et c'était, dirent-ils, la plus grande douceur du monde ; pendant la nuit, de petits oiseaux

1. Étant donné que les perroquets venaient de l'Inde, l'Amiral avait intérêt à en rapporter en Castille, afin de démontrer qu'il était arrivé à l'endroit prévu (*N.d.T.*).

chantaient doucement, on entendait beaucoup de grillons et de grenouilles ; les poissons pareils à ceux d'Espagne. Ils virent beaucoup de mastic, d'aloès et de cotonniers ; de l'or, ils n'en trouvèrent point et ce n'est pas merveille que l'on n'en trouvât point en si peu de temps. L'Amiral observa ici quelles étaient les durées du jour et de la nuit, et il trouva que du lever au coucher du soleil s'étaient écoulées vingt ampoulettes qui sont chacune d'une demi-heure, bien qu'il dise qu'il peut y avoir là une erreur, si on ne la retourne pas assez vite ou si quelque chose empêche le sable de couler.

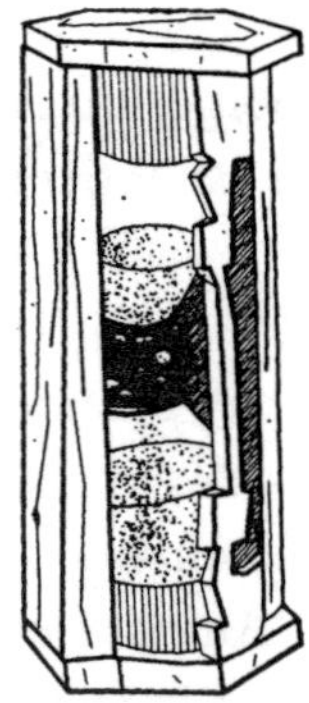

Samedi 15 décembre

Il quitta le port de la Conception, afin de poursuivre sa route, mais à peine eut-il quitté le port que le vent d'est souffla contre lui, alors il vira vers la Tortue, qu'il finit par atteindre ; et de là il vira à nouveau de bord pour voir un fleuve qu'il avait voulu voir et atteindre la veille sans y arriver. Ses navires une fois amarrés, c'est avec les barques qu'il alla découvrir ce fleuve et entra dans un bras de mer qui se trouve une demi-lieue en avant, mais n'était pas l'embouchure. Alors, halées par les marins, les barques remontèrent sur deux portées de bombarde, mais l'Amiral ne put avancer davantage à cause de la force du courant de ce fleuve. Il vit quelques maisons et la grande vallée où sont les villages ; il dit alors n'avoir jamais vu chose plus belle, avec ce fleuve qui coule au milieu de la vallée. Il vit aussi des gens à l'entrée du fleuve, mais tous prirent la fuite. Il dit encore que ces gens doivent être bien pourchassés pour vivre dans une terreur telle que, dès que l'on arrive, où que l'on arrive, ils font aussitôt des signaux de fumée depuis leurs lieux de guet à travers tout le pays. À cette vallée il donna le nom de vallée du Paradis et au fleuve celui de Guadalquivir, parce que, dit-il, il est aussi grand que le Guadalquivir dans sa traversée de Cordoue ; sur ses berges ou rives, il y a des plages de galets très belles, et il est entièrement navigable.

Dimanche 16 décembre

À minuit, grâce à un petit vent de terre, il mit les voiles afin de sortir de ce golfe et, au milieu du golfe, il rencontra un canot avec un Indien seul dedans ; et l'Amiral s'émerveillait de ce qu'il pût se tenir sur l'eau tant le vent était fort ; il les fit monter sur la nef, lui et son canot, puis, après l'avoir aimablement traité, lui donna un collier de perles de verre, des grelots et des bagues de laiton, et l'emmena avec la nef jusqu'à la terre, à un village qui était à seize milles de là au bord de la mer, où l'Amiral jeta l'ancre, car il avait trouvé un bon mouillage devant la plage située près de ce village qui semblait récemment construit, parce que toutes les maisons en étaient neuves.

L'Indien s'en fut aussitôt avec son canot jusqu'à terre, où il annonça que l'Amiral et les chrétiens étaient de braves gens ; aussitôt, plus de cinq cents hommes et, peu après, leur roi, vinrent tous sur la plage près des navires qui étaient mouillés non loin du rivage. Alors, les uns après les autres, puis par groupes, ils s'avançaient jusqu'à la nef, sans apporter avec eux quoi que ce fût, bien que quelques-uns portassent quelques grains d'or très fin aux oreilles ou au nez, qu'ils donnaient incontinent de bon gré. L'Amiral manda que l'on fît honneur à tous.

Il vit aussi que ledit roi restait sur la plage et que tous lui marquaient grand respect. L'Amiral lui envoya un présent qu'il reçut, dit-il, avec beaucoup de cérémonie ; ce devait être un jeune homme de vingt et un ans au plus ; il avait un vieux précepteur et d'autres conseillers qui le conseillaient et répondaient pour lui car lui-même prononçait peu de mots. L'un des Indiens qu'amenait l'Amiral lui parla et lui dit que les chrétiens venaient du ciel, que l'Amiral était à la recherche d'or et qu'il voulait gagner l'île de Baneque ; il répondit alors que cela était bien, parce qu'il y avait beaucoup d'or dans cette île ; et il indiqua à l'alguazil[1] de l'Amiral, qui lui avait porté le présent, le chemin qu'ils devaient suivre, et ajouta qu'en deux jours il irait de là jusqu'à l'île et que, s'ils avaient besoin de quelque chose de son pays, il le donnerait bien volontiers.

Ce roi et tous les autres habitants étaient nus comme leurs mères les avaient mis au monde, ainsi que les femmes qui n'en montraient nul embarras ; hommes et femmes sont les plus beaux qu'ils aient trouvés jusque-là : assez blancs, au point que s'ils étaient vêtus et se

1. Fonctionnaire subalterne attaché aux tribunaux espagnols.

protégeaient du soleil et de l'air, ils seraient presque aussi blancs qu'en Espagne, parce que cette terre est assez froide[1] et la meilleure que langue puisse décrire. Elle est très haute mais, même sur la plus haute montagne, des bœufs pourraient labourer, car elle est entièrement couverte de terres et de vallées cultivables ; en toute la Castille, il n'est point de terre qui se puisse comparer à elle en beauté et en bonté. Toute cette île et celle de la Tortue sont toutes cultivées comme l'est la campagne de Cordoue ; ses habitants y ont semé des *ajes*[2] qui sont des rameaux qu'ils plantent et aux pieds desquels poussent des racines, pareilles à des carottes, qui servent à faire du pain : ils les râpent, les pétrissent et en font du pain, et ensuite ils plantent à nouveau le même rameau ailleurs et il donne à nouveau quatre ou cinq de ces racines qui sont très savoureuses : du même goût que les châtaignes. Ici, il y a les plus grosses et les meilleures qu'il ait vues en aucun endroit, parce qu'il dit également qu'il y en avait de semblables en Guinée ; celles de cet endroit-ci étaient aussi grosses que la jambe. Et tous les gens y étaient gros et robustes – et non point maigres comme l'étaient les autres qu'ils avaient rencontrés auparavant –, et aussi d'une très agréable compagnie et sans aucune religion.

Quant aux arbres, ils y étaient, dit-il, si vigoureux que les feuilles n'étaient plus vertes, mais noires à force d'être vertes. C'était chose merveilleuse que de voir ces

1. Autre allusion à la croyance selon laquelle la couleur foncée des habitants dépend de la proximité de l'équateur (*N.d.T.*).

2. Voir note p. 51.

belles vallées, ces fleuves aux bonnes eaux, ces terres à blé, faites aussi pour toute sorte de bétail – dont ils n'ont pas du tout –, pour des potagers et pour toutes les choses du monde que l'homme pourrait demander. Ensuite, dans l'après-midi, le roi vint sur la nef; l'Amiral l'honora comme il le devait et lui fit dire comment il appartenait aux souverains de Castille, qui étaient les plus grands princes du monde. Mais ni les Indiens que l'Amiral amenait avec lui et qui étaient ses interprètes, ni le roi non plus n'en croyaient rien; ils croyaient au contraire qu'ils venaient du ciel et que les royaumes des souverains de Castille étaient dans le ciel et non en ce monde. On donna à manger au roi des produits de Castille: il en mangeait une bouchée puis donnait le reste à ses conseillers, à son précepteur et aux autres qu'il avait introduits avec lui.

«Que Vos Altesses soient persuadées que ces immenses terres sont bonnes et fertiles, et particulièrement celles de cette île Espagnole, au point qu'il n'est personne qui soit capable de le dire et que personne ne peut croire cela s'il ne le voit; et que Vos Altesses soient persuadées que cette île et toutes les autres leur appartiennent autant que la Castille, et qu'il ne manque que de s'y établir et de leur faire faire ce qu'elles voudront; en effet, moi-même, avec ces hommes que j'amène avec moi et qui ne sont pas nombreux, je pourrais parcourir toutes ces îles sans dommage, car j'ai déjà vu trois seulement de mes marins descendre à terre et faire fuir une multitude de ces Indiens qu'il y avait là, sans qu'ils leur voulussent faire de mal. Ils n'ont pas

d'armes et sont tous nus, sans aucune idée de l'art de la guerre et très couards, au point que mille d'entre eux ne feraient pas face à trois des nôtres ; ils sont donc bons pour être commandés et pour qu'on les fasse travailler, semer et qu'on leur fasse faire toute chose qui pourra être nécessaire ; et qu'ils fassent des villes et qu'on leur apprenne à aller habillés et aussi nos coutumes. »

Lundi 17 décembre

Cette nuit-là le vent souffla fortement d'est-nord-est ; la mer ne s'agita pas trop parce que celui-ci était arrêté et coupé par l'île de la Tortue qui est en face et fait protection. L'Amiral resta donc là tout ce jour. Il envoya ses marins pêcher avec des filets. Les Indiens se réjouirent beaucoup d'être en compagnie des chrétiens, et leur apportèrent des flèches appartenant aux Caniba ou cannibales, qui sont faites de grandes tiges de roseaux à l'extrémité desquelles ils introduisent un bout de bois fin, pointu, durci au feu et très long. Ils leur montrèrent deux hommes sur le corps desquels il manquait quelques morceaux de chair et leur firent comprendre que c'étaient les cannibales qui en avaient mangé des bouchées; l'Amiral ne le crut point.

Il envoya à nouveau quelques chrétiens au village et, en échange de quelques petits colliers de verre, ils obtinrent quelques morceaux d'or travaillés en minces feuilles. Ils virent un homme que l'Amiral prit pour le gouverneur de cette province et qu'ils appelaient cacique; il avait un morceau de feuille d'or grand comme la main et semblait le vouloir échanger; il rentra alors dans sa maison pendant que les autres restaient sur la place, et faisait faire de petits morceaux de cette pièce entière qu'il venait échanger un à un. Quand il n'y en eut plus, il dit par gestes qu'il en avait envoyé chercher davantage, qu'on lui apporterait le lendemain. «Toutes ces choses, ainsi que leur comportement, leurs coutumes, leur douceur, leurs manœuvres montrent que ce sont des gens plus éveillés et intelligents que les autres que j'ai pu rencontrer jusque-là», dit l'Amiral.

Dans l'après-midi, un canot arriva de l'île de la Tortue avec au moins quarante hommes et, dès qu'il atteignit la plage, tous les gens du village qui étaient rassemblés s'assirent sans exception en signe de paix; alors quelques-uns du canot d'abord et presque tous ensuite, descendirent à terre. Le cacique se leva seul et, avec des paroles qui semblaient de menace, les fit retourner à leur canot; puis, il leur jeta de l'eau, prit des galets de la plage et les jeta dans l'eau. Ce cacique montra là qu'il se mettait sous la protection de l'Amiral. Le canot s'en alla aussitôt, et, lorsqu'il fut parti, les Indiens dirent à l'Amiral qu'il y avait dans l'île de la Tortue plus d'or que dans l'île Espagnole, parce qu'elle est plus proche de Baneque ; l'Amiral dit qu'il ne croyait pas que, pas plus dans cette île Espagnole que dans celle de la Tortue, il y eût des mines d'or, mais qu'on l'apporte de Baneque et qu'on en apporte peu parce que ceux d'ici n'ont rien à donner en échange. D'ailleurs, cette terre est si grasse qu'il n'est point besoin de la beaucoup travailler pour se nourrir et pour s'habiller, puisqu'ils vont tout nus. Et l'Amiral pensait qu'il était près de la source de l'or et que Notre-Seigneur lui allait montrer où il naît. Il avait appris que de cet endroit-ci jusqu'à Baneque il y avait quatre jours de voyage, ce qui pouvait faire trente ou quarante lieues, qui se pouvaient franchir en une journée par beau temps.

Mardi 18 décembre

Ce jour-là, il resta à l'ancre devant cette plage, parce qu'il n'y avait pas de vent et aussi parce que le cacique avait dit qu'il devait apporter de l'or ; non que l'Amiral tînt pour important l'or que, dit-il, cet homme pouvait apporter, car il n'y avait pas là de mines, mais afin de mieux savoir d'où on l'apportait.

Aussitôt que le jour se leva, il fit décorer la nef et la caravelle avec des écussons et des bannières pour la fête du jour qui était celle de Sainte-Marie-d'O[1] et

1. Fameux sanctuaire situé sur une haute montagne près de Ségovie et qui porte ce nom parce qu'il est entouré de rochers disposés en cercle, presque en forme d'O (*N.d.T.*).

de l'Annonciation. On tira de nombreux coups de bombarde; de son côté, le roi de cette île Espagnole, dit l'Amiral, avait quitté de très bonne heure sa maison; avec le roi venaient plus de deux cents hommes, quatre hommes le portaient sur une litière, et il était jeune, comme cela a été dit plus haut. Et l'Amiral dit aux souverains: «Son attitude et le respect que tous lui marquent, bien qu'ils aillent tout nus, seraient sans nul doute du goût de Vos Altesses. Dès qu'il monta sur la nef, il me trouva en train de manger à ma table sous la toile du château de poupe[1], et d'un pas décidé, vint s'asseoir à mes côtés, sans me vouloir permettre de m'avancer vers lui ni me lever de table, voulant seulement que je poursuivisse mon repas; quant à moi, je pensai qu'il lui serait agréable de manger de nos plats et je lui fis aussitôt porter des choses afin qu'il mangeât; quand il entra sous la toile du château, il fit des gestes de la main pour que tous les siens restassent dehors, ce qu'ils firent avec le plus grand empressement et le plus grand respect du monde, s'asseyant tous sur le pont, hormis deux hommes d'âge mûr, dont je pensais qu'ils étaient son conseiller et son précepteur, qui vinrent s'asseoir à ses pieds; des plats que je lui présentais, il prenait juste ce qu'il fallait pour montrer sa confiance, et aussitôt après faisait porter le reste aux siens et tous en mangeaient; il fit de même avec la boisson, qu'il approchait à peine de ses lèvres et donnait ensuite directement aux autres, et tout cela

1. Le château de poupe était parfois recouvert par une toile tendue d'une bordée à l'autre et de l'arrière au mât de misaine (*N.d.T.*).

avec une attitude merveilleuse et très peu de mots ; et ceux qu'il prononçait, d'après ce que je pouvais comprendre, étaient très pondérés et sensés ; les deux autres suivaient les mots sur ses lèvres, parlaient pour lui et avec lui, et cela avec grand respect.

« Après manger, un écuyer apporta une ceinture, exactement de même forme que celles de Castille, hormis qu'elle était autrement travaillée ; il la prit et me la donna, avec deux morceaux d'or ouvragés qui étaient très minces, car je crois qu'ils en obtiennent peu ici, bien que je tienne pour certain qu'ils sont très voisins de l'endroit où il naît et se trouve en abondance ; je vis que lui plaisait une couverture que j'avais sur mon lit ; je la lui donnai, ainsi qu'un beau collier d'ambre que je portais au cou, des chaussures rouges et une aiguière d'eau de fleur d'oranger, objets dont il se trouva si content que c'en fut merveille ; cependant lui, son précepteur et ses conseillers étaient très peinés parce qu'ils ne me comprenaient point et que moi non plus je ne les comprenais point. Malgré tout, j'entendis qu'il me disait que si quelque chose d'ici me convenait, toute l'île était à ma disposition. J'envoyai chercher un de mes colliers où j'ai en sautoir un excellent d'or[1] sur lequel sont gravées Vos Altesses et le lui montrai, puis lui redis, comme hier, que Vos Altesses commandaient et régnaient sur la meilleure partie du monde et qu'il n'y avait point d'aussi grands princes ; et je lui montrai

1. L'excellent est une monnaie d'or frappée par les Rois Catholiques à Burgos, qui équivalait alors à deux castillans d'or (*N.d.T.*).

les bannières royales et celles portant la Croix, qu'il tint en grande estime, "et quels grands seigneurs doivent être Vos Altesses!" – disait-il en se tournant vers ses conseillers –, puisqu'elles m'avaient envoyé de si loin, du ciel même, sans crainte, jusqu'ici. Et bien d'autres paroles s'échangèrent que je ne comprenais point, sauf que je voyais bien qu'il était émerveillé de tout.»

Quand il se fit tard et qu'il voulut s'en aller, l'Amiral le renvoya dans la barque avec tous les honneurs et fit tirer plusieurs coups de bombarde. Lui, une fois à terre, monta sur sa litière et s'en fut avec ses deux cents et quelques hommes, et son fils qui était porté derrière lui sur les épaules d'un Indien, personnage très honorable. À tous les marins et gens des navires, chaque fois qu'il les rencontrait, il faisait donner à manger et faire grand honneur. Un marin qui le rencontra en chemin, vit que toutes les choses que lui avait données l'Amiral étaient portées devant le roi, chacune par un homme choisi parmi les plus honorables à ce qu'il lui semblait ; son fils allait à bonne distance derrière lui, avec une aussi grande compagnie que le roi, et de même un frère dudit roi, hormis que ce frère allait à pied et que deux personnages honorables le soutenaient chacun par un bras.

Celui-ci vint sur la nef après le roi, et l'Amiral lui donna quelques-unes des choses prévues pour les échanges ; c'est alors que l'Amiral sut que, dans sa langue, on appelait le roi « cacique ». Au cours de cette journée, dit-il, on obtint peu d'or dans les échanges, mais l'Amiral sut par un vieil homme qu'il y avait de nombreuses îles éloignées de cent lieues ou un peu plus, d'après ce qu'il put comprendre, sur lesquelles l'or naît en abondance, au point que, lui dit-il, il y avait une île qui était tout en or et que, dans les autres, il y en a en telle quantité qu'après l'avoir recueilli, on le passe avec un tamis, on le fond, puis on en fait des barres et mille autres ouvrages, dont il dessinait la forme avec ses mains. Ce vieillard indiqua à l'Amiral la route à suivre pour gagner l'endroit où se trouvaient ces îles.

Mercredi 19 décembre

Cette même nuit, on mit à la voile pour quitter ce bras de mer que l'île de la Tortue fait là avec l'île Espagnole. À l'est-sud-est du cap des Tours il y a une petite île, à laquelle il donna le nom de Saint-Thomas, car le lendemain était la vigile[1] de cette fête. Depuis le cap des Tours, en direction de l'est quart sud-est, il y a soixante milles jusqu'à une haute montagne plus élevée qu'aucune autre, qui avance dans la mer et, de loin, semble être une île à elle toute seule en raison d'une échancrure qui la coupe en partie de la terre ; il lui donna le nom de mont Caribata, parce que cette province s'appelait Caribata. Il est très beau et couvert d'arbres verts et convenablement plantés, sans neige ni brouillard, alors que le temps y était à cette époque, pour ce qui est de l'air et de la température, comme en mars en Castille, mais, pour ce qui est des arbres et des plantes, comme en mai. Les nuits étaient, dit-il, de quatorze heures.

Jeudi 20 décembre

Ce jour, au coucher du soleil, il entra dans un port qui se trouvait entre l'île Saint-Thomas et le cap de Caribata, et y jeta l'ancre. Ce port est très beau et pourrait contenir tous les navires de la chrétienté.

Vendredi 21 décembre

Ce jour, il alla avec les barques des navires examiner le port en question : il affirme qu'aucun de tous ceux

1. La veille.

qu'il a pu voir jusque-là ne l'égale, et regrette d'avoir tellement loué les précédents, car il ne sait comment enchérir celui-ci et craint d'être tenu pour quelqu'un qui magnifie tout avec excès au-delà de la vérité. Il s'en défend en disant qu'il a avec lui de vieux marins et que ceux-ci disent et diront la même chose, ainsi que tous ceux qui viendront à naviguer sur ces mers.

Il s'exprime encore de la sorte : « J'ai navigué vingt-trois ans sur la mer, et j'ai visité le Levant, ainsi que l'Occident, que j'ai laissé pour aller en direction du Septentrion, c'est-à-dire de l'Angleterre, et j'ai navigué jusqu'en Guinée, mais dans tous ces voyages on ne pourra jamais trouver quelque chose d'aussi parfait que ces ports, trouvés toujours mieux que le précédent ; quant à moi qui ai coutume, après un certain temps, de réexaminer mon texte, je redis et affirme que j'ai bien écrit et que ce port-ci est au-dessus de tous : y tiendraient tous les navires du monde et il est si bien fermé qu'avec un seul cordage, le plus vieux de la nef, celle-ci pourrait rester amarrée. »

L'Amiral vit à ce moment-là quelques Indiens qui s'avançaient près du bord de la mer ; ils semblaient avoir peur, aussi fit-il arrêter les barques et dire, par les Indiens qu'il amenait sur la nef, qu'il ne leur serait fait aucun mal. Alors les autres s'approchèrent davantage de la mer et l'Amiral de la côte, et quand ils eurent perdu leurs craintes, ils vinrent en si grand nombre qu'ils couvraient la côte, rendant mille grâces, aussi bien les hommes que les femmes et les enfants ; les uns accouraient d'ici et les autres de là, pour nous apporter du pain qu'ils font avec des ignames (qu'ils appellent *ajes*), qui est très blanc et bon, et ils nous apportaient de l'eau dans des calebasses et dans des cruches de terre de

même facture que celles de Castille, et ils nous apportaient tout ce qu'ils possédaient au monde et savaient que l'Amiral voulait, et tout cela avec un cœur si grand et plein de contentement que c'était merveille.

« Et que l'on ne dise pas que c'est parce que ce qu'ils donnaient avait peu de valeur qu'ils le donnaient généreusement, dit l'Amiral, parce que ceux qui donnaient des morceaux d'or agissaient de même et les donnaient aussi généreusement que ceux qui donnaient une calebasse d'eau ; d'ailleurs, ajoute l'Amiral, il est facile de voir quand on donne quelque chose avec un cœur désireux de donner. » Telles sont ses paroles. « Ces gens n'ont ni bâtons ni sagaies ni aucune autre arme, et non plus les autres dans toute cette île, que je tiens pour très grande. Ils sont aussi nus que lorsque leur mère les mit au monde, tant les femmes que les hommes, alors que, dans les autres régions – l'île Juana et les autres îles –, les femmes portaient devant elles, pour cacher leur nature, des choses de coton semblables à la braguette des chausses des hommes, surtout après qu'elles ont passé l'âge de douze ans ; mais ici ni les jeunes ni les vieilles n'en portent ; et si, dans les autres endroits, les hommes faisaient tous cacher leurs femmes des chrétiens par jalousie, ici non : il y a quelques jolis corps de femmes et c'étaient elles qui venaient d'abord rendre grâce au ciel et apporter tout ce qu'ils avaient, particulièrement des choses à manger, du pain d'*ajes*, du souchet de noisetier[1] et cinq ou six sortes de fruits », que l'Amiral fit sécher pour les apporter aux souverains.

Il dit que, dans les autres endroits, les femmes n'agissaient pas différemment avant d'aller se cacher ; et l'Amiral mandait partout et toujours que ses hommes

1. Des cacahuètes.

fussent attentifs à ne point courroucer quiconque en quoi que ce fût et à ne leur rien prendre contre leur gré, c'est pourquoi ils leur payaient tout ce qu'ils recevaient d'eux. L'Amiral dit enfin qu'il ne peut croire qu'on ait jamais vu des gens ayant aussi bon cœur, généreux dans leurs dons, et aussi craintifs, en sorte que tous se donnaient grand mal pour offrir aux chrétiens tout ce qu'ils avaient et dès que les chrétiens arrivaient, ils couraient sur-le-champ tout leur apporter.

Samedi 22 décembre

Dès que le jour se leva, il mit les voiles, afin de poursuivre sa route en quête des îles dont les Indiens lui avaient dit qu'elles contenaient beaucoup d'or et même, pour certaines, plus d'or que de terre. Le temps ne lui fut pas propice et il dut retourner à son mouillage ; alors il envoya la barque pêcher au filet. Le seigneur de ce pays [*c'était Guacanagarí, seigneur du Marien, où l'Amiral fit sa forteresse et laissa trente-neuf chrétiens*], qui avait un village proche de là, lui envoya un grand canot plein de gens, parmi lesquels un de ses plus importants serviteurs, afin de prier l'Amiral de venir avec ses navires jusqu'à son pays, lui faisant dire qu'il lui donnerait tout ce qu'il pouvait avoir ; par cet homme il lui envoya une ceinture qui, en lieu de bourse, avait un masque avec deux grandes oreilles d'or martelé, ainsi que la langue et le nez.

Avant que l'Amiral pût les comprendre, une partie de la journée passa, car même les Indiens qu'il amenait avec lui ne les comprenaient pas bien, parce qu'ils ont des mots différents pour nommer les choses. Il finit, enfin, par comprendre à leurs gestes qu'ils l'invitaient. L'Amiral décida de s'y rendre le dimanche – bien que, par dévotion seulement et non par une quelconque superstition, il n'eût point coutume de quitter un port le dimanche.

Avant de partir ce jour-là, il envoya six hommes à un très grand village, à trois lieues de là vers l'ouest, parce que son seigneur était venu la veille voir l'Amiral et lui avait dit qu'il avait quelques morceaux d'or. Dès que les chrétiens y arrivèrent, ce seigneur prit par la main le greffier de l'Amiral, que l'Amiral avait envoyé afin qu'il ne permît point aux autres de faire une chose indue aux Indiens ; en effet, les Indiens sont si généreux et les Espagnols si cupides et excessifs qu'il ne leur suffit pas que, pour un bout d'aiguillette, les Indiens leur donnent tout ce qu'ils veulent, mais ils voudraient tout avoir et tout prendre sans leur donner rien, ce que l'Amiral avait interdit. Ainsi donc, ce seigneur prit le secrétaire par la main et, accompagné par tous les gens du village qui étaient très nombreux, l'emmena dans sa maison et fit donner à manger aux chrétiens ; alors tous les Indiens leur apportèrent beaucoup de pièces de coton tissé et de pelotes de coton filé. Quand il se fit tard, ce seigneur leur donna trois oies très grasses et quelques petits morceaux d'or ; puis avec eux repartit un grand nombre de gens qui leur portaient toutes les choses qu'ils avaient obtenues là en échange et insistaient pour porter les chrétiens eux-mêmes sur leur dos, ce que, de fait, ils firent pour franchir quelques fleuves et quelques endroits bourbeux. L'Amiral fit donner à ce seigneur quelques objets, dont celui-ci se trouva fort content, car il croyait vraiment que les chrétiens étaient venus du ciel; aussi ces gens se jugeaient-ils bienheureux de seulement les avoir vus.

Dimanche 23 décembre

Par manque de vent, il ne put partir avec les navires pour le pays de ce seigneur qui l'avait fait prier et invité, mais, avec les trois messagers qui attendaient là, il envoya des barques avec des hommes et son secrétaire. Le cacique vint à eux et tout le village s'assembla, ce qui faisait plus de deux mille personnes. Ce roi fit beaucoup d'honneurs aux gens des navires, et chaque homme du peuple leur apporta quelque chose à manger et à boire. Ensuite le roi donna à chacun d'eux des draps de coton que mettent les femmes, des perroquets pour l'Amiral et quelques morceaux d'or.

Lundi 24 décembre

Avant que ne parût le soleil, il leva ses ancres avec une brise de terre. Parmi les Indiens qui avaient indiqué par gestes qu'il y avait de l'or sur cette île et nommé les endroits où on le recueille, il en vit un qui lui sembla vif et plein de bonne volonté, ou bien qui lui parlait avec le plus de plaisir, aussi lui fit-il des compliments et le pria-t-il de l'accompagner pour lui montrer ces mines d'or; celui-ci amena un de ses compagnons ou un de ses parents, et parmi les endroits qu'ils nommaient où l'on ramassait l'or, ils parlèrent de

Cipango, qu'ils appellent Cibao[1]; ils affirment qu'il y a là une grande quantité d'or et que le cacique y a des bannières d'or martelé, mais que cela se trouve très loin à l'est. L'Amiral adresse alors ces paroles à nos souverains :

« Que Vos Altesses soient persuadées qu'il ne peut y avoir au monde de gens meilleurs ni plus doux ; Vos Altesses doivent grandement se réjouir, car elles en feront vite des chrétiens et leur feront enseigner les bonnes coutumes de leurs royaumes ; il ne peut, en effet, y avoir de meilleures gens ni de meilleurs pays, et les gens comme les pays sont en si grande quantité que je ne sais comment exprimer cela, parce que j'ai déjà parlé à un degré superlatif des gens et des pays de l'île Juana, qu'ils appellent Cuba. Hommes et femmes, par ailleurs de bonne taille, ne sont pas noirs. Il est vrai que tous se peignent, certains en noir et d'autres d'une autre couleur, mais la plupart en rouge ; j'ai appris qu'ils le font pour que le soleil ne leur fasse pas mal ; et les maisons et les villages sont si beaux, chacun gouverné par une sorte de juge ou seigneur, auquel tout le monde obéit, que c'est merveille : tous ces seigneurs sont gens de peu de mots mais de belles manières, et leur commandement se fait tout au plus avec des gestes de la main qui sont si vite compris que c'est merveille. » Telles sont les paroles de l'Amiral.

1. Cibao est une région de l'île d'Haïti qui a, en effet, possédé des mines d'or (*N.d.T.*). Colomb ne doute pas qu'il s'agisse de Cipango…

Mardi 25 décembre, jour de Noël

Il avait, le jour précédent, navigué avec peu de vent depuis la mer de Saint-Thomas jusqu'à la pointe Sainte; depuis il s'en était maintenu à une lieue jusqu'après le premier quart, ce qui pouvait faire onze heures du soir, et décida donc de s'aller coucher, car il y avait deux jours et une nuit qu'il n'avait pas dormi. Comme la mer était calme, le marin qui gouvernait la nef décida d'aller dormir et laissa le gouvernail à un mousse, ce que l'Amiral avait toujours fermement interdit pendant tout le voyage, qu'il y eût du vent ou qu'il y eût du calme: c'est-à-dire qu'on ne laisse pas gouverner les mousses. L'Amiral était certain d'être à l'abri de bancs et de rochers, parce que, le dimanche, quand il avait envoyé les barques voir ce fameux roi, elles étaient bien passées à trois lieues et demie à l'est de ladite pointe Sainte.

Notre-Seigneur voulut qu'à douze heures de la nuit, comme les hommes avaient vu que l'Amiral s'était couché pour se reposer et qu'ils voyaient que c'était le calme plat et que la mer était comme de l'eau dans une écuelle, ils allèrent tous dormir et le gouvernail resta entre les mains de ce jeune garçon; or les courants marins emportèrent la nef sur un de ces bancs, lesquels, bien que ce fût de nuit, résonnaient tant qu'on les aurait pu entendre et voir de plus d'une lieue; le bateau alla sur eux si doucement que l'on ne sentit presque rien.

Le mousse, qui avait senti qu'il ne gouvernait plus et avait entendu le bruit de la mer, poussa des cris, auxquels l'Amiral sortit, en quoi il fut tellement rapide que nul n'avait encore senti qu'ils étaient échoués. Ensuite, le capitaine de la nef, qui était de garde, sortit. Alors l'Amiral lui dit, ainsi qu'aux autres, de haler la chaloupe qu'ils avaient en poupe, de prendre une ancre et de la jeter en poupe ; le capitaine et bon nombre d'autres sautèrent donc dans la chaloupe, et l'Amiral pensait qu'ils faisaient ce qu'il leur avait ordonné. Eux ne se soucièrent que de fuir vers la caravelle qui louvoyait à une demi-lieue de là. La caravelle ne les voulut point accueillir, agissant ainsi comme il convenait ; ils revinrent donc à la nef, mais la barque de la caravelle y arriva avant eux. Quand l'Amiral vit que c'étaient bien ses hommes qui s'enfuyaient, que, par ailleurs, le niveau de l'eau baissait et que la nef était déjà tout à fait par le travers des vagues, ne voyant d'autre remède, il fit couper le mât et alléger la nef de tout ce que l'on put,

afin de voir si l'on pouvait la sortir de là ; mais comme le niveau des eaux continuait à baisser, on ne put y remédier.

Il avait auparavant envoyé à terre la chaloupe avec Diego de Arana, de Cordoue, alguazil de l'expédition, et Pedro Gutiérrez, gentilhomme de la Maison royale, aviser le roi, lequel avait sa ville en face, à environ une lieue et demie du banc. Lorsque ce roi apprit cela, dit l'Amiral, il se mit à pleurer et envoya tous les gens de sa ville avec quantité de très grands canots pour décharger tout ce qu'il y avait dans la nef. L'Amiral certifie aux souverains qu'en aucun endroit de Castille on n'aurait pu mieux mettre tout cela en sûreté, sans qu'il manquât ne serait-ce qu'une aiguillette. Ce roi fit tout mettre près des maisons, pendant que l'on en vidait quelques-unes qu'il voulait donner pour que l'on y pût mettre et conserver tout cela. Il fit mettre des hommes en armes autour de tout ce chargement, afin qu'ils veillassent toute la nuit.

Mercredi 26 décembre

Ce jour, au lever du soleil, le roi de ce pays vint sur la caravelle *Niña* où se trouvait l'Amiral, et lui dit, presque en pleurant, de ne pas avoir de chagrin, qu'il lui donnerait tout ce qu'il avait, qu'il avait déjà donné aux chrétiens qui étaient à terre deux très grandes maisons et qu'il leur en donnerait d'autres si elles étaient nécessaires, ainsi que tous les canots qui pourraient être chargés pour décharger la nef et mettre à terre tous les gens qu'il voudrait, que c'était ce qu'il avait fait la veille, sans prendre une miette de pain ni aucune autre chose; «tant, dit l'Amiral, ils sont fidèles et sans convoitise de ce qui est à autrui»; car ce roi était vertueux par-dessus tous.

Pendant que l'Amiral était en train de parler avec lui, un autre canot arriva d'un autre village, qui apportait quelques morceaux d'or que ses occupants voulaient donner contre un grelot, car ils ne désiraient rien tant que des grelots, au point que le canot n'était pas encore contre le bord qu'ils appelaient et montraient les morceaux d'or en disant «chuq, chuq», pour grelots, car ils en sont presque fous. Ayant vu cela et alors que ces canots qui venaient d'autres villages repartaient, d'autres appelèrent l'Amiral en le priant de leur faire garder un grelot jusqu'au lendemain, car ils apporteraient quatre morceaux d'or aussi grands que la main. L'Amiral se réjouit en entendant cela. Le roi se réjouit fort de voir l'Amiral joyeux et comprit qu'il désirait beaucoup d'or, aussi lui dit-il par gestes qu'il connaissait près de là un endroit où il y en avait beaucoup, et qu'il pouvait avoir le cœur tranquille, car il lui donnerait tout l'or qu'il voudrait.

Le roi mangea sur la caravelle avec l'Amiral; lorsqu'il mangeait, son attitude bienséante, ses belles manières et sa propreté montraient qu'il était de bon lignage. Après avoir mangé – et il resta un bon moment à table –, on apporta certaines herbes avec lesquelles il se frotta bien les mains; l'Amiral pensa qu'il faisait cela pour les adoucir, mais on lui avait donné un lave-mains.

Après qu'ils eurent fini de manger, il amena l'Amiral

sur la plage, et l'Amiral envoya chercher un arc turc et une poignée de flèches, et fit tirer un homme de sa compagnie qui s'y connaissait; alors le seigneur, ne sachant ce que peuvent être des armes, car ils n'en ont point et n'en usent point, trouva que c'était une grande chose. L'Amiral fait remarquer que l'origine de cela fut une conversation sur les gens de Cariba, qu'ils appellent Caraïbes, qui viennent se saisir d'eux et portent arcs et flèches sans fer, car dans toutes ces îles il n'avait pas souvenir qu'il y en eût, ni aucun autre métal hormis de l'or et du cuivre, encore que du cuivre l'Amiral n'en eût vu que peu. L'Amiral lui dit par gestes que les souverains de Castille ordonneraient la destruction des Caraïbes et qu'ils les feraient tous amener les mains liées. L'Amiral fit tirer avec une bombarde et avec une espingole[1]: le roi, voyant l'effet que leur force produisait et combien elles étaient pénétrantes, en resta tout émerveillé, et ses gens, lorsqu'ils entendirent les tirs, se précipitèrent tous à terre. On apporta à l'Amiral un grand masque qui avait de grands morceaux d'or aux oreilles, aux yeux et en d'autres endroits, et qu'on lui donna avec d'autres bijoux en or que le roi lui-même mit sur la tête et autour du cou de l'Amiral; on en donna également beaucoup aux autres chrétiens qui étaient avec lui. L'Amiral reçut un grand plaisir et une grande consolation de ces choses qu'il voyait: l'angoisse et le chagrin qu'il éprouvait en raison de la perte de la nef s'apaisèrent, et il sut que Notre-

1. Arme courte, au canon évasé, dont on se servait généralement en l'appuyant sur le bordage des embarcations (*N.d.T.*).

Seigneur avait fait échouer la nef en ce lieu afin qu'il s'y établît.

« C'est pour cela, dit-il, que tant de choses sont venues si à propos que ceci ne fut pas un désastre mais une grande chance, parce qu'il est certain, dit-il, que, si je ne m'étais pas échoué, je serais passé au large sans jeter l'ancre en ce lieu qui se trouve placé là, au fond d'une grande baie derrière deux ou trois récifs et hauts-fonds, et ce voyage ne m'aurait pas permis de laisser des hommes ici, car même si j'avais voulu en laisser, je n'aurais pu leur laisser tant de bonnes provisions, tant d'armes, tant de nourriture et de matériel pour la forteresse ; et il est bien vrai que nombre d'hommes qui se trouvent ici m'avaient prié et fait prier de bien vouloir leur donner licence de rester. Maintenant j'ai ordonné de faire une tour et une forteresse le mieux possible avec un grand fossé, non que je croie qu'il y ait besoin de cela vis-à-vis des gens d'ici, car je tiens pour assuré qu'avec les hommes qui m'accompagnent, je pourrais soumettre toute cette île, bien qu'elle soit, je crois, plus grande que le Portugal et sa population double, parce qu'ils sont nus, sans armes et irrémédiablement couards ; cependant il est bon que l'on fasse cette tour, afin que l'on y soit comme on doit être quand on se trouve si loin de Vos Altesses, et afin que ces gens connaissent les capacités des gens de Vos Altesses et ce qu'ils peuvent faire, afin qu'ils leur obéissent par amour et par crainte ; et ainsi nos gens auront des planches pour faire toute la forteresse, des subsistances de pain et de vin pour plus d'un an, des graines pour semer, la barque de la nef, ainsi qu'un calfat, un charpentier, un bombardier, un tonnelier et beaucoup d'hommes qui désirent, pour le service de Vos Altesses et pour me faire plaisir, savoir où est la mine où l'on recueille l'or. De sorte que tout est venu exactement au bon moment pour que cette installation ait lieu. » Voilà ce que dit l'Amiral.

Et il dit qu'il espère en Dieu que lorsqu'il reviendrait, comme il entendait le faire, de Castille, il trouverait un tonneau d'or qu'allaient obtenir par échange ceux qu'il allait laisser, et qu'ils auraient trouvé la mine de l'or et les épices, et tout cela en telle quantité que les souverains entreprendraient et prépareraient avant trois ans la conquête de la Maison sainte, car j'ai insisté auprès de Vos Altesses pour que tout le profit de la présente entreprise soit dépensé dans la conquête de Jérusalem[1], et Vos Altesses ont dit en riant que cela leur agréait et que, même sans cela, elles avaient ce désir. » Telles sont les paroles de l'Amiral.

Jeudi 27 décembre

Dès que le jour se leva, le roi de ce pays vint sur la caravelle et dit à l'Amiral qu'il avait envoyé chercher de

1. Jérusalem était alors aux mains des Mamelouks.

l'or et qu'il voulait l'en couvrir entièrement avant qu'il ne s'en allât ; il le priait, en conséquence, de ne point s'en aller ; puis ce roi ainsi que l'un de ses frères et un favori de ses parents mangèrent avec l'Amiral, et ces deux hommes lui dirent qu'ils voulaient aller en Castille avec lui. Sur ces entrefaites, arrivèrent quelques Indiens avec des nouvelles selon lesquelles la caravelle *Pinta* se trouvait à l'entrée d'un fleuve situé à l'extrémité de cette même île ; le cacique, qui aimait tant l'Amiral que c'était merveille, y envoya aussitôt un canot, sur lequel l'Amiral fit monter un marin [*l'Amiral y fit monter un marin porteur d'une lettre pleine d'affection pour Martín Alonso, qui taisait la peine que sa séparation lui avait causée et le persuadait de le venir rejoindre, puisque Notre-Seigneur leur avait fait à tous si grande faveur*]. L'Amiral s'occupait désormais avec toute la hâte possible d'expédier son retour en Castille.

Dimanche 30 décembre

L'Amiral descendit manger à terre et il y parvint alors que venaient d'arriver cinq rois, sujets du premier qui s'appelait Guacanagarí, chacun avec sa couronne, montrant ainsi leur rang élevé. Dès que l'Amiral parvint à terre, le roi vint l'accueillir, puis enleva la couronne de sa tête et la mit sur celle de l'Amiral ; alors celui-ci enleva son collier de belles cornalines, dont les grains bien taillés avaient de jolies couleurs et qui serait considéré comme beau en tous pays, et le lui passa ; puis il enleva un manteau de fine écarlate qu'il portait ce jour-là et l'en revêtit ; il envoya aussi chercher des brodequins rouges qu'il lui fit chausser, et lui mit au doigt un gros anneau d'argent, parce qu'on lui avait dit que les Indiens avaient vu une bague d'argent à un marin et que le roi avait fait ce qu'il avait pu pour l'obtenir. Celui-ci en fut tout joyeux et content, puis deux de ces rois qui se trouvaient avec lui vinrent à l'endroit où l'Amiral se trouvait en sa compagnie et lui offrirent deux grandes plaques d'or, chacun la leur.

Sur ce, un Indien vint dire que, deux jours plus tôt, il avait laissé la caravelle *Pinta* dans un port situé à l'est. L'Amiral retourna à la caravelle, et Vicente Yáñez, le capitaine de celle-ci, lui affirma qu'il avait vu de la rhubarbe[1] et qu'il y en avait dans l'île Amie qui est à l'entrée de la mer de Saint-Thomas, qui se trouvait à six lieues de là, et qu'il en avait reconnu les rameaux et la racine. On dit que la rhubarbe laisse pousser hors de terre de petites branches avec des fruits qui ressemblent à des mûres vertes presque sèches; le bois qui est près de la racine est d'un jaune aussi délicat que la meilleure couleur que l'on peut trouver pour peindre, et sous terre la racine fait comme une grande poire.

Mercredi 2 janvier

Au matin, il descendit à terre pour faire ses adieux au roi Guacanagarí et s'en aller avec l'aide du Seigneur; il lui donna une de ses chemises, puis lui montra la force

1. Il n'y avait pas de rhubarbe aux Antilles, mais Colomb avait intérêt à signaler l'existence – réelle ou supposée – de plantes que l'on trouvait en Asie d'après Marco Polo (*N.d.T.*).

qu'avaient et l'effet que produisaient les bombardes, faisant pour cela armer et tirer un coup contre le bordage de la nef qui était échouée à terre, parce que était venu dans la conversation le sujet des Caraïbes, avec lesquels ces Indiens sont en guerre ; le roi vit alors jusqu'où portait la bombarde, comment elle avait transpercé le bordage de la nef et comment la pierre était allée très loin en mer. L'Amiral fit également simuler une escarmouche armée par les hommes des navires, disant au cacique de ne point avoir peur des Caraïbes, même s'ils venaient. Il fit tout cela, dit-il, afin qu'ils tinssent pour amis les chrétiens qu'il laissait, et afin de donner à ce roi assez de crainte pour qu'il eût peur d'eux. L'Amiral l'emmena, ainsi que les autres qui l'accompagnaient, manger avec lui à la maison où il était logé. Le cacique montra grande affection à l'Amiral et grand regret de son départ, principalement quand il le vit s'embarquer. Un de ses favoris dit à l'Amiral que son roi avait fait faire une statue en or pur aussi grande que l'Amiral lui-même, et qu'on la devait apporter d'ici dix jours.

Il laissa dans cette île Espagnole, que, dit-il, les Indiens appelaient Bohío, trente-neuf hommes, maîtres de la forteresse et, ajouta-t-il, très amis du roi Guacanagarí, et pour les commander, en tant que ses lieutenants, Diego de Arana, natif de Cordoue, Pedro Gutiérrez, gentilhomme de la Chambre du Roi, écuyer du Grand Intendant, et Rodrigo de Escobedo, natif de Ségovie, avec tous les pouvoirs qu'il tenait des souverains. Il leur laissa toutes les marchandises que les souverains avaient fait acheter pour les échanges et qui étaient en quantité – afin qu'ils les troquassent et échangeassent contre de l'or –, ainsi que tout ce qu'il y avait sur la nef; il leur laissa également beaucoup d'artillerie, et la barque de la nef pour que ces gens qui, pour la plupart, étaient des marins, allassent, quand ils verraient que le moment était convenable, à la recherche de la mine de l'or, afin qu'à son retour l'Amiral trouvât beaucoup d'or et un endroit où établir une ville.

Jeudi 3 janvier

Il ne partit pas ce jour-là, parce que, pendant la nuit, dit-il, trois Indiens, de ceux qu'il amenait des autres îles et qui étaient restés à terre, vinrent lui dire que les autres viendraient avec leurs femmes au lever du soleil [*je ne sais combien il en emmena de cette île, mais je crois qu'il en emmena quelques-uns, et en tout il emmena en Castille dix ou douze Indiens*]. La mer, d'autre part, était quelque peu en colère et la barque ne put aller à terre. Il résolut de partir le lendemain à la grâce de Dieu.

Il dit que, s'il avait eu avec lui la caravelle *Pinta*, il aurait été certain d'emporter un tonneau d'or, car il

aurait osé suivre les côtes de ces îles, ce qu'il n'osait faire avec un seul navire, de peur qu'il ne lui arrivât quelque malheur qui l'empêcherait de retourner en Castille et d'y apporter la nouvelle qu'il devait donner aux souverains de toutes les choses qu'il avait découvertes. Et, s'il avait été certain que la caravelle *Pinta* eût dû arriver sauve en Espagne avec le fameux Martín Alonso Pinzón, il n'aurait point laissé, dit-il, de faire ce qu'il désirait ; cependant, il ne savait rien de cet homme qui, s'il arrivait d'abord, pourrait informer mensongèrement les souverains, afin qu'ils ne lui fissent point donner le châtiment qu'il méritait pour avoir si mal agi en s'en allant sans permission et en empêchant les profits qui auraient pu se faire et être attendus dès cette fois ; malgré cela l'Amiral dit qu'il avait confiance en Notre-Seigneur pour lui donner beau temps et remède à tout.

Vendredi 4 janvier

Quand le soleil parut, il leva ses ancres avec un petit vent, guidé en direction du nord-ouest par la barque, afin de sortir du récif par un autre chenal, plus large que celui par lequel il était entré et qui, comme d'autres, est excellent pour s'éloigner de la ville de la Nativité [*il appela ville de la Nativité la forteresse et l'établissement qu'il fit là, parce qu'il y arriva le jour de Noël*]. Il navigua ainsi à l'est en direction d'un mont très haut, qui semble être une île mais n'en est pas une, parce qu'il est rattaché par une terre très basse ; il a la forme d'une très belle tente, et l'Amiral lui donna le nom de Montecristi ; il est précisément situé à l'est du cap Saint, et peut en être à dix-huit lieues.

Dimanche 6 janvier

Après midi le vent d'est souffla fort et l'Amiral fit grimper un marin en haut du grand mât, afin qu'il observât les bas-fonds ; il vit alors venir la caravelle *Pinta* avec le Levant en poupe ; elle s'approcha de l'Amiral, mais comme il n'y avait pas d'endroit où jeter l'ancre à cause du peu de fond, l'Amiral retourna au

Montecristi, parcourant dans l'autre sens les dix lieues qu'il venait de parcourir, la *Pinta* le suivant.

Martín Alonso Pinzón vint sur la caravelle *Niña*, où était l'Amiral, pour s'excuser en disant qu'il s'était séparé de lui contre son gré, donnant à cela des raisons. Mais l'Amiral dit qu'elles étaient toutes fausses et que c'est à cause de son orgueil et de sa cupidité qu'il s'était séparé de lui ; l'Amiral ajouta qu'il ne savait d'où lui pouvaient venir les mouvements de colère et la malhonnêteté dont il avait usé envers lui au cours de ce voyage et que l'Amiral avait souhaité taire pour ne point donner libre cours aux maléfices de Satan qui voulait empêcher ce voyage, comme il l'avait fait jusque-là ; Pinzón avait agi ainsi parce qu'un Indien, de ceux que l'Amiral lui avait confiés avec d'autres qu'il emmenait sur sa caravelle, lui avait dit que, dans une île qui s'appelait Baneque, il y avait beaucoup d'or : comme il avait un navire léger et rapide, il s'était volontairement écarté de l'Amiral pour aller seul, alors que celui-ci avait voulu s'arrêter et longer la côte de l'île Juana et de l'Espagnole, car cette route était plein est.

Quand Martín Alonso était arrivé à l'île Baneque, il dit qu'il n'avait point trouvé d'or, aussi était-il venu jusqu'à la côte de l'île Espagnole sur les informations d'autres Indiens qui lui avaient dit qu'il y avait dans cette île Espagnole une grande quantité d'or et de nombreuses mines ; c'est pour cette raison qu'il s'était approché à environ quinze lieues de la ville de la Nativité, il y avait de cela plus de vingt jours.

L'Amiral ajoute ici que la caravelle échangea beaucoup d'or, car pour un embout d'aiguillette [*ils appréciaient plus que toute autre chose celles de laiton qu'ils appelaient* turey, *comme s'il venait du ciel car ils appellent le ciel* turey], on leur donnait de bons morceaux d'or, grands comme deux doigts et parfois comme la main; Martín Alonso en prenait la moitié et l'autre moitié était partagée par ses hommes. L'Amiral ajoute à l'adresse des souverains:

«C'est à cela que je reconnais, Seigneurs Princes, que c'est Notre-Seigneur qui a miraculeusement fait rester là cette nef, parce que c'est le meilleur endroit de toute l'île pour faire un établissement et le plus proche des mines de l'or.» Il dit également avoir appris qu'au-delà de l'île Juana, du côté sud, il y a une autre grande île, où il y a une plus grande quantité d'or que dans celle-ci, à tel point que l'on y recueillait des morceaux plus gros que des fèves, alors que dans l'île Espagnole les morceaux d'or que l'on recueillait de ces mines étaient comme des grains de blé. Cette île s'appelait, dit-il, Yamaye[1]. L'Amiral dit aussi avoir appris qu'il y avait là, vers l'est, une île où il n'y avait que des femmes seules[2], et il dit avoir appris cela de nombreuses personnes et que cette île Espagnole, ainsi que l'autre île Yamaye, étaient à dix journées de canot de la terre ferme, ce qui pouvait faire soixante ou soixante-dix lieues, et que là les gens étaient habillés.

1. La Jamaïque, que Colomb ne découvrira qu'à son deuxième voyage, en 1494 (*N.d.T.*).

2. Plus tard, le 13 janvier, il les placera dans l'île de Matininó (Martinique) (*N.d.T.*).

Mardi 8 janvier

À cause du vent qui soufflait fort de l'est et du sud-est, il ne put partir ce jour-là, aussi fit-il approvisionner la caravelle en eau, en bois de chauffe et en tout ce qui était nécessaire pour l'ensemble du voyage. Il avait pourtant eu l'intention de longer toute la côte de cette île Espagnole, ce qu'il aurait pu faire tout en suivant sa route. Cependant, comme ceux qu'il avait mis sur les caravelles en tant que capitaines, qui étaient frères – à savoir Martín Alonso Pinzón et Vicente Yáñez –, avec quelques autres qui les suivaient par orgueil et cupidité, estimant que tout était à eux et n'ayant aucune considération pour l'honneur que l'Amiral leur avait fait, n'avaient jamais obéi et n'obéissaient toujours pas à ses ordres, qu'au contraire ils faisaient et disaient bien des choses qu'ils n'auraient pas dû à son encontre, et que Martín Alonso l'avait quitté depuis le 21 novembre jusqu'au 6 janvier sans cause ni raison que par désobéissance, toutes choses que l'Amiral avait supportées et tues pour mener à bonne fin son voyage, afin de sortir finalement d'une si mauvaise compagnie, il décida de prendre le chemin du retour, sans s'arrêter et avec la plus grande hâte qui fût possible.

Il monta dans la barque et gagna le fleuve qui se trouve non loin de là, à une grande lieue au sud-sud-

ouest du Montecristi, où les marins allaient faire de l'eau pour le navire, et il découvrit que le sable de l'embouchure de ce fleuve, lequel était grand et profond, était, dit-il, plein d'or, et à un tel point que c'était merveille, encore qu'il fût très fin [*ce fleuve est le Yaqui, très puissant et riche en or; il se peut que l'Amiral en ait alors découvert, car ce fleuve était, comme on dit, vierge. Mais je crois qu'une grande partie de cet or doit être de la marcassite, parce qu'il y en a beaucoup et que l'Amiral croyait peut-être que tout ce qui brillait était d'or*]. L'Amiral donna à ce fleuve le nom de fleuve de l'Or[1]. L'Amiral dit encore qu'il ne voulut pas prendre de ce sable qui contenait tant d'or, car Leurs Altesses en étaient entièrement les maîtres, vu qu'il était à la porte même de leur ville de la Nativité ; il voulait, en revanche, poursuivre sa route, afin de leur apporter ces nouvelles et se débarrasser de cette mauvaise compagnie qui l'entourait et dont il avait toujours dit que c'étaient gens de désordre.

Mercredi 9 janvier

À la minuit, il mit les voiles avec un vent sud-est et navigua à l'est-nord-est ; il arriva à la pointe qu'il appela pointe Rouge. Sur toute cette côte, il y a beaucoup de tortues ; les marins en prirent au Montecristi, alors qu'elles venaient pondre à terre ; elles étaient aussi grandes que de grands boucliers de bois. L'Amiral dit que la veille, alors qu'il se rendait au fleuve de l'Or, il avait vu trois sirènes[2] qui avaient sauté bien haut au-dessus de la mer, mais n'étaient pas si belles qu'on les dépeint, car leur visage avait quelque chose de masculin. Il dit que cette nuit-là, avec l'aide de Notre-Seigneur, il reprendrait son voyage, sans plus s'arrêter sur aucune côte, car il avait trouvé ce qu'il cherchait et ne veut pas d'autres ennuis avec le fameux

1. C'est le Santiago, un des principaux fleuves de l'île, dans lequel on trouve encore des sables aurifères (*N.d.T.*).

2. Sirènes que, comme tous les marins de l'époque, il confond avec des phoques (*N.d.T.*).

Martín Alonso, tant que Leurs Altesses n'auraient pas des nouvelles de son voyage et de ce qu'il a fait. « Et ensuite, je ne supporterai plus, dit-il, les actes de personnes mauvaises et de peu de vertu qui, s'opposant à celui qui leur a donné tant d'honneur, se flattent d'agir selon leur propre volonté et sans nullement le respecter. »

Jeudi 10 janvier

Il quitta l'endroit où il avait jeté l'ancre et, au coucher du soleil, atteignit un fleuve auquel il donna le nom de fleuve de Grâce. Il jeta l'ancre à l'embouchure, qui a un bon mouillage du côté est ; pour y entrer il faut franchir un banc qui n'a que deux brasses de fond et est très étroit ; l'intérieur forme un bon port, fermé, mais qui a beaucoup de tarets.

La caravelle *Pinta*, sur laquelle allait Martín Alonso, en était tout attaquée, parce que, dit l'Amiral, il était resté là seize jours à faire des échanges – et ils avaient échangé beaucoup d'or, ce que souhaitait Martín Alonso. Lequel, lorsqu'il apprit par les Indiens que l'Amiral était sur la côte de cette même île Espagnole et qu'il ne le pouvait éviter, vint au-devant de lui et aurait voulu, dit l'Amiral, que tous les gens de son navire jurassent qu'ils n'étaient restés là que six jours ; cependant, ajoute-t-il, sa malfaisance était chose si publique qu'il ne la pouvait cacher ; il avait, dit l'Amiral, fait des lois selon lesquelles la moitié de l'or qui se pourrait échanger ou trouver serait pour lui. Et quand il fallut partir de là, il enleva de force quatre

Indiens adultes et deux jeunes, auxquels l'Amiral fit donner des vêtements et qu'il fit renvoyer à terre afin qu'ils regagnassent leurs maisons, « ce qui, dit-il, est pour le service de Vos Altesses, parce que tous ces hommes et ces femmes sont à Vos Altesses, aussi bien ceux de cette île que ceux des autres îles. Ici cependant, où Vos Altesses possèdent désormais un établissement, on doit accorder honneur et faveur à ces peuples, et ce, d'autant plus qu'il y a, dans cette île, tellement d'or, de bonnes terres et d'épices ».

Vendredi 11 janvier

À minuit, il quitta le fleuve de Grâce, alors que soufflait la brise de terre. Ce jour-là il fit une grande route, parce que le vent et les courants étaient avec lui.

Samedi 12 janvier

Au quart du jour, il navigua à l'est avec un vent frais et avança jusqu'à l'aube, franchissant pendant ce temps vingt milles, puis encore vingt-quatre milles environ pendant les deux heures suivantes. De là il vit vers le sud une terre dont il s'approcha. Quand il découvrit cette terre, il appela un de ses caps qu'il venait de découvrir le cap du Père-et-du-Fils, parce qu'à l'extrémité de son côté est il possède deux éperons rocheux dont l'un est plus grand que l'autre. Il jeta l'ancre par douze brasses de fond, puis envoya la barque à terre pour faire de l'eau et voir si l'on pouvait prendre langue, mais les gens s'enfuirent tous ; s'il mouilla là, ce fut aussi pour voir si toute cette terre ne faisait bien qu'une avec l'île Espagnole. Car il craignait que ce qu'il avait appelé golfe ne fût que ce qui déterminait une autre île, étant très étonné de ce que l'île Espagnole fût si grande.

Dimanche 13 janvier

Il ne put quitter ce port, car la brise de terre qui l'eût fait sortir ne souffla point. Il aurait voulu partir afin de gagner un autre port, meilleur, parce que celui-ci était quelque peu à découvert et que lui était dans l'expectative des résultats de la conjonction de la Lune et du Soleil, qu'il calculait pour le 17 de ce mois, ainsi que ceux de son opposition avec Jupiter, de sa conjonction avec Mercure et de l'opposition du Soleil avec Jupiter, qui sont cause de grands vents[1].

Il envoya la barque à terre sur une belle plage, afin que les marins y récoltassent des *ajes* pour le repas, mais ils trouvèrent quelques hommes avec des arcs et des flèches, avec lesquels ils s'attardèrent pour parler

1. L'astronomie, essentielle à la navigation, s'est longtemps confondue avec l'astrologie.

et auxquels ils achetèrent deux arcs et beaucoup de flèches, puis ils prièrent l'un d'entre eux de venir parler à l'Amiral sur la caravelle et il vint. L'Amiral dit qu'il était bien plus laid dans ses traits que les autres qu'il avait pu voir ; il avait le visage tout noirci de charbon[1] [*ce n'est pas du charbon, mais une certaine encre qu'ils font avec certains fruits*], bien que partout ils eussent coutume de se teindre de diverses couleurs ; il portait les cheveux très longs [*ces Indiens devaient être ceux que l'on appelait* Ciguayos, *car tous portaient ainsi les cheveux très longs*], mais ramassés et attachés par-derrière et placés ensuite dans une résille en plumes de perroquet ; en revanche, il était aussi nu que les autres. L'Amiral pensa que ce devait être un de ces Caraïbes qui mangent les hommes [*ce n'étaient pas des Caraïbes, et il n'y en a jamais eu dans l'île Espagnole*], et que ce golfe, qu'il avait vu la veille et coupait la terre, formait bien une île. Il l'interrogea sur les Caraïbes et celui-ci lui montra une île non loin de là, vers l'est, que l'Amiral dit avoir vue la veille avant d'entrer dans cette baie ; l'Indien lui dit qu'il y avait là beaucoup d'or, et, lui montrant la poupe de la caravelle, qui était très grande, ajouta qu'il y en avait des morceaux aussi grands. Il appelait l'or *tuob* et ne comprenait pas *caona*, comme on l'appelle dans le reste de l'île, ni *noçay*, comme on le nommait à San Salvador et dans les autres îles. C'est le cuivre ou l'or vil que, dans l'île Espagnole, on appelle *tuob*. De l'île de

1. C'est la technique du rocouage, d'une plante qu'ils appelaient rocou ou rocouyer, dont ils s'enduisaient (*N.d.T.*).

Matininó[1], cet Indien dit qu'elle était entièrement peuplée de femmes sans hommes et qu'il y a beaucoup de *tuob*, qui est l'or ou le cuivre, et qu'elle est plus à l'est que Carib. Il parla également de l'île de Goanin, où il y a beaucoup de *tuob*. De ces îles, l'Amiral dit qu'il avait connaissance par de nombreuses personnes. L'Amiral dit encore que, dans les îles où il était passé, les gens avaient grand-peur des Carib – que dans certaines on appelait Caniba, mais Carib dans l'île Espagnole ; que ce doivent être des gens audacieux, car ils vont à travers toutes ces îles et mangent les gens qu'ils peuvent attraper.

Il fit donner à manger à cet Indien et lui donna des morceaux de drap vert et rouge et des perles de verre dont ces gens sont très amateurs ; puis il le fit renvoyer à terre et lui dit d'apporter de l'or s'il en avait, ce qu'il croyait à certaines petites choses que celui-ci portait. Dès que la barque arriva à terre, il y avait bien cinquante-cinq hommes nus derrière les arbres, les cheveux très longs, tout comme les femmes les portent en Castille ; derrière la tête ils portaient des panaches en plumes de perroquet et d'autres oiseaux, et chacun d'eux avait son arc. L'Indien descendit à terre et obtint que les autres abandonnassent leurs arcs et leurs flèches, ainsi qu'un morceau de bois très lourd qu'ils portent en lieu d'épée ; ils s'approchèrent ensuite de la barque, dont les hommes descendirent à terre et se mirent à leur acheter leurs arcs, leurs flèches et leurs autres

1. La Martinique.

armes, parce que l'Amiral l'avait ainsi ordonné. Ayant vendu leurs arcs, ils ne voulurent point donner davantage, et au contraire s'apprêtèrent à attaquer les chrétiens et à s'emparer d'eux [*le premier combat qu'il y eut entre Indiens et chrétiens dans l'île Espagnole*]. Ils allèrent en courant prendre leurs arcs et leurs flèches où ils les avaient rangés et revinrent avec des cordes dans les mains pour, dit l'Amiral, attacher les chrétiens. En les voyant venir à eux en courant, les chrétiens, qui

étaient sur le qui-vive, parce que l'Amiral les avait toujours mis en garde, les chrétiens donc les attaquèrent et donnèrent à un Indien un grand coup de lame dans les fesses et un autre fut blessé d'un coup de flèche dans la poitrine ; alors, ayant vu qu'ils n'avaient pas grand-chose à gagner et bien que les chrétiens ne fussent que sept et eux cinquante et quelques, ils prirent la fuite jusqu'à ce qu'il n'en restât plus aucun, les uns laissant là leurs flèches, les autres plus loin leurs arcs. Les chrétiens, dit-il, en auraient tué beaucoup, si le pilote, qui était leur capitaine, ne les en eût empêchés.

Les chrétiens revinrent aussitôt à la caravelle avec leur barque, et l'Amiral, après avoir appris cela, dit qu'il avait pour partie été satisfait et pour partie non, car il faut qu'ils aient peur des chrétiens, parce qu'il n'est point douteux, dit-il, que les gens de cet endroit sont, à son avis, malfaisants et il croyait que c'étaient des habitants de Carib qui devaient manger les hommes ; et ainsi, lorsque la barque, qu'il avait laissée aux trente-neuf hommes de la forteresse et ville de la Nativité, viendrait par ici, ils auraient peur de leur faire quelque mal ; et si ce ne sont point des Caraïbes, ils doivent au moins être leurs voisins, avoir les mêmes coutumes et être des gens sans peur, non comme ceux des autres îles qui sont couards et sans armes de façon déraisonnable.

Mercredi 16 janvier

Il partit avant le jour, à trois heures, de ce golfe qu'il avait appelé le golfe des Flèches, avec un vent de terre, puis avec un vent d'ouest, mettant cap à l'est quart nord-est, afin de gagner, dit-il, l'île de Carib où se trouvaient ces gens qui faisaient tellement peur à toutes ces îles et ces terres ; parce que, dit-il, avec leurs canots innombrables, ils parcouraient toutes ces mers et mangeaient les hommes qu'ils pouvaient attraper. Après avoir parcouru, à son avis, soixante-quatre milles, les Indiens lui indiquèrent que ladite île devait se trouver au sud-est. Il voulut suivre cette route et fit régler les voiles en conséquence, puis, après avoir parcouru deux lieues, le vent fraîchit dans un sens très favorable au retour en Espagne. Il remarqua que ses hommes commençaient à s'attrister, parce qu'il déviait de la route directe et, en raison de toute l'eau que prenaient les deux caravelles et n'ayant d'autre remède qu'en Dieu, il dut abandonner la route qui, croyait-il, mène à cette île et reprit celle de l'Espagne, en direction du nord-est quart est.

Les Indiens lui dirent que sur ce chemin il trouverait l'île de Matininó qui, dit-il, était peuplée de femmes sans hommes, ce que l'Amiral voudrait bien, afin d'emmener, dit-il, cinq ou six d'entre elles à nos souverains. Il doutait cependant que les Indiens connussent bien cette route, et lui ne pouvait s'attarder à cause de l'eau que prenaient dangereusement les caravelles ; il était sûr, malgré tout, qu'il y avait bien des femmes et qu'à certains moments de l'année des hommes venaient à elles de ladite île de Carib qui, dit-il, était à dix ou douze lieues : si elles accouchaient d'un garçon, elles l'envoyaient à l'île des hommes et si c'était une fille, elles la gardaient avec elles.

Vendredi 25 janvier

Les marins pêchèrent un thon et un très grand requin, et l'Amiral dit qu'ils en avaient bien besoin, parce qu'ils n'avaient plus à manger que du pain, du vin et des *ajes* des Indes.

Mercredi 13 février

Du coucher du soleil jusqu'au jour, il eut de grandes difficultés à cause du vent, de la mer très grosse et de la tempête ; il y eut trois fois des éclairs au nord-nord-est ; il dit que c'était le signe qu'une grande tempête allait arriver de ce côté ou bien de l'opposé.

Jeudi 14 février

Cette nuit-là le vent se renforça ; les vagues étaient épouvantables, se heurtant les unes les autres ; elles venaient par le travers, entravaient la marche du navire, qui ne pouvait aller de l'avant ni en sortir, et se brisaient contre lui ; il avait faiblement hissé la grand-voile, juste pour qu'elle le dégageât quelque peu des flots ; il avança ainsi pendant environ trois heures et parcourut quelque vingt milles. La mer grossissait beaucoup ainsi que le vent ; alors l'Amiral, voyant ce grand danger, se laissa pousser en poupe où le vent le voulait bien porter, car il n'y avait pas d'autre remède.

Au même moment, la caravelle *Pinta*, sur laquelle allait Martín Alonso, se mit aussi à filer et disparut[1], bien que, pendant toute la nuit, l'Amiral fît des signaux avec des fanaux et que l'autre lui répondît, jusqu'à ce que ce ne lui fût plus possible, semble-t-il à cause de la violence de la tempête et parce qu'il se trouvait très en dehors de la route de l'Amiral.

Après le lever du soleil, comme le vent était devenu

1. Il fut emporté par la tempête jusqu'au port de Bayona en Galice (*N.d.T.*).

plus violent et la mer plus terrible par le travers, il avait seulement mis la grand-voile et très faiblement, pour que le navire pût sortir d'entre les vagues qui venaient par le travers mais de sorte qu'elles ne l'envoyassent point par le fond. Il marchait en direction de l'est-nord-est puis du quart nord-est; il avança ainsi environ six heures, parcourant, pendant ce temps, sept lieues et demie. Il ordonna que l'on tirât au sort quelqu'un, afin d'aller en pèlerinage à Sainte-Marie de la Guadalupe porter un cierge de cinq livres, et que tous fissent le vœu que celui que le sort désignerait accomplirait bien ce pèlerinage; il fit pour cela apporter autant de pois chiches qu'il y avait de personnes sur le navire et marquer l'un d'eux d'une croix faite au couteau; puis il les fit mettre dans un bonnet en les mélangeant bien. Le premier qui y mit la main fut l'Amiral et ce fut lui qui tira le pois chiche marqué d'une croix; ainsi donc

le sort le désigna et il se considéra désormais comme le pèlerin qui devrait aller accomplir le vœu[1]. On tira de nouveau au sort pour envoyer un pèlerin à Sainte-Marie de Lorette, qui se trouve dans la marche d'Ancône, terre du pape, et qui est une église où Notre-Dame a fait et fait encore de nombreux et grands miracles ; le sort tomba sur un marin du port de Santa María qui s'appelait Pedro de Villa, auquel l'Amiral promit de donner de l'argent pour ses frais. Il décida d'envoyer un autre pèlerin veiller une nuit à Sainte-Claire de Moguer et d'y faire dire une messe ; on remit donc les pois chiches, y compris celui marqué d'une croix, et le sort tomba sur l'Amiral en personne. Après cela, l'Amiral et tous ses hommes firent vœu d'aller, tous en chemise, dès qu'ils arriveraient à terre, en procession prier en une église placée sous l'invocation de Notre-Dame.

Au-delà des vœux généraux et communs, chacun faisait son vœu particulier parce que nul ne pensait en réchapper, tous se tenant pour perdus, en raison de la terrible tempête qu'ils subissaient. Ce qui faisait croître le danger, c'était que le navire manquait de lest, car il était allégé de sa charge, les vivres étant désormais mangés, l'eau et le vin bus, et parce qu'en raison du temps favorable qu'ils avaient eu dans les îles, l'Amiral n'avait pas pourvu à leur remplacement, car il pensait le faire charger dans l'île des Femmes, où il avait l'inten-

1. Ce fut peut-être pour cette raison qu'il donna le nom de Guadeloupe à une île qu'il découvrit lors de son deuxième voyage (*N.d.T.*).

tion d'aller. Sa réponse à ce besoin fut, lorsque cela leur fut possible, de faire remplir les pipes qu'ils possédaient, et qui étaient vides d'eau et de vin, d'eau de mer, et ce fut ainsi qu'ils se secoururent. Il dit donc qu'il n'aurait point dû craindre la tempête en question ; mais « ma faiblesse et mon angoisse, ajoute-t-il, ne permettaient pas à mon âme de reprendre ses sens ».

Il dit encore que ce qui lui faisait aussi grand-peine, c'étaient deux fils qu'il avait à Cordoue en train d'étudier, car il les allait laisser orphelins de père et de mère[1] en terre étrangère, sans que les souverains, qui ne connaissaient ni les services qu'il leur avait rendus en ce voyage, ni les nouvelles si favorables qu'il leur apportait, ne fussent incités à les secourir. Pour cette raison et afin que Leurs Altesses sussent quelle victoire lui avait donnée Notre-Seigneur en tout ce qu'il souhaitait à propos des Indes, il prit un parchemin et y écrivit tout ce qu'il put sur tout ce qu'il avait découvert, priant instamment qui le trouverait de le porter aux souverains. Ce parchemin, il l'enveloppa dans une toile cirée, très bien fermée, puis fit apporter un grand baril de bois et le plaça dedans, sans que nul ne sût ce que c'était, tout le monde pensant, en fait, qu'il s'agissait de quelque dévotion ; et il le fit ainsi jeter à la mer. Ensuite, au milieu des averses et des abats d'eau, le vent tourna à l'ouest et l'Amiral navigua de la sorte avec le vent en poupe pendant peut-être cinq heures.

1. Sa femme, Felipa Muñiz, est morte quelques années auparavant.

Vendredi 15 février

Après le lever du soleil, ils virent une terre qui leur semblait être devant eux à l'est-nord-est ; certains disaient que c'était l'île de Madère, d'autres que c'était le rocher de Cintra au Portugal, près de Lisbonne. Le vent sauta ensuite en proue, à l'est-nord-est, pendant que la mer déferlait, très grosse, de l'ouest ; la caravelle était à environ cinq lieues de la terre. L'Amiral, selon ses calculs, pensait être aux îles des Açores et croyait que c'était l'une d'elles. Les pilotes et les marins pensaient déjà être en Castille.

Lundi 18 février

Après le lever du soleil, il gagna le côté nord de l'île et jeta une seule ancre là où cela lui sembla bon ; puis il envoya la barque à terre où ses gens eurent une discussion avec ceux de l'île ; ils surent alors que c'était l'île de Sainte-Marie, une des Açores, et les autres leur montrèrent le port où l'Amiral devait mettre la caravelle ; les gens de l'île dirent qu'ils n'avaient jamais vu une telle tempête que celle de ces quinze derniers jours et qu'ils s'étonnaient qu'ils en eussent réchappé ; alors, dit-il, ils rendirent vivement grâce à Dieu et firent de grandes démonstrations de joie en apprenant que l'Amiral avait découvert les Indes. L'Amiral dit que son point avait été très sûr et qu'il avait bien lu les cartes, en sorte qu'il convenait de rendre vivement grâce à Notre-Seigneur, et bien qu'il se déclarât plus avancé, il tenait, en fait, pour certain qu'il se trouvait dans les parages des îles des Açores et que celle-ci était l'une d'elles. Il dit d'ailleurs qu'il avait feint d'avoir parcouru davantage de chemin pour désorienter les pilotes et les marins qui étudiaient les cartes, afin de rester seul maître de cette route des Indes, comme c'est le cas, parce que aucun d'entre eux n'était sûr de son chemin, ce qui fait qu'aucun ne peut être certain de sa route pour aller aux Indes.

Mercredi 27 février

Cette nuit-là et pendant la journée, il navigua en s'écartant de sa route à cause des vents contraires et des grandes lames de la mer ; il se trouvait alors à cent vingt-cinq lieues du cap Saint-Vincent, à quatre-vingts de l'île de Madère et à cent six de celle de Sainte-Marie. Il était peiné d'une telle tempête maintenant qu'il était à la porte de chez lui.

Lundi 4 mars

Dans la nuit, ils essuyèrent une terrible tempête, au point qu'ils se crurent perdus à cause des lames qui venaient de deux côtés et des vents, si violents qu'ils semblaient soulever la caravelle dans les airs, de l'eau du ciel et des éclairs qui tombaient de toutes parts. Mais Dieu les protégea jusqu'au jour, au prix tout de même, dit-il, d'efforts et d'une frayeur infinis.

Le jour venu, il reconnut la terre, qui était le rocher de Cintra, situé près du fleuve de Lisbonne, dans lequel il décida de pénétrer, parce qu'il ne pouvait faire autre chose, tant était terrible la tempête qu'il faisait à Cascais, cité qui se trouve à l'entrée de ce fleuve. Les habitants de cette ville, dit-il, passèrent toute cette matinée à faire des prières pour eux, et quand ils furent dans le port, les gens les venaient voir, émerveillés qu'ils en eussent réchappé.

Mercredi 6 mars

Ayant appris que l'Amiral venait des Indes, il vint ce jour-là de la ville de Lisbonne un nombre étonnant de gens pour le voir et voir les Indiens; tous s'émerveillaient en rendant grâce à Notre-Seigneur et en disant que c'était en raison de la grande foi des souverains de Castille et de leur désir de servir Dieu que Sa Très Haute Majesté leur avait accordé tout cela.

Mercredi 13 mars

Ce jour-là, à huit heures, à la marée montante, il leva ses ancres et mit à la voile pour gagner Séville.

Vendredi 15 mars

La veille, après le coucher du soleil, il avait navigué en maintenant son cap jusqu'au jour avec un petit vent: au lever du soleil il se trouva à la hauteur de Saltès, et à l'heure du midi, avec la marée montante, il franchit la barre de Saltès pour atteindre le port d'où il était parti le 3 août de l'année précédente.

C'est ainsi, dit-il, que s'achevait sa relation; il avait maintenant l'intention de se rendre par mer à Barcelone, ville où on lui annonçait que se trouvaient Leurs Altesses, et ce, afin de leur faire le récit de tout ce voyage que Notre-Seigneur lui avait permis de faire et pour lequel Il avait bien voulu le guider, parce que, certainement, outre qu'il savait et tenait pour sûr que Sa Très Haute Majesté ne fait que des choses bonnes, que tout est bon sauf le péché et que l'on ne peut susciter ou penser de chose qui ne soit consentie par Elle, «je reconnais, dit l'Amiral, que l'affaire de ce voyage a miraculeusement démontré cela, comme on le peut comprendre par la présente relation grâce à de nombreux et remarquables miracles qui ont eu lieu pendant ce voyage, et grâce à ma personne qui est depuis si longtemps, à la Cour de Vos Altesses, en butte à l'opposition et à l'avis contraire de tant de personnes importantes de votre maison, qui étaient toutes contre moi, estimant que ce que je

proposais était une plaisanterie, alors que j'espère que Notre-Seigneur fera en sorte que ce soit l'événement le plus glorieux de la chrétienté qui se soit jamais, et si aisément produit».

Telles sont les paroles finales de l'Amiral Cristóbal Colón concernant son premier voyage aux Indes et la découverte de celles-ci.

II
Relation du deuxième voyage (1494-1496)

La Isabela[1], janvier-février 1494

« Très Chrétiens, Très Hauts et Très Puissants Princes, Roi et Reine, Nos Seigneurs.

« La victoire insigne que Notre-Seigneur a donnée à Vos Altesses dans les Indes en si peu de temps montrait que la suite devait être très prospère et cause de grand étonnement dans le monde. Je quittai Cadix le mercredi 25 septembre avec la flotte et les gens que Vos Altesses me firent donner pour que je les emmenasse aux Indes ; j'emmenai avec moi des maîtres dans tous les genres et métiers qui étaient nécessaires pour l'édification d'une cité et d'une ville, avec tous leurs instruments ; et j'avais aussi les chevaux, juments, mules et tous les autres animaux, et des semences de blé et d'orge et de toute sorte d'arbres et de fruits, le tout en très grande abondance.

« J'arrivai aux îles Canaries de Vos Altesses le mardi suivant avant le lever du soleil, d'où je repartis après

1. Colomb a baptisé ainsi le port de l'île Espagnole (Haïti).

avoir pourvu en approvisionnements les navires et les caravelles. Je les perdis de vue le lundi 7 octobre pour venir à cette île Isabela, où j'avais laissé les gens l'an passé, et d'abord à l'île des cannibales, car je pensais qu'ils étaient plus vers l'orient et peu à l'écart de ma route. Je les atteignis par la grâce de Notre-Seigneur en vingt jours, avec un vent et un temps tels que jusque-là, dans aucun voyage, on n'avait vu ni entendu parler d'une mer si plate, d'un vent si calme et si doux, et d'une douceur de l'air si agréable. J'arrivai le dimanche 3 novembre avant le lever du soleil à une île où il y a une très haute montagne que j'appelai la Dominique en l'honneur de ce jour. Elle s'étendait du septentrion au midi, et je la suivis d'un bout à l'autre à la recherche d'un port, à cause de la mer, du ciel bouché et de la forte tempête qui se préparait. Et comme je ne pus en trouver à temps, je mis le cap sur le reste de la flotte qui était très dispersée, et la rassemblai en un seul corps. Je regroupai les nefs et les navires autour de moi et carguai les voiles vers une île, qui était distante de dix lieues de la Dominique, et que j'atteignis à une bonne heure du jour. Je descendis à terre avec de nombreuses gens et une bannière royale, à l'endroit le plus idoine, avec un étendard, un héraut, des secrétaires et des témoins, j'en pris à nouveau possession, ainsi que de toutes les autres et de la terre ferme au nom de Vos Altesses, en refaisant les actes de la prise de possession de l'an passé, que je refaisais nonobstant, en demandant si quelqu'un la contredisait, et j'appelai cette île la Marie-Galante. C'est une île très plate et couverte d'arbres odoriférants.

«Le lendemain je levai l'ancre très tôt et mis à la voile pour une autre île, qui se trouvait à neuf lieues au nord, et où j'arrivai un peu plus tard le même jour. C'était une île très élevée, ressemblant à une pointe de diamant, et à son sommet jaillissait une très grande source qui répandait son eau de tous côtés dans la montagne ; et du côté où je me trouvais, outre d'autres coulées, il y en avait une si grande que, par la force de sa chute et sa hauteur, on aurait dit une cuve qui se déverse, et elle était toute blanche ; il nous semblait incroyable que ce fût de l'eau, mais plutôt une veine de roche blanche, et sur cela les gens firent de nombreux paris. Quand j'atteignis cette île, je l'appelai Sainte-Marie-de-Guadeloupe, car c'était ce que m'avaient recommandé de faire le père prieur et les frères quand j'étais parti de là-bas. Et en arrivant à terre je pensai que les ports ne manqueraient pas, mais le vent changea et il se leva une épaisse brume avec beaucoup de pluie, et j'allai plus près de la terre pour mouiller ; je ne trouvai pas de fond, de sorte que je passai ainsi une grande partie de la journée avec un vent fort et une grosse mer. C'était un grand plaisir que de voir toute cette verdure, les bons emplacements des maisons et les nombreuses eaux de la source de la montagne aussi près de la mer. Je courus ainsi sur la côte de cette île sans pouvoir trouver de port ni de fond où mouiller, jusqu'à ce que j'arrive à la partie nord, où se trouvait la plus grande partie du village ; j'entrai très avant dans les terres et je mis au mouillage avec toute la flotte.

«Je tâchai de prendre langue et j'appris que toutes

ces îles appartenaient aux cannibales et étaient peuplées de ces gens qui mangent les autres, comme Vos Altesses le verront et l'apprendront de ces mêmes gens que je lui envoie par ces navires. Les villages de cette île n'étaient pas nombreux et répartis sur ses différents versants. Les maisons étaient très bonnes et pleines de nombreuses provisions. On vit peu d'hommes et on en prit peu ; ils s'enfuirent tous dans les bois, et à cause de

l'épaisseur de ces derniers on ne put reprendre que des femmes, que j'envoie également à Vos Altesses avec de nombreuses autres beautés qu'ils avaient en cet endroit. Lesquelles me disaient qu'on les avait amenées d'autres îles, et à mon avis ils les tenaient en esclavage et pour concubines; elles me disaient également avec des paroles et par signes qu'ils avaient mangé leurs maris, et à d'autres leurs fils et leurs frères et qu'ils les obligeaient à les manger elles-mêmes. Je trouvai aussi quelques jeunes hommes qui avaient été pris de même et à qui ils avaient coupé le membre; je croyais que c'était par jalousie au sujet des femmes, mais ils ont coutume de faire cela pour qu'ils engraissent comme on le fait en Castille aux chapons qu'on mange lors des fêtes; quant aux femmes ils ne les tuent jamais. Vos Altesses sauront tout de ces hommes que, comme je l'ai dit, je leur envoie. Je trouvai dans leurs maisons des paniers et des grands coffres remplis d'os humains et des têtes accrochées dans chaque maison.

«Je trouvai là un grand morceau d'étambot d'une nef d'Espagne, je crois bien qu'il appartenait à celle que je laissai ici l'an dernier devant le fort de la Nativité. On trouva en ce lieu de la poix, et du miel, et de la cire, et des fruits de mille sortes, très bons et très gros et de beaucoup de goût, de nombreux arcs et de nombreuses flèches, et dans la montagne beaucoup d'arbres odoriférants. Je ne brûlai pas leurs maisons, pour que nous puissions en profiter quand nous repasserions par là, car elles sont sur le chemin de la Castille.

«Ici dans cette île, loin de l'endroit où j'avais jeté

l'ancre, il y avait un village où était parvenue une barque d'une des caravelles, et ses habitants s'étaient tous enfuis; dans leur hâte ils avaient laissé un enfant âgé d'un an, qui était resté seul pendant six jours dans cette maison. Et comme chaque jour on allait à cette maison et ce village et qu'on y trouvait toujours cet enfant avec une poignée de flèches, et qu'il venait toujours au bord d'une rivière qui coulait là et qu'il y buvait, puis retournait dans sa maison, toujours joyeux et gai, j'ordonnai de l'amener à la grâce de Dieu et je le fis confier à une femme qui venait de Castille; il est là maintenant, bien portant, et il parle et il comprend entièrement notre langue au point que c'est merveille. Je l'enverrais bien dès maintenant à Vos Altesses, mais je crains qu'à cause de son si jeune âge il ne meure; je l'enverrai aussitôt qu'elles l'ordonneront.

«De cette île je gagnai celle de Sainte-Marie-de-Montserrat, qui en était éloignée de cinq lieues; c'est une terre très élevée et qui ressemble à Montserrat. Et de là je poursuivis ma route d'île en île, en leur donnant à chacune un nom; et comme il y en a un très grand nombre, je les appelai toutes ensemble îles de Tous-les-Saints, jusqu'à ce que j'en eusse atteint une autre très longue, où je mouillai pour prendre langue. Comme nous avions mis à terre la barque armée, arriva de l'extérieur un canot avec trois hommes et deux femmes, tous de ce peuple qui mange de la chair humaine. L'embarcation navigua à sa poursuite, et ces gens se mirent en défense et combattirent très fortement, et trois des nôtres furent blessés par des flèches.

On les amena prisonniers à la nef; on ne pourra oublier la force avec laquelle l'une de ces femmes maniait son arc, car on dit que d'une flèche elle transperce trois boucliers de part en part. Je les envoie tous à Vos Altesses, elle avec les autres, sauf un qui a été tué.

«Je partis de cette île vers le septentrion, sur une distance de douze lieues, au bout desquelles je trouvai un très grand nombre d'îles toutes ensemble, et j'en ai noté cinquante-quatre dont j'ai pu prendre connaissance: il y en a de grandes, mais la plupart sont petites. Je donnai à la plus grande le nom de Sainte-Ursule et aux autres celui des Onze-Mille-Vierges. Certain des cannibales qu'on avait pris dans un canot, dans la susdite île voisine, maintenant qu'il voit que c'est l'or que nous prisons, fait entendre par mots et par signes qu'il y a dans ces îles de l'or en très grande quantité, et qu'on l'y emmène, comme prisonnier, qu'on le tue si ce n'est pas vrai, et qu'il y a aussi beaucoup de cuivre. Je me souviens que l'an passé un vieil Indien, ici dans cette île d'Isabela, m'a dit que dans ces régions des cannibales il y avait une petite île dont les trois quarts étaient d'or, et maintenant cela est confirmé, car je vois que ces terres y sont propices.

«Dans cette île de la Guadeloupe et presque dans toutes les autres, particulièrement dans cette île d'Isabela, j'ai trouvé sur les arbres de la cannelle, et on pourrait en avoir en très grande quantité, mais elle est d'un goût amer, ce qui, je crois, est dû à la saison et aux conditions atmosphériques, et elle est saine et fort bienfaisante pour les personnes, de la résine de lentisque et de l'encens, de la cire et du miel et beaucoup d'autres résines et de l'aloès et du santal et du *spoliofelio*, qui est du gingembre très fin ; de l'*ají*, que nous appelons piment, et j'en ai rapporté à Vos Altesses lors de l'autre voyage ; il y en a ici et il y en aura autant que Vos Altesses en demanderont, car on le sème et il pousse dans des champs de même que mille autres choses qu'il serait trop long de dire, et chaque jour on trouve chose nouvelle ; du coton, j'ai déjà parlé l'an passé dans ma lettre, dont je confirme en tout et pour tout le contenu. Je ne me trompe pas sur l'abondance de tout cela ; le fait est que personne ne se soucie d'amasser quoi que ce soit et l'or pas davantage, dont je sais qu'il y en a plus que je ne le disais ou que je ne l'ai écrit dans ma lettre.

« Cela provient de ce que tous les gens de ces terres sont nus, sans avoir de biens propres et n'attachent d'importance qu'à leur nourriture ; de tout le reste ils font peu de cas, et n'en recueillent que pour leur entretien. Je crois que s'ils commençaient à recevoir quelque chose, ils travailleraient pour un salaire, car ils sont avides outre mesure, et c'est pourquoi ils se mettraient à amasser tout ce dont ils pourraient croire qu'ils tireraient un prix ; mais pour pouvoir les mettre en disposition de travailler j'ignore leur langue, et je ne leur demande pas ce que je voudrais, et d'autre part je vois qu'il n'est pas bon pour l'instant qu'ils sachent que nous désirons quelque chose et en particulier de l'or, car bien qu'ils donnent celui qu'ils ont pour presque rien, ils sauraient bien changer d'avis et le vendre cher si on leur en laissait la possibilité; et c'est pourquoi on le recueillera pour Vos Altesses dans toutes les mines, qui sont nombreuses, comme je le dirai en temps opportun.

«Je reviens au récit de mon voyage et je dis que, près des îles Sainte-Ursule et des Onze-Mille-Vierges, j'en trouvai une autre dont je ne vis que les parties nord et touchant au ponant, mais à mon avis elle est plus grande que la Sicile et ses terres sont plus vastes et plus belles et de la même conformation, à laquelle je donnai le nom de Saint-Jean-Baptiste. Elle est peuplée de gens qui mangent de la chair humaine, ennemis des cannibales et de toutes les autres îles.

«Je laisse cette île de Saint-Jean et je reviens au début de mon séjour à la Isabela. Je courus par très beau temps le long de la côte de cette île jusqu'à Montecristi, port dans lequel je mouillai avec toute la flotte et ordonnai tout ce qui convenait à l'administration et au service de Vos Altesses, car par bon temps on peut aller de là jusqu'à la ville de la Nativité en un jour. Cela fait, donc, je mis à la voile avec tous les navires, et à mi-chemin je vis qu'un canot me suivait à vive allure. Ledit canot arriva et il était occupé par un familier d'un roi appelé Ocanaguarí, qui allait de bateau en bateau pour me demander; tant qu'il ne me vit ni ne m'entendit, il ne voulut pas monter à bord de la nef. Il était porteur d'un masque de personne en or que m'envoyait Ocanaguarí. Je lui fis donner à manger, car toute la journée il avait peiné derrière nous et n'avait rien mangé. Cet Indien me dit que les gens que j'avais laissés dans la ville avaient connu la discorde et que l'un d'eux en avait tué un autre et que Pedro, officier de la Chambre de Vos Altesses, était parti avec un grand nombre de gens chez un autre roi qui s'appelle Cahonaboa, lequel possède une terre où il y a beaucoup d'or; et qu'un Biscaïen[1], du nom de Chacho, était parti avec d'autres Biscaïens et des hommes jeunes; seul Diego de Arana, de Cordoue, était resté avec onze autres hommes; trois d'entre eux étaient morts de maladie; ils disaient eux-mêmes que la cause de cette maladie était la grande fréquentation des femmes, car chacun de ceux qui étaient restés là avait pris ses femmes, et même que celles-ci ne leur suffisaient pas, et qu'ils avaient pris les filles. Et il rapportait que le début de cette discorde venait de ce que, après mon départ, aucun d'eux n'avait voulu obéir ni prendre l'or, sinon pour lui-même, excepté Pedro, l'officier de la Chambre, et Escobedo – à celui-ci j'avais laissé la charge de toutes les choses. Et que les autres ne traitaient avec personne, sauf avec les femmes qui habitaient avec eux, et que Pedro et Escobedo avaient tué un certain Jácome; ils étaient ensuite partis avec leurs femmes chez ce Cahonaboa; et quelque temps

1. Un habitant de Biscaye, une province rattachée à la Castille.

plus tard ce Cahonaboa était venu de nuit et avait mis le feu à la ville, qui brûla tout entière et dont il ne resta rien, ce qui est grande pitié car je n'ai vu nulle part aux Indes un autre village aussi grand ni pourvu de si belles maisons. À ce moment-là, Ocanaguarí s'était enfui avec tous ses gens, hommes, femmes et enfants, et il avait demandé aux chrétiens de venir avec lui ; et ils ne le voulurent pas, mais s'enfuirent vers le chenal où huit d'entre eux périrent noyés, et trois autres moururent dans leur sommeil, d'après ce qu'on put voir ensuite par leurs blessures. Il me dit ensuite que cet Ocanaguarí viendrait me voir bientôt, et qu'il se trouvait dans une autre de ses villes.

« Le lendemain, à l'heure des vêpres, moment où le

vent me fut favorable, je levai l'ancre et, entrant dans le port, mis au mouillage en face de ladite ville, dont j'eus grande pitié après tout le préjudice et tout le mal qu'avaient subis nos chrétiens; bien que je reconnaisse qu'il est vrai que ce fut par leur faute, une telle affaire est fort douloureuse, et elle me fait plus grande peine qu'à aucun de leurs parents, à cause du désir que j'avais qu'ils s'en tirassent avec bien de l'honneur et très peu de danger, s'ils avaient suivi ce que mes instructions leur imposaient de faire: que surtout ils ne touchent pas aux femmes d'autrui et à toutes celles des Indiens, et qu'ils ne sortent pas de la forteresse pour aller ailleurs autrement que par six, et six encore quand les premiers seraient rentrés; mais comme ils s'étaient vus en telle sécurité et si supérieurs aux Indiens, et comme ils étaient tous de si pauvre éducation, sauf deux ou trois miens serviteurs et ce Pedro officier de la Chambre, ils avaient dû s'adonner à la ripaille et au plaisir des femmes; et c'est ainsi qu'ils s'étaient perdus et détruits, et m'ont causé à moi et me causent encore si grande peine.

« Ce jour-là je ne descendis pas à terre, jusqu'au lendemain à l'aube, où je trouvai tout cet endroit transformé en champ, sans rien qui ressemblât à une maison, excepté la forteresse, qui toute détruite et brûlée qu'elle était montrait qu'au milieu de la Castille elle se défendrait de longs jours contre un grand nombre. Et je trouvai huit hommes enterrés au bord de la mer et trois autres dans la campagne, dont on voyait qu'ils avaient été blessés par une pierre au front, et qu'apparemment on les avait tués en les maintenant durant leur sommeil; et cela doit s'être passé ainsi, car la forteresse était fort bien pourvue en artillerie. Et d'après moi cela n'était pas arrivé plus d'un mois plus tôt. J'ordonnai de les enterrer et de prier pour leurs âmes; je fis creuser dans toute la forteresse, car dans mes instructions j'avais ordonné que dès qu'on aurait trouvé de l'or, on l'enterrât; et on ne trouva rien.

«Le lendemain j'allai à l'intérieur des terres et trouvai Ocanaguarí au lit; il me serra dans ses bras et resta sans parler un long moment, toujours avec des larmes dans les yeux. Ensuite, en paroles et par signes, il me raconta comment ce désastre était arrivé, de manière que rien de ce qu'il me faisait savoir ne m'échappât. Ocanaguarí me donna huit ceintures d'homme semblables à celles que j'apportai l'an passé à Vos Altesses; l'une d'elles était très belle et travaillée avec beaucoup d'or. Il ôta d'abord un bijou de cuivre qu'il portait sur le front et le mit sur le mien, avec une couronne sur la tête; il me donna également un petit panier en feuilles d'or et une calebasse d'or fondu, et une autre remplie de grains d'or, comme ils sortent de la mine, que j'envoie à Vos Altesses, ainsi que les autres choses. Je lui donnai le présent que j'avais apporté, dont il se réjouit fort, ainsi que ses femmes, qui sont au nombre de vingt. Il fit aussi présent de grosses pierres, des pierres qu'ils estiment fort, à deux Indiens d'ici qui étaient avec moi, bien qu'il ne les connût pas, car ils venaient de l'île de San Salvador. Et il ne voulut pas qu'ils quittassent sa maison de ce jour et de la nuit suivante, pour pouvoir les interroger à son gré sur les choses qu'ils avaient vues en Espagne.

« Cela fait aujourd'hui trente et un jours que je suis arrivé dans ce port. Nous avons maintenant toute sorte de légumes. Toutes les graines sont écloses le troisième jour. Nous tirons profit désormais des radis et du persil et d'autres plantes du même genre ; et les plants sont déjà hauts, le blé et l'orge ont déjà un pied de haut, orangers, sarments et canne ont déjà bien poussé. Je n'ai pas apporté autant de canne que je l'aurais voulu, car bien qu'il y en eût beaucoup de charges, toute celle qui avait été mise en bottes a fermenté et est perdue, de même que celle qui est dans la nef, laquelle n'est arrivée ici que la semaine dernière ; c'est pourquoi je désire vivement qu'on en ait en quantité, car il y a de la place ici pour faire des plantations, de quoi donner un million de quintaux de sucre par an, autant de coton très fin et pas moins de riz, si nous avions ici des agriculteurs de Valence. Quant au bétail, inutile de redire à quel point la terre est idoine et bonne pour lui. Nous avons déjà plus de cent porcs ; nous avons assez de chèvres et de brebis pour la reproduction, et aussi de toutes les autres espèces. Et j'espère de Notre-Seigneur qu'avant bien longtemps nous n'aurons plus besoin de faire venir que des gardiens de troupeaux, car le blé donnera ici de la bonne semence, et quant au vin on trouve beaucoup de vignes qui, si on les transplante et les travaille, donneront de bons fruits. On trouvera chaque jour mille autres sortes de choses.

« Au sujet des mines d'or et de leur grande quantité,

j'ai déjà dit plus haut que je confirmais ce que disait ma lettre de l'an passé, et j'affirme que je tiens que cette quantité est très grande, de même que pour les épices de toute sorte, mais les gens d'ici ne les estiment pas beaucoup, car ils vont nus et ne se soucient d'autre chose que de manger et d'avoir des femmes.

«Quant à l'île de Matenico[1], d'où sont toutes les femmes, je n'ai eu ni le loisir ni le temps d'y aller, car j'étais très pressé; elle est plus orientale que la Dominique; j'en ai eu des informations, mais je me réserve d'y aller l'été prochain avec des fustes à rames. Lorsque je courais toutes les îles des cannibales et les îles voisines, je pris et détruisis et brûlai leurs maisons et leurs canots. Que Vos Altesses voient s'il faut les capturer, car je crois qu'ensuite on pourra chaque année en avoir en très grand nombre, ainsi que des femmes. Qu'elles sachent que chacun d'entre eux vaudrait plus que trois Noirs de Guinée en force et en intelligence, comme elle le verra par ceux que je lui envoie présentement.

«Quand j'arrivai ici, tout le monde descendit à terre pour y séjourner et il commença à tomber de fortes pluies. Puis beaucoup d'hommes furent atteints de la fièvre tierce[2], comme si le changement d'air, bien que celui-ci soit le meilleur du monde, les avait rendus malades, et comme si les vivres de la mer leur avaient changé le sang, avec la perspective du long hiver que

1. Autrement appelée Matininó (la Martinique).
2. Une fièvre intermittente qui revient au bout de deux jours.

leurs corps étaient habitués à attendre. Quant à moi, j'en rendis surtout responsables leurs rapports avec les femmes, qu'ils trouvent ici en abondance, et s'ils sont dévergondés et désordonnés, il ne faut pas s'étonner qu'il en résulte une peine. Malgré tout, loué soit Notre-Seigneur, car ils guérissent vite: le mal dans toute sa force ne dure que quatre ou cinq jours; j'en excepte quelques-uns qui sont plus gravement atteints. Ce que Vos Altesses nous ont envoyé ici avec toute la pharmacie nous a été fort utile.

«Il y a ici du poisson de toute sorte et plus savoureux que partout ailleurs où j'en ai mangé, et tous ces gens disent comme moi. Il ne pèse pas sur le corps, il est digeste et c'est une nourriture facile; le docteur l'ordonne à ceux qui sont malades en guise d'aliment. La plupart sont du même genre et de même aspect que ceux de Castille; il y en a aussi qui sont différents, et il y a des sardines, des saumons bien grands et des langoustines, et des langoustes, et des poulpes et toutes les sortes de poissons qu'on trouve en Espagne.

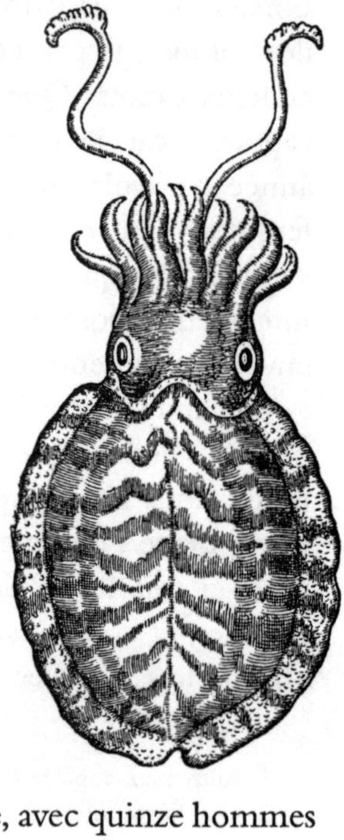

«Dès que j'eus établi notre poste ici, j'envoyai Ojeda, un jeune homme brave et énergique, avec quinze hommes pour explorer le chemin et voir quelle distance il y a d'ici à Cibao et s'il peut trouver la mine d'or dont on me parle ici. Je crois qu'il y prendra très grand soin, car il est bon catholique et désireux d'exécuter ce que je lui ordonne, et qu'il est intelligent et courageux.

« Une grande partie des vivres qui ont été embarqués en Espagne s'est gâtée et le vin a été presque entièrement perdu à cause de la tromperie des tonneliers de Séville. Ceux-ci méritent un grand châtiment dans leurs personnes, et il n'y a aucune excuse à accepter quant à la longueur du voyage, ce qui n'est pas à prendre en considération, mais plutôt la façon dont ces tonneaux étaient chargés ; il est arrivé qu'en Flandres ou ailleurs ils restent six et sept mois dans les navires, sans qu'ils aient rien perdu ; à l'heure où on les requiert pour le service de Vos Altesses, ils se demandent aussitôt par quel bout et de quelle manière ils pourront en garder la moitié. Je dis cela car rien d'autre ne manque ici autant que le vin, qui est un aliment qui donne de l'énergie à ceux qui sont en chemin ; car on trouve partout de quoi manger, et avec un peu de vin les gens sont satisfaits et joyeux. Il faut que Vos Altesses ordonnent d'en envoyer ici par les premiers navires et fassent punir ceux qui ont causé ce préjudice, ainsi que d'autres vols concernant d'autres vivres.

« Après que j'ai écrit tout ce qui est ci-dessus, aujourd'hui, fête de saint Sébastien, Ojeda est revenu ; il est allé jusqu'à Cibao, qui est une province, avec tous les hommes qu'il avait emmenés, et il a trouvé de très grandes mines d'or ; il n'en a pas rapporté car je lui avais interdit de le faire, ignorant qui étaient ces gens, et s'ils seraient fâchés de voir des étrangers prendre ce qui se trouve sur leurs terres. Il a cependant rapporté un échantillon pris dans chacune des rivières, que j'envoie à Vos Altesses ; et si ce que lui-même et ceux qui l'accompagnaient disent est vrai, la quantité d'or qu'il a trouvée est vraiment digne d'émerveillement. Il m'a fait un écrit de tout le chemin qu'il a parcouru et de ce qu'il a trouvé, très en détail, et j'envoie cet écrit et les échantillons d'or à Vos Altesses par ce courrier. Je dis que cette noble province n'est qu'à vingt lieues d'ici, et à ce que je peux comprendre, dans ses environs tout n'est que mine d'or, et c'est une terre qui peut être aussi vaste que le royaume du Portugal ; je crois qu'il y a plus d'or encore que ce qu'ils m'ont annoncé. Je ne pars pas sur-le-champ pour ce pays car une grande partie de ceux qui sont ici sont malades, et pour cette raison j'en ai même gardé certains que je désirais envoyer en Castille. Et je dis et j'affirme également, à ce que je peux comprendre, que Vos Altesses peuvent être parfaitement sûres que tous les Indiens d'ici sont prêts à faire ce qu'on leur ordonnera, et il est impensable qu'ils puissent s'y refuser, et il n'y a personne qui ne s'étonne que nos gens qui étaient restés ici se soient laissé tuer, tant ces Indiens sont craintifs ; et c'est pourquoi je dis que je soupçonne qu'ils se sont eux-mêmes détruits les uns les autres… »

Mémoire sur son deuxième voyage aux Indes, adressé aux Rois Catholiques par l'Amiral don Cristóbal Colón et remis en la cité d'Isabela le 30 janvier 1494 à Antonio de Torres, avec, à la fin de chaque chapitre, la réponse de Leurs Altesses

Ce que vous, Antonio de Torres, capitaine de la nef *Marie-Galante* et alcaide[1] de la cité d'Isabela, devez dire et requérir de ma part au Roi et à la Reine, Nos Seigneurs, est ce qui suit :

Premièrement, après avoir remis les lettres de créance que vous apportez de ma part à Leurs Altesses, vous baiserez pour moi leurs royales mains et pieds, et vous me recommanderez à elles, comme à mes Roi et Reine, mes seigneurs naturels[2], au service de qui je désire finir mes jours ; ce que vous pourrez dire plus longuement à Leurs Altesses, d'après ce que vous avez vu et savez de moi.

Leurs Altesses lui en sont obligées.

Item, bien que par les lettres que j'écris à Leurs Altesses, elles puissent comprendre tout ce qui a été fait ici depuis notre arrivée, et ce, très en détail et abondamment, vous n'en direz pas moins de ma part à Leurs Altesses qu'il a plu à Dieu de me tenir à ce point en sa

1. Gouverneur de forteresse (*N.d.T.*).

2. En insistant sur son identification avec les Espagnols, Colomb (Génois d'origine) essaie de répondre aux attaques qu'il commençait de subir comme étranger (*N.d.T.*).

grâce pour leur service que jusqu'à présent ni moi ni personne n'avons rien trouvé à retirer de ce que j'ai écrit, dit et affirmé à Leurs Altesses précédemment. Pour ce qui est des épices, rien que sur le rivage de la mer, sans avoir pénétré dans les terres, on en trouve de telles traces et premiers échantillons que c'est avec raison qu'on peut espérer que les derniers seront bien meilleurs encore; il en est de même pour les mines d'or: on a découvert tant de rivières si riches en or, que tous ceux qui le virent et n'en prirent que le contenu de leurs mains, pour échantillon, sont revenus si joyeux et disent tant de choses sur la façon dont il abonde, que je suis tout embarrassé pour les dire et les décrire à Leurs Altesses.

Leurs Altesses rendent grandement grâce à Dieu pour cela, et tiennent pour un très signalé service tout ce que l'Amiral a fait en cela et fait encore, car elles savent qu'après Dieu c'est à lui qu'elles doivent tout ce qui a déjà été obtenu et le sera encore.

Item, direz à Leurs Altesses, comme on le leur écrit, que j'aurais été fort désireux de pouvoir leur envoyer par ces navires une plus grande quantité d'or que celle qu'on peut espérer réunir ici, mais il se trouve que la plus grande partie des gens qui sont avec nous sont tombés subitement malades; de plus, ce convoi ne peut rester ici plus longtemps, tant par la dépense qui en résulte que parce que le temps est favorable pour que puissent partir et revenir ceux qui doivent nous rapporter tout ce qui nous fait grand défaut; en effet, s'ils tardaient à partir ils ne pourraient être de retour en mai, et de plus, si je voulais entreprendre d'aller aux mines ou aux rivières maintenant, avec ceux qui sont bien portants, tant parmi les gens de mer que parmi ceux du village, je rencontrerais bien des difficultés et même des dangers, car pour un parcours de vingt-trois ou vingt-quatre lieues, avec des montagnes et des rivières à traverser, pour un chemin si long et pour pouvoir demeurer sur place le temps nécessaire à recueillir l'or, il faudrait emporter une grande quantité de provisions impossibles à transporter à dos d'homme, et il n'y a pas ici de bêtes de somme qui puissent y suppléer; les chemins et les passages ne sont pas praticables, bien qu'on ait commencé à les mettre en état pour pouvoir passer; il y aurait aussi un grand inconvénient à laisser ici les malades, en lieu ouvert et dans des huttes, ainsi que les provisions et les munitions qui sont à terre, car bien que ces Indiens se soient montrés aux découvreurs et se montrent tous les jours très simples et sans malice, malgré tout, comme ils viennent chaque jour parmi nous, il n'a pas semblé judicieux de courir le risque et l'aventure de perdre ces gens et ces provisions, ce qu'un Indien pourrait bien faire avec un tison, en mettant le feu aux huttes, car nuit et jour ils vont et viennent, et à cause d'eux nous mettons le camp sous bonne garde, tant que le village est ouvert et sans défense.

Il a bien fait.

En conséquence, vous direz à Leurs Altesses que ce

sont là les raisons pour lesquelles, présentement, la flotte ne s'est pas arrêtée plus longtemps et il ne leur est envoyé d'autre or que les échantillons.

Item, direz à Leurs Altesses, comme il a déjà été dit, que les causes de cette maladie si généralisée sont dues au changement d'eau et d'air, car nous voyons qu'elle atteint tous les hommes l'un après l'autre mais que peu sont en danger. Par conséquent, la conservation de la santé dépend, après Dieu, de ce que ces gens soient pourvus de la nourriture à laquelle ils étaient accoutumés en Espagne, car Leurs Altesses ne pourront être servies ni par eux ni par ceux qui viendraient à leur tour s'ils ne sont pas en bonne santé. Et cet approvisionnement doit se poursuivre jusqu'à ce que nous puissions disposer de ce qui sera ici semé et planté, je veux dire en blé, en orge et en vigne ; ce qui n'a pas été fait cette année en grande quantité, parce qu'il n'a pas été possible de s'établir plus tôt, et que, une fois que nous avons été établis, les quelques laboureurs qui étaient là sont tombés malades ; lesquels, s'ils avaient été en bonne santé, avaient si peu de bêtes et si maigres et si chétives, qu'ils n'auraient pu faire que bien peu ; ils ont malgré tout un peu semé, davantage pour essayer la terre, qui semble très merveilleuse, qu'en espérant y trouver quelque remède à nos besoins.

Puisque la terre est ainsi, il doit s'occuper de faire semer toute chose autant que possible, et on écrit à don Juan de Fonseca d'envoyer sans délai tout ce qu'il faut pour cela.

Item, direz qu'une grande partie du vin que la flotte apportait durant ce voyage s'étant répandue, par la faute du mauvais ouvrage des tonneliers de Séville, aux dires de la plupart, ce qui nous manque le plus à présent, ou ce que nous craignons de voir nous manquer, c'est le vin ; et bien que nous soyons pourvus pour une plus longue durée tant de biscuit que de blé, il est malgré tout nécessaire de nous en envoyer en quantité raisonnable, car la route est longue et on ne peut nous pourvoir chaque jour ; de même pour la viande, je veux dire le lard et autres salaisons, qu'elle soit meilleure que celle que nous avons emportée pour cette expédition. Pour les moutons vivants, et plutôt des agneaux et des agnelles, femelles en plus grande quantité que les mâles, ainsi que pour de jeunes veaux et génisses, il est nécessaire qu'on nous en envoie avec chaque caravelle qui fera le voyage, ainsi que des ânesses et des ânes et des juments pour le travail et la reproduction, car il n'y a ici aucune sorte d'animal dont l'homme puisse s'aider et se servir.

Ces choses ont été envoyées par les trois caravelles qui sont parties d'abord. Leurs Altesses ont fait mander d'ouvrir sur-le-champ une enquête sur ceux qui ont commis cette tromperie des tonneaux, et de payer sur leurs biens tous les dommages advenus au vin, ainsi que les dépens.

Item, direz à Leurs Altesses que, parce qu'il n'y a pas ici d'interprète par lequel faire connaître notre sainte foi à ces gens, comme le désirent Leurs Altesses et aussi nous tous qui sommes ici, étant entendu que nous y

travaillerons de toutes nos forces, nous envoyons en présent par ces navires quelques cannibales, hommes et femmes, garçons et filles, que Leurs Altesses peuvent faire remettre entre les mains de personnes qui pourront le mieux leur apprendre notre langue, tout en les exerçant aux choses du service ; peu à peu en les traitant avec plus de soin que les autres esclaves, pour qu'ainsi séparés les uns des autres ils puissent apprendre, sans se parler ni se voir, sinon plus tard, et ils apprendront bien mieux en Espagne qu'ici, et seront de bien meilleurs interprètes, ce qui ne nous empêchera pas de faire ici tout ce que nous pourrons en ce sens. Il est de fait que, comme ces gens ont très peu de relations d'une île à l'autre, il y a quelques différences entre leurs langues, selon qu'ils sont plus ou moins éloignés les uns des autres. Et comme parmi toutes les îles celles des cannibales sont nombreuses, grandes et très peuplées, il nous semble qu'y prendre des hommes et des femmes pour les envoyer en Castille ne pourra être qu'un bien, car cela les obligera à abandonner une bonne fois cette inhumaine coutume qu'ils ont de manger des hommes, et une fois en Castille, comme ils comprendront la langue, ils recevront bien plus tôt le baptême et feront le profit de leur âme. De plus, parmi les peuples qui n'ont pas ces coutumes, notre crédit grandirait beaucoup, car ils verraient que nous prenons et tenons captifs ceux dont ils reçoivent d'ordinaire de grands maux et dont ils ont si grand-peur qu'ils s'effraient d'entendre simplement leur nom.

Tout cela est très bien, et c'est ainsi qu'il doit faire, mais qu'il tâche, dans la mesure du possible, de convertir là-bas ces gens à notre sainte foi catholique, et de le faire aussi avec les gens des îles où il se trouve.

Item, direz à Leurs Altesses que le bien des âmes

desdits cannibales, et aussi de ceux qui sont ici, nous fait penser que plus on en enverra en Espagne, mieux ce sera, et en cela Leurs Altesses pourraient être servies de la façon que voici : sachant combien le bétail et les bêtes de somme sont nécessaires aux besoins des gens qui doivent demeurer ici, et pour le bien de toutes ces îles, Leurs Altesses pourront donner licence et permission à un nombre suffisant de caravelles de venir ici chaque année, et d'apporter ledit bétail, les autres approvisionnements et ce qui est nécessaire pour peupler les campagnes et exploiter la terre, et cela à des prix raisonnables supportés par ceux qui les apporteraient, toutes choses qui pourraient leur être payées en esclaves pris parmi ces cannibales, gens robustes, de belle prestance, bien proportionnés et de très bon entendement, dont nous croyons qu'ils seraient meilleurs que n'importe quels autres esclaves s'ils étaient ôtés à cette inhumanité, qu'ils perdraient sitôt qu'ils seraient hors de chez eux. De plus, sur les esclaves qu'on emmènerait, Leurs Altesses pourraient avoir leurs droits en Espagne ; et à tout cela vous m'apporterez ou m'enverrez réponse, afin qu'on fasse ici avec plus de confiance tous les préparatifs nécessaires, si tel est le bon plaisir de Leurs Altesses.

La décision a été suspendue sur ce point jusqu'à l'arrivée d'un nouveau convoi, et jusqu'à réception de la lettre où l'Amiral dira ce qu'il en pense.

Item, vous direz à Leurs Altesses et les supplierez de ma part, le plus humblement possible, de bien vouloir considérer ce que, dans mes lettres et autres écrits, elles verront plus longuement, au sujet de la paix, de la tranquillité et de la concorde de ceux qui sont ici, afin que pour ce qui touche à leur service elles choisissent des personnes de confiance, et qui se préoccupent davantage de ce pourquoi on les aura envoyées ici que de leurs propres intérêts; et en ce point, comme vous avez tout vu et tout su, vous parlerez à Leurs Altesses et leur direz la vérité de toutes choses, comme vous l'avez comprise, afin que l'ordonnance qu'elles prendront à ce sujet arrive avec les premiers navires, si cela est possible, pour qu'il n'y ait point ici de scandales en des choses qui touchent de si près au service de Leurs Altesses.

Leurs Altesses sont bien informées de cela, et il sera pourvu à tout comme il convient.

Item, direz à Leurs Altesses quel travail a le docteur Chanca avec l'afflux des malades et la rareté des provisions, et que malgré cela il s'emploie avec grandes diligence et charité à tout ce que requiert sa profession; et comme Leurs Altesses s'en sont remises à moi pour le salaire qu'il fallait lui donner, car étant ici il est bien certain qu'il ne peut rien recevoir de personne ni gagner par son métier ce qu'il gagnait ou pourrait gagner en Castille, en étant à son aise et en menant une vie bien différente de celle qu'il connaît ici; bien qu'il jure qu'il gagnait beaucoup plus là-bas, outre le salaire que lui versaient Leurs Altesses, je n'ai pas voulu aller au-delà de cinquante mille maravédis annuels pour le travail qu'il fera tant qu'il demeurera ici; je supplie

Leurs Altesses de lui faire remettre cette somme en plus de la rétribution qu'il doit recevoir ici ; de même, parce qu'il dit et affirme que tous les médecins de Vos Altesses, qui sont dans les camps royaux ou travaillent dans des entreprises comme la nôtre, ont droit d'ordinaire à un jour de solde annuel de tous les gens, je me suis informé et on me dit que, en fait, la coutume est de leur donner une certaine somme fixée selon la volonté et l'ordre de Leurs Altesses, en compensation de ce jour de solde ; et donc vous supplierez Leurs Altesses de pourvoir à cela, à la fois quant au salaire et quant à cette coutume, de façon que ledit docteur ait tout motif d'être satisfait.

Leurs Altesses approuvent ce qui concerne le docteur Chanca, et disent qu'on lui paie, outre son salaire, ce que l'Amiral lui a alloué. Pour ce qui est de la journée de solde des médecins, ils n'ont coutume de la recevoir que là où le Roi, notre Seigneur, se trouve en personne.

·S·
·S· A ·S·
X M Y
L'Amiral

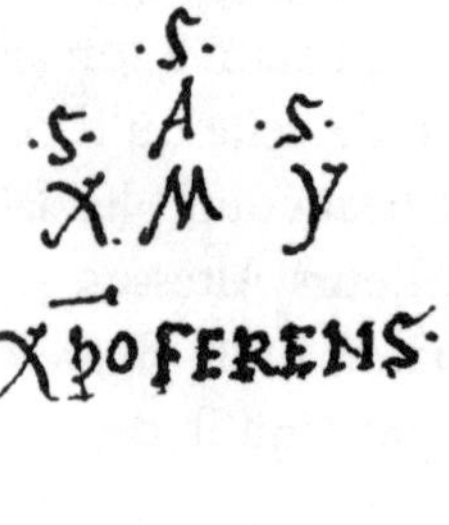

Relation du deuxième voyage
suite
(1494-1496)

La Isabela, été 1494

«Très Chrétiens, Très Hauts et Très Puissants Princes, Roi et Reine, Nos Seigneurs.

«Bien qu'il n'y ait pas en ce moment de convoi pour expédier la présente, je vous écris dès maintenant. Au nom de Notre-Seigneur je suis sur le départ pour aller découvrir d'autres îles et terre ferme des Indes, comme Vos Altesses me l'ont ordonné quand j'ai quitté l'Espagne. J'ai écrit très longuement à Vos Altesses par l'intermédiaire de Torres. J'ai procédé ensuite à la construction de cette ville, et alors qu'elle comptait déjà un grand nombre de maisons, survint le désastre d'un incendie, qui en brûla les deux tiers, au moment où je partais pour Cibao; je ne renonçai pas à ce départ pour autant. Dans la langue des Indiens, Cibao signifie "lieu couvert de cailloux", et c'est le cas[1]. C'est une contrée très élevée et peuplée outre mesure, faite de collines et de buttes ou de mamelons peu éloignés les uns des autres, mais au contraire très proches; et plus on avance à l'intérieur, plus les collines et les cols sont hauts, jusqu'à ce qu'on arrive à des montagnes in-

1. Voir note 1, p. 96.

croyablement hautes. Toute cette province, à ce que m'affirmaient les Indiens que j'avais avec moi, est plus vaste que l'Andalousie, et elle n'est pas tant couverte d'arbres que d'herbe, laquelle est aussi haute, aussi fraîche et aussi épaisse que l'orge verte à Séville en mars ; et je crois qu'il en est ainsi toute l'année ; sous cette herbe tout n'est que pierraille très grosse et en épaisse couche, au point qu'on ne croirait pas que les hauteurs soient si vertes ; pourtant en certains endroits, à cause de l'épaisseur de la végétation, les Indiens et nous devions mettre le feu pour y voir et dégager le chemin. J'allai ainsi de l'avant jusqu'à ce que j'eusse fait quatre lieues, et je trouvai un petit ruisseau où je trouvai de l'or, que je pris ; de là, je fis encore une lieue jusqu'à un autre ruisseau deux ou trois fois plus gros que le précédent, et je trouvai un vallon et je recueillis de l'or, comme je l'avais fait tout au long du chemin, et en peu de temps les Indiens remplirent de grains d'or des feuilles d'arbre.

« Vu que les bêtes ne pouvaient aller plus avant, je décidai de bâtir sur place un fort, pour lequel je vis un endroit très approprié, qui a les pieds dans l'eau avec tout autour de grandes vallées et plateaux ; je fis commencer les travaux, si bien qu'en trois jours, avec tous les gens que j'avais et les maîtres des corps de métiers pourvus de tout ce qu'il fallait, je fis un fort très puissant et très bon, qui en Castille serait bien jugé et semblerait parfait. Puis je laissai là Mosén Pedro Margarite, qui était la personne la plus apte pour cela, avec soixante hommes et tous les charpentiers et maçons, afin qu'ils achèvent ce qui devait être achevé, de façon que vingt-cinq hommes pussent demeurer en permanence dans le fort sans la moindre inquiétude. Il a fait ce que je demandais, comme il me l'écrit, et ceux qui viennent de là-bas, tous les jours de façon continue, rapportent qu'il a creusé un fossé de dix-huit pieds de large et vingt de haut, et que les maisons sont toutes à l'intérieur du fort.

«Je partis aussitôt de là car les gens n'avaient pas pu emporter de vivres pour plus longtemps, et je ne partis que dans la seule intention de revenir aussitôt que j'aurais trouvé des vivres, qui maintenant sont bien douteux, non que nous devions craindre la famine, mais le manque des vivres auxquels nous sommes habitués. Rien ne nous manque tant que des bêtes de somme, des outres et des sacs, mais avec l'aide de Notre-Seigneur il sera remédié à tout cela. Et donc je revins et ne restai que trois jours, durant lesquels de nombreux Indiens vinrent me voir par hasard, dont j'appris, et pas d'un seul, mais bien de tous absolument, que cette province de Cibao est immense et qu'on y trouve partout de l'or, et que la plus grande partie, qui est celle où on trouve le plus d'or, s'étend au-delà de notre fort, auquel je donnai le nom de Saint-Thomas, à trois ou quatre jours de marche vers le sud; ils me dirent aussi qu'il y avait de grands fleuves, dans lesquels il arrive qu'on trouve des morceaux d'or, qui par ce qu'ils me disent de leur taille pourraient bien peser une demi-arrobe[1]; il y en avait

1. L'arrobe était une unité de poids dont la valeur oscille entre 11 et 12,5 kg (*N.d.T.*).

aussi des morceaux gros comme des noisettes et des noix, et en quantité ; et je le crois, car on m'en apporta quelques-uns aussi gros qu'une noix, et tels qu'on les trouve, car ils portaient encore des traces de terre.

« Et ils me disaient que de Saint-Thomas au pays de Cahonaboa, ce roi ou cacique, il n'y a que douze ou treize lieues ; c'est celui qui, paraît-il, a tué nos chrétiens, qui étaient connus dans tous les coins de Cibao et qui étaient isolés les uns des autres ; et l'on dit aussi que dans le pays où habite ce Cahonaboa il y a beaucoup d'or, mais c'est une terre très montagneuse, où les morceaux et les pépites sont très gros. J'ai donné l'ordre de prendre ce roi ou cacique. L'autre jour, quand j'envoyai Ojeda à Cibao, il arriva que de ce côté du grand fleuve où il y a un grand village, trois hommes venaient de Cibao vers ici, qui ne savaient pas nager, et quatre Indiens s'offrirent à les faire traverser avec leurs vêtements, comme ils ont l'habitude de le faire constamment ; deux d'entre eux se laissèrent emmener au fleuve, et après y être arrivés, leur prirent leurs vêtements ; les nôtres traversèrent du mieux qu'ils purent, bien qu'ils fussent malades, et n'osèrent pas poursuivre ceux qui leur avaient pris leurs vêtements, car ils virent le cacique de ce village avec beaucoup de gens, qui allaient là où se rendaient les Indiens qui avaient pris les vêtements, et craignirent que ce ne fût sur ordre de ce cacique qu'ils l'avaient fait.

« Dès que je l'appris, je fis dire à Ojeda d'envoyer dix hommes à ce village, et pas plus, car s'ils étaient davantage, tous les Indiens fuiraient, particulièrement s'ils étaient coupables, et je lui écrivis de voir très rapidement s'il pouvait connaître la vérité et prendre les malfaiteurs pour les punir, car il n'est pas bon de leur laisser le temps de s'habituer à commettre des vilenies, mais d'honorer ceux qui se conduisent bien. Et ledit Ojeda y alla en personne avec dix hommes, et le cacique, avec plus de trois cents hommes, sans compter les femmes et les jeunes garçons, qui étaient plus nombreux encore, les attendit sur la place, comme ils ont coutume de le faire. Et là, un des trois hommes qui avaient perdu leurs vêtements reconnut l'Indien qui les lui avait pris et un autre qui avait volé une épée, et ils apprirent que le cacique avait tout reçu ; ils ont en effet pour coutume de tout donner au cacique, car ils n'ont, que je sache, pas de biens propres. Et ledit Ojeda mit la main au collet du cacique et fit saisir les deux autres qui avaient commis cette mauvaise action ainsi qu'un autre frère du cacique, et ils les ligotèrent en présence de tous les autres, qui étaient plus de six cents. Et il m'envoya le cacique, et son frère, et son neveu ici, liés, et il prit celui qui avait volé l'épée et l'autre, et au milieu de la place, devant tout le monde, ils les attachèrent à un poteau qu'ils avaient planté exprès, et leur coupèrent les oreilles, les laissant attachés.

«Et les quatre chrétiens qui m'amenaient le cacique, son frère et son neveu traversèrent le fleuve et passèrent par un autre village aussi grand que le premier, et aussi peuplé, dont le cacique était, dit-on, le frère de celui qui était prisonnier, ou son très proche parent ; celui-ci n'osa faire autre chose que de prendre un masque d'or et de venir ici me l'apporter, pour que je les relâche et ne leur fasse aucun mal. Il vint, et j'accueillis avec beaucoup d'honneur celui qui avait le masque, car je savais qu'il recevait chez lui tous ceux des nôtres qui allaient à Cibao et en revenaient et leur donnait tout ce dont ils avaient besoin ; je lui fis donc grand honneur et le vêtis fort bien et lui donnai de nombreux bijoux, et quant aux autres je leur parlais avec violence, afin aussi de m'assurer du bon vouloir de ce cacique ; ils comprenaient que celui qui ferait le bien serait honoré et que celui qui ferait le mal serait puni. Je fis planter trois poteaux ici sur une place et je les y fis attacher, et ordonnai de tirer une épée pour leur couper la gorge ; alors l'autre cacique se jeta à genoux devant moi en pleurant pour que je ne les tue pas, et je les lui remis et lui rendis son masque d'or parce que je ne voulus pas le prendre, afin qu'il sût que je ne serais pas celui qui, pour de l'or, refuserait de rendre la justice.

«Je reviens à mon propos et répète que nous nous étonnâmes tous que ces Indiens aient osé tuer lesdits chrétiens qui étaient restés là ; j'en parle à propos des gens de Cahonaboa et maintenant j'ai donné l'ordre de le prendre, comme je l'ai dit plus haut. J'ai aussi ordonné de le prendre par la ruse : que quelqu'un aille le trouver en mon nom avec un présent et l'apprivoise jusqu'à ce qu'il n'ait plus peur, et le prenne sans le tuer, car par lui nous apprendrons toute la vérité, nous connaîtrons tout sur l'île et sur l'or et nous ferons justice, selon le moyen que nous jugerons adapté.

«J'ai déjà dit dans mon autre lettre combien la

tiédeur de l'air est la plus tempérée qu'on puisse trouver, tant pour le froid que pour la chaleur; nous avons aujourd'hui le même froid qu'en décembre, qui est très supportable, et je ne crois pas que nous puissions craindre une trop grosse chaleur; j'ai toujours dit que les cheveux des Indiens, qui ne sont pas crépus mais plats, me laissaient croire que cette terre est très tempérée, et il n'y a jamais de tempête sur la mer, ce dont les herbes et les arbres qui poussent jusque dans l'eau du rivage sont le signe. En décembre, certains arbres sont fleuris, et certains ont des fruits, et en quantité. Jusqu'à maintenant il en a toujours été ainsi, si bien que toute l'année il y a des fruits et des fleurs, que les arbres ne perdent jamais leurs feuilles et que le rossignol chante en permanence, ce qui est signe de tiédeur de l'air; toute l'année nous avons trouvé des nids d'oiseaux, grands et petits, certains avec des œufs et d'autres avec des oisillons, et c'est le cas, comme maintenant, en décembre. Nous avons trouvé beau-

coup de vigne, et bien qu'elle ne fût pas travaillée, elle donnait de grandes grappes avec de gros grains, et j'en ai mangé de mûrs le 15 mars ; il y a des figues en quantité, et les figuiers ne sont pas comme ceux de chez nous, non plus que le fruit, mais je n'en ai pas mangé de mûrs. Il y a mille sortes de fruits, tous différents des nôtres et de différente saveur, mais non moins précieux, et je crois que ce sont tous des épices. Les plaines de ce pays sont si vastes que c'est merveille, tout comme les montagnes, les campagnes et les rivières ; il pleut chaque mois et l'herbe est partout bonne et haute, jusqu'au milieu des rochers, et épaisse comme l'orge verte en mars à Séville. Les oiseaux sont innombrables, et particulièrement les perroquets ; il y a deux sortes de lapins. Les graines de jardin que nous avons apportées sont toutes sorties de terre en trois jours, et nous avons profité des légumes au bout de quinze jours ; il en serait de même pour toutes les graines que nous sèmerions, et les saisons n'y sont pas un obstacle, car il n'y en a qu'une. Les noyaux ont tous poussé en sept jours, et ils poussent encore ; les sarments qu'on a apportés de Castille ont été plantés et, au bout d'un mois, ils ont fait quelques pampres et des grappes. De même pour la canne à sucre ; les melons et les concombres de toute espèce ont poussé et mûri quarante jours après avoir été semés, et nous en cueillons tous les jours ; et les meilleurs melons qu'on ait jamais vus ont été semés à la fin janvier, et au début du mois de mars nous commençâmes à en manger ; je suis sûr qu'il y en aura toute l'année, ainsi que des citrouilles. Les poulets, qui naissent en huit ou douze jours, sont suffisamment grands pour qu'on les mange, et il en naît beaucoup. Les porcs se multiplient à un point que c'est merveille.

«Depuis que j'ai commencé à rédiger cette lettre on m'a écrit que nos gens ont parcouru beaucoup de pays à Cibao et que partout ils trouvent de l'or en grains, ainsi que je l'ai dit plus haut, et je crois qu'on en trouvera continûment; on le trouve toujours dans les ruisseaux, mais je redis ici que l'or ne naît pas dans l'eau, mais dans la terre, et qu'il est facile à qui s'y connaît en mines d'en trouver rapidement non pas une, mais mille, bien que je puisse dire qu'une seule mine est aussi grande ou plus que l'Andalousie. Il n'y a plus rien à dire au sujet de cet or, sauf qu'il n'y en a pas autant dans l'autre monde, et qu'avant cinquante ans on en extraira tant que ce sera merveille, et avant sept ans, avec l'aide de Notre Créateur, la quantité que j'ai dite.»

Lettre aux Rois Catholiques

Sainte-Croix [Haïti], le 26 février 1495

«Très Chrétiens, Très Hauts et Très Puissants Princes, Roi et Reine, Nos Seigneurs.

«Le 24 avril je partis vers l'ouest avec trois caravelles à voile ronde, par beau temps et au nom de Notre-Seigneur Jésus-Christ, et en quelques jours j'arrivai au très insigne port de Saint-Nicolas, qui se trouve au cap d'Alpha-et-Oméga, qui appartient à la Juana, laquelle n'est pas une île mais la terre ferme, à l'extrémité est des Indes. Je pensai que les Indiens m'avaient dit la vérité et que c'était une île ; cependant je m'aperçus plus tard que ces Indiens sont des gens qui ne sortent jamais de leur pays, qui pensent que le monde entier est formé d'îles ; et qui ignorent ce qu'est la terre ferme, et qui ne se préoccupent de rien sauf de manger et d'avoir des femmes.

« Par un très bon temps je naviguai vers le ponant en longeant la côte de la Juana, qui est à main droite, du côté du septentrion, jusqu'à un port très singulier que j'appelai Grand-Port. Dans le port susdit, il n'y avait aucun village, de même que sur toute cette côte, et quand j'y fus entré je vis à main droite de nombreux feux au bord de l'eau et un chien et deux chambres absolument sans personne. Je descendis à terre et je vis plus de quatre quintaux de poissons qui grillaient sur les feux, des lapins et deux serpents. Et tout près de là je vis, attachés au pied des arbres, de nombreux serpents, et c'était la chose la plus dégoûtante qu'ait jamais vue un homme : tous avaient la bouche cousue, sauf quelques-uns, qui n'avaient pas de dents ; ils étaient tous de la couleur du

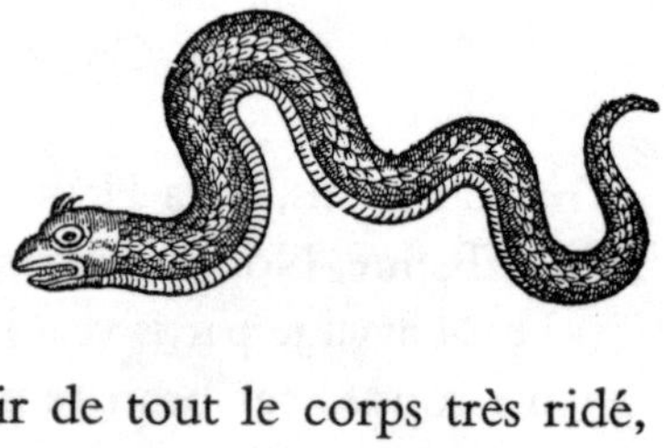

bois sec et avaient le cuir de tout le corps très ridé, particulièrement celui de la tête, qui leur descendait sur les yeux, qu'ils avaient venimeux et effrayants; tous étaient recouverts de très fortes écailles, comme des poissons, et depuis la tête jusqu'à la pointe de la queue, au milieu du corps, ils avaient des écailles hautes et laides et aussi aiguës que des pointes de diamant.

«J'ordonnai de prendre tout le poisson pour nourrir mes gens, puis avec les barques des navires j'allai à la découverte du port, et de nouveau je vis sur une colline un grand nombre de gens, qui étaient tous tout nus, comme c'est la coutume dans ces régions. Je fis faire des signes pour qu'ils viennent à nous, et au bout d'un bon moment l'un d'eux s'approcha sur une roche; une fois qu'il eut parlé avec l'Indien qui est avec moi, du nom de Diego Colón, l'un de ceux qui ont été en Castille, et qui parle très bien notre langue, il alla vers les barques et appela tous les autres, qui devaient être au nombre de soixante-dix, et il me dit que son roi ou cacique les avait envoyés en ce lieu pêcher et chasser ces serpents, car il voulait faire une fête. Je lui fis dire que j'avais ordonné de prendre tout le poisson mais rien d'autre, et qu'en échange je lui donnais des grelots et d'autres choses. Ils se réjouirent beaucoup lorsqu'ils surent que nous n'emportions pas les serpents, et ils répondirent que tout était très bien et que lorsqu'il ferait nuit ils en pêcheraient davantage.

«Le lendemain, avant le lever du soleil, je mis à la voile et poursuivis ma route vers le ponant, toujours en longeant la côte, qui était de plus en plus belle et de plus en plus peuplée. Le temps, grâces infinies en soient rendues à Dieu, fort beau. Je ne voulus pas m'arrêter aux appels de qui que ce fût; c'était merveille de voir tant de gens, hommes, femmes et enfants, qui tous couraient après nous le long des plages, en m'appelant et en me montrant le pain et les calebasses d'eau, ils nous appelaient en disant "gens du ciel, venez chez nous". Je mis au mouillage, et les gens de toute la région vinrent aussitôt, apportant du pain et de l'eau et des poissons, qui est ce qui pour eux a de la valeur. Le lendemain, dès l'aube, je repartis, et en allant vers le cap de l'Éperon je décidai d'abandonner cette route et cette terre, et de naviguer à la recherche de la Jamaïque au sud et au sud-ouest.

«J'arrivai ici, à la Jamaïque, et aussitôt soixante canots au moins, tous chargés de gens et de lances, s'avancèrent d'une lieue dans la mer avec l'air de vouloir se battre. Et quand ils virent que je ne m'en souciais pas et que je continuais mon chemin vers la terre, ils eurent peur et s'en retournèrent en fuyant; je pus capturer un de ces canots avec tous ses gens, à qui je donnai des vêtements et d'autres choses qu'ils apprécient, puis je les renvoyai. J'allai ensuite mouiller à Sainte-Gloire, nom que je donnai à cet endroit pour l'extrême beauté de la terre, car les champs de Valence ou d'ailleurs, pour aussi beaux qu'ils soient, ne peuvent lui être comparés; et cela ne vaut pas seulement pour une vallée ou pour une petite partie, mais bien pour l'île tout entière.

«J'y passai donc la nuit, et dès l'aube je levai l'ancre pour aller à la recherche d'un port fermé où je pusse caréner et radouber les navires, dans lesquels avaient été découvertes de grandes voies d'eau. Comme j'avais parcouru quatre lieues vers le ponant j'en vis un très excellent, vers lequel j'envoyai la barque pour en voir l'entrée, comme j'ai coutume de le faire pour chaque port, et aussi pour voir s'il y avait du fond et s'il ne présentait pas de hauts-fonds. Deux *canoas*[1] vinrent à sa rencontre avec beaucoup de gens et lui lancèrent de nombreuses piques et lances, mais aussitôt qu'on leur opposa résistance ils s'enfuirent, pas assez vite cependant pour ne pas recevoir leur châtiment. Quand j'eus mis au mouillage, il en vint un si grand nombre sur la plage qu'ils la couvraient toute ; ils étaient peints de mille couleurs, et la plupart l'étaient de noir, tout nus comme ils étaient ; ils avaient des plumes sur la tête, de différentes formes, avaient la poitrine et le ventre couverts de feuilles de palme et criaient énormément en lançant des piques qui ne nous atteignaient pas. Outre de radouber les navires, j'avais besoin d'eau et de bois, et de plus je pensais qu'il n'y avait pas de raison de ne pas leur rabattre leur témérité, pour le cas où cela se reproduirait au cours d'autres voyages. Bien que j'eusse souvent vu, lorsque je montrais une épée à ces gens, qu'ils la saisissaient par le fil sans penser qu'il blesse, je n'en craignais pas moins qu'une telle foule, même si on tuait un très grand nombre de ces gens, ne fût un grand danger ; je décidai qu'il fallait d'abord qu'ils aient peur ; et pour cette raison, quand j'eus vu qu'ils étaient suffisamment piqués par les arbalètes, et qu'ils avaient

1. Des sortes de pirogues.

fui sans laisser un seul homme ni une seule femme dans les environs, un chien que j'avais leur fit beaucoup de mal : un chien fait ici grande guerre, au point que nous les estimons à l'égal de dix hommes et que nous en avons fort besoin. Je ne voulus pas brûler les maisons de ces gens, qui étaient très nombreuses, et le lendemain, avant le lever du soleil, six d'entre eux revinrent à la plage et me demandèrent de ne point m'en aller, car tous les caciques de la contrée voulaient me voir et m'apporter du pain, des poissons et des fruits ; ce qu'ils firent, et de façon telle que tout le monde se restaura très bien et tous nous fûmes comblés de tout cela le temps que je restai en cet endroit, tandis qu'eux-mêmes étaient très contents de ce que je leur avais donné.

« Le lendemain 15 mai je naviguai vers le nord en déclinant vers le nord-ouest, le long de la côte de cette terre, et à l'heure des vêpres je vis, au loin, que cette côte tournait vers le ponant. Je décidai de poursuivre ma route sans abandonner mon intention de ne jamais perdre de vue la terre ferme. Plus j'avançais, plus je découvrais d'îles, au point qu'un certain jour j'en relevai cent soixante-quatorze. Notre-Seigneur m'accorda durant tout ce temps un temps de rêve pour naviguer entre les îles, et les navires allaient si vite qu'on eût dit qu'ils volaient.

« Le jour de la Pentecôte j'allai accoster la terre ferme dans un lieu désert, mais non à cause d'une température trop élevée ni de la stérilité de la terre : il y avait une grande palmeraie dont les arbres semblaient toucher le ciel. Près du rivage, sur la terre, deux sources d'eau jaillissaient avec force à une hauteur de plus d'un pied, quand la marée était montante, et cette eau était la plus savoureuse et la plus fraîche qu'on ait jamais vue ; cette fraîcheur n'est pas sauvage, comme d'autres qui font mal à l'estomac. Nous nous reposâmes sur cette herbe près de ces fontaines et dans le parfum des fleurs, qui y était merveilleux, et à la douceur du chant des petits oiseaux, si agréable et si varié, et à l'ombre de ces grands palmiers si beaux. J'y trouvai des signes de vie humaine et des branches coupées. Après m'être un peu reposé, je montai dans la barque et allai voir une rivière qui se trouvait à une demi-lieue à l'est, et dont je trouvai l'eau si chaude que c'est à peine si la main pouvait le supporter. Je la remontai sur deux bonnes lieues sans trouver ni gens ni maisons, et c'était toujours la même beauté et ces grands palmiers verts, avec dans leurs frondaisons un nombre infini de grues d'un rouge aussi vif que l'écarlate, et partout l'odeur des arbres et des fleurs et le chant des petits oiseaux, que c'en était merveille ; cette odeur et ces chants n'étaient nulle part absents de toutes ces îles que je découvris, à chacune desquelles je n'eus pas le loisir de donner un nom, car elles étaient en nombre infini ; toutes ensemble, je les appelai Jardins-de-la-Reine.

« Le lendemain, alors que j'étais très désireux d'avoir des contacts et de savoir ce qu'était cette terre, je vis un canot rempli de gens qui allaient à la chasse aux poissons ; ils appellent cela la chasse, et moi aussi, car cela y ressemble : ces chasseurs ont certains poissons qui sont dressés, qui ressemblent à des congres, et qu'ils attachent par la queue avec une cordelette très longue. Ces poissons ont la tête assez allongée, toute pleine de ventouses semblables à celles du poulpe ; ils sont très audacieux et attaquent tous les autres, aussi grands soient-ils, en se collant par la tête à l'endroit le plus vulnérable, et ils ne se décollent pas avant qu'ils soient morts. Puis les chasseurs tirent sur la cordelette et les font monter jusqu'à la surface de l'eau, où ils tuent leur proie et la lient avec une corde plus grosse. Ces chasseurs étaient très éloignés de moi, et je leur envoyai les barques armées, en prenant des précautions pour qu'ils ne s'enfuient pas dans les terres ; et une fois que nos gens furent près d'eux, ces chasseurs leur parlèrent de loin comme des agneaux sans malice, et leur dirent de s'arrêter avec leurs barques, car un de ces poissons était en train de pêcher tout au fond une grande tortue, jusqu'à ce qu'ils l'eussent remontée dans leur canot ; ce qu'ils firent. Puis ils les prirent avec leur canot et quatre tortues, et chacune d'elles avait quatre coudées de long, et ils les amenèrent aux navires et me donnèrent des nouvelles de cette terre et de leur cacique, qui se trouvait très près de là, et les avait envoyés pêcher, et ils me prièrent de me rendre auprès de lui, car il me ferait grande fête. Ils me donnèrent les quatre tortues, et moi je leur donnai beaucoup de choses, dont ils furent très

contents. Je leur demandai si cette terre était très grande, et ils me répondirent qu'elle était sans fin vers le ponant et qu'elle était pleine d'îles. Je les laissai repartir, et ils me demandèrent comment je m'appelais, ce qui est la coutume de ces gens partout où je vais, puis ils retournèrent à leur travail, mais non sans m'avoir donné le nom de leur cacique sans que je le leur demandasse, s'honorant de le faire, comme ils le font partout.

«Je partis de là et suivis mon chemin à travers les îles par les chenaux les plus navigables, vers l'ouest, sans jamais m'éloigner de la terre ferme, et par bon temps, grâces infinies en soient rendues à Dieu. Après avoir parcouru de nombreuses lieues, je trouvai une île plus grande avec un grand village à une extrémité. Et bien que le temps fût fort beau, je décidai de mouiller et j'allai à terre, mais je n'y trouvai personne, car tout le monde avait fui. Ce devait être des gens qui se contentaient de poisson; il y avait sur cette plage un nombre infini de très grosses carapaces de tortue. Je trouvai là rassemblés une bonne quarantaine de chiens, pas très grands et très laids, comme élevés au poisson, et ils n'aboyaient pas; j'appris que les Indiens les mangent, et même certains de nos chrétiens y ont goûté et disent qu'ils sont meilleurs que le chevreau. Le lendemain je naviguai vers l'ouest, toujours en suivant la côte sur de nombreuses lieues, sans quitter les îles, plus grandes et pas aussi accidentées.

«J'arrivai à une très haute et très grande montagne, qui s'étendait très loin à l'intérieur des terres, si loin que je ne pus en voir la fin; et de ce côté-ci, au bord de la mer, il y avait une infinité de villages, d'où arrivèrent aussitôt aux navires des gens en grand nombre avec des fruits, du pain et de l'eau et du coton filé et des lapins et des pigeons et des oiseaux de mille autres espèces, et ils chantaient des chants de fête, car ils croyaient encore une fois, comme partout ailleurs, que je venais du ciel; et bien que cet Indien que j'ai avec moi leur eût dit que c'était "de Castille" que je venais, ils croyaient et croient toujours qu'il s'agit là du ciel et que Vos Altesses s'y trouvent. Cette province s'appelle Hornofay. Je mis en panne et restai amarré toute la nuit, ce qui me parut aussi bref qu'un clin d'œil, grâce à la très douce odeur qui venait de la terre et au chant des oiseaux ainsi qu'à celui des Indiens, qui est très agréable.

«Ces derniers me dirent qu'un peu plus avant était Magón, province dans laquelle tous les gens avaient une queue, et que pour cette raison je les trouverais tous habillés; et il n'en est pas ainsi, mais ceux qui sont nus inventèrent cela de ceux qui sont habillés, en se moquant d'eux; ils me dirent aussi qu'un peu plus loin il y avait d'innombrables îles et peu de fond, et que l'extrémité de cette terre était très loin de là, si loin qu'en quarante lunes je ne pourrais en atteindre le bout. Ils avaient dit vrai au sujet des nombreuses îles et du peu de fond; mais je crois que j'arriverais à cette terre en moins de temps qu'ils ne le disent, bien qu'il faille comprendre que c'était d'après l'allure de leurs canots, qu'ils faisaient des conjectures, et qu'ils ne savaient pas qu'une caravelle pouvait parcourir en un jour plus de chemin qu'eux en sept.

« Le lendemain, le vent était bon et je carguai les voiles, et parcourus un long chemin, toujours sur la même mer, attendant de pouvoir débarquer quelque part. Je ne trouvais pas de fond. Tout à coup, j'entrai dans une mer blanche comme du lait et aussi épaisse que l'eau dans laquelle les corroyeurs tannent le cuir. Un matin, avant le lever du soleil, je vis venir, de la mer vers la terre, plus d'un million de corbeaux marins ensemble ; et comme je n'ai jamais vu chose pareille depuis que je navigue sur la mer, je la tiens pour merveille. Le lendemain, il vint tellement de papillons aux navires qu'ils obscurcissaient le ciel ; et cela dura jusqu'à la nuit, où ils furent dispersés par une grande grue qui survint. Au bout de plusieurs jours j'arrivai à des îles où j'avais mouillé la première fois sur cette mer blanche.

« De là je gagnai la province d'Hornofay avec un péril non moins grand ; je mouillai dans une rivière et approvisionnai les navires en eau et en bois pour naviguer vers le sud sans revenir en arrière. Dans cette province la terre est montagneuse et très fertile ; ses habitants sont extrêmement doux, et très bien pourvus de fruits et de viandes, dont ils me donnèrent en grande quantité ; ils étaient très savoureux et parfumés. Ces gens nous apportèrent aussi des perroquets et des oiseaux en très grand nombre, surtout des pigeons, aussi savoureux que les perdrix de Castille ; je les faisais ouvrir pour voir ce qu'ils avaient dans le jabot, de même que pour les poissons qui étaient pêchés sur les navires, et je trouvai le jabot de ces pigeons rempli de fleurs qui sentaient davantage que la fleur d'oranger. Je fis dire une messe et dresser une grande croix faite d'une longue pièce de bois, comme j'avais coutume de le faire dans tous les endroits idoines où j'allais et où je vais.

« Le dimanche, quand la messe fut dite et que je fus descendu à terre, où j'avais dès l'abord fait bâtir une église, le cacique de l'endroit, qui avait l'air d'un homme très honorable et semblait être le seigneur d'un grand nombre de gens, quand je descendis de la barque, vint me prendre par la main, et un homme très âgé, de plus de quatre-vingts ans, qui était à côté de lui, me prit par l'autre main. Ce vieil homme portait au cou comme un licol de perles de marbre, qui sont partout ici d'un grand prix, et une corbeille de pommes à la main, qu'il m'offrit en présent sitôt que je descendis de la barque. Lui-même et tous les autres vont nus comme au jour de leur naissance, ainsi que tous ceux que j'ai vus ailleurs. Ensuite, ce cacique et ce vieillard me tenant ainsi par la main me menèrent, avec tout le peuple derrière nous, jusqu'à l'île où ils me donnèrent la possibilité de terminer mon approvisionnement.

« Puis le vieillard exposa son discours ; il avait très belle tournure et était très hardi. Son propos était de nous dire qu'il avait appris que j'avais couru toutes les îles et la terre ferme, qui était cet endroit où nous nous trouvions, et que je ne devais pas éprouver de vaine gloire bien que tout le monde ait peur, car j'étais mortel comme tous les autres ; puis, par des signes et des paroles il commença à nous représenter sur sa personne comment nous naissions et avions une âme ; il nous montra que celle-ci était liée d'amour à notre corps, et que lorsqu'un de nos membres avait mal, c'était elle qui souffrait. L'heure de la mort venue, elle s'en séparait avec grande peine, et elle allait ensuite auprès du roi du ciel ou dans l'abîme de la terre, selon qu'elle avait fait sur terre le bien ou le mal. Par l'intermédiaire de cet Indien que j'ai avec moi, qui est l'un de ceux qui sont allés en Castille, comme je l'ai dit plus haut, lequel est une bonne personne et comprend parfaitement notre langue et la parle, je lui répondis que je n'avais fait de mal à personne sauf aux méchants, mais que je faisais plutôt du bien et de l'honneur à tous les gens de bien, et que c'était là ce que Vos Altesses avaient ordonné. Et tout étonné il répondit à cet Indien : " Comment ? Cet amiral obéit à un autre seigneur ? " Ce à quoi il répondit : " Au roi et à la reine de Castille, qui sont les plus puissants seigneurs du monde. " Il se mit alors à leur raconter toutes les choses de Castille, ses villes, ses églises, ses grandes maisons et la noblesse des gens, ses fêtes et ses joutes, qu'il avait vues, ses courses de taureaux, et tout ce qu'il avait appris au sujet des guerres. Il raconta tout cela très bien, de façon telle que le vieillard en fut tout réjoui, et qu'il détermina d'aller voir Vos Altesses ; mais il renonça à ce projet par pitié pour sa femme et ses enfants qui pleuraient, et je ne voulus pas le prendre de force, comme je le fis pour un jeune garçon que j'emmenai sans que cela provoquât un grand scandale ; je l'envoie à Vos Altesses, car bien que ces gens aillent nus et qu'on puisse penser en les voyant fuir que ce sont des sauvages et des bêtes, je leur certifie qu'ils sont très intelligents et qu'ils aiment beaucoup apprendre des choses nouvelles, tout comme nous.

« Dès que j'arrive à un village, ils viennent aux navires dans leurs canots pour nous reconnaître, en gens avisés, et leurs premiers mots sont pour nous faire savoir à quel cacique ils appartiennent et quel est le nom de ce dernier, en le vantant beaucoup et en disant sa grandeur. J'ai déjà dit que ces caciques n'ont pas de biens propres parce que le pays est si grand et si fertile qu'ils en auraient encore de reste même s'ils étaient cent fois plus nombreux. Il est fort possible que loin du rivage de la mer, vers l'intérieur des terres, le régime soit différent, mais je n'ai voulu m'arrêter nulle part pour envoyer quelqu'un explorer d'autres régions ; au contraire, j'ai toujours longé la côte, autant que possible, car une fois que nous connaîtrons la mer et les côtes nous chercherons à entrer dans les terres et nous partirons de notre établissement dans cette intention et en nous y étant préparés, parce que nous aurons vu depuis la mer l'endroit où il nous semblera bien de passer notre temps.

« Je partis par un vent favorable et revins à l'île Saint-Jacques, que les Indiens appellent Jamaïque. Elle est de très belle configuration, à peu près la moitié d'un cédrat qui serait ouvert depuis le pied jusqu'à la fleur,

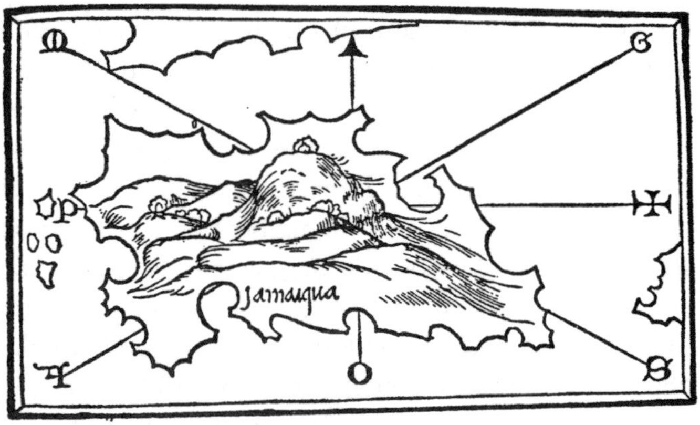

et elle est plus longue d'est en ouest que large du nord au sud, comme toutes les îles que j'ai découvertes en ces Indes. Elle est plus grande que la Sicile et ses terres sont bien plus vastes, car elle est très élevée et tout entière utilisable, et bien meilleure par sa fertilité, grâce à la température de l'air et de la terre. Tous les fruits qu'elle produit, qui sont innombrables et de mille espèces, me semblent les plus aromatiques et les plus savoureux que j'aie trouvés ici ; j'en excepte la noble Isabela, qui l'emporte, et de beaucoup, sur toutes les îles du monde. L'île Saint-Jacques est extrêmement peuplée, très abondante en nourriture. Je l'ai parcourue tout entière et n'ai pas vu la moindre lieue de terre stérile.

« Comme je naviguai du côté du sud, je mis un soir au mouillage dans une baie, dans la région de laquelle il y avait de nombreux villages. Le cacique d'un de ces grands villages, qui se trouvait sur une hauteur, vint aux navires et apporta une bonne collation. Je lui donnai ce qui me semblait lui faire plaisir. Il voulut savoir d'où je venais et comment je m'appelais ; je lui répondis que j'étais envoyé par Vos Altesses pour honorer grandement les bons et détruire les méchants. Il s'en réjouit beaucoup et alla à l'écart avec l'Indien que j'ai avec moi, lequel lui parla longuement des grandeurs et du grand état de Vos Altesses, et par le menu car, comme je l'ai dit, ce sont des gens qui l'interrogent très bien et qui se réjouissent beaucoup d'entendre des choses nouvelles. Et donc il resta là jusqu'à la nuit, et le lendemain, où je marchais à la voile sous un petit vent, il me rejoignit avec trois canots, et son équipage était si ordonné qu'on ne saurait le passer sous silence.

« Un des canots était très grand, autant qu'une grande fuste, et entièrement peint ; il s'y trouvait avec sa femme et deux filles : l'une avait dix-huit ans, elle était extrêmement belle, entièrement nue, selon leur coutume, et d'une absolue décence ; l'autre était plus jeune ; il y avait aussi deux fils, jeunes, cinq frères et dix-huit serviteurs. Tous les autres devaient être des vassaux. Deux ou trois hommes avaient le visage peint de couleurs identiques et chacun portait un grand plumet ressemblant à une salade, et sur le front une tablette ronde de la taille d'une assiette, peints l'un comme l'autre de la même couleur et semblablement faits, car ils ne présentaient aucune différence, de même que dans les plumets et le reste de leur tenue ; ils avaient dans les mains des jouets avec lesquels ils faisaient de la musique, et il y en avait deux autres qui étaient peints de la même façon ; ils portaient deux trompettes très décorées d'oiseaux et autres finesses; ces trompettes n'étaient pas de métal, mais d'une ébène noire très fine. Lui-même avait au cou un bijou de cuivre venant d'une île qui se trouve dans la région, qui s'appelle *guani* et qui est très fin, au point qu'on dirait de l'or de huit carats; il avait la forme d'une fleur de lis et était aussi grand qu'une assiette; il le portait autour du cou avec un collier de grosses perles de marbre, qu'ils estiment beaucoup également, et il avait sur la tête une guirlande de petites pierres rouges bien rangées, avec quelques pierres blanches plus grosses intercalées à bon escient là où cela faisait un bel effet; un grand bijou pendait sur son front et à ses oreilles étaient attachées deux grandes tablettes d'or avec de petits anneaux de petites perles de marbre; il en portait aussi ailleurs, mais des vertes; et il portait une ceinture et tout le reste de son corps était découvert, de même que celui de sa femme, sauf son membre, qui est recouvert d'une petite chose pas plus grande qu'une fleur d'oranger, qu'ils font à cet usage en coton. Il avait aux bras, près des aisselles, une boule enveloppée de coton filé, qui était semblable aux bouffants des anciens pourpoints des Français; cette boule n'était pas aussi importante que celles qu'il avait sous les genoux à chaque jambe. La plus belle de ses filles était entièrement nue; elle portait simplement autour de la taille un cordon de petites pierres très noires, d'où pendait une chose de la forme d'une feuille de lierre, en pierres vertes et rouges collées sur du coton tissé. Le grand canot avançait au milieu des autres, mais en les devançant un peu. Dès que ce cacique fut à bord du navire, il commença à donner aux marins et aux gens des choses à sa façon.

« C'était le matin, très tôt, et j'étais à l'écart en train de dire quelques prières dont je trouve qu'elles me sont bénéfiques, et je ne vis pas tout de suite ni les dons ni l'audace de la venue de cet homme ; il était entré aussitôt dans la caravelle avec tous ses gens, et quand je sortis, il avait renvoyé ses vassaux pour qu'ils ramènent les canots à terre, lesquels étaient déjà très loin. Aussitôt qu'il me vit, il vint à moi avec un visage très joyeux, en disant : “Ami, j'ai décidé de quitter ma patrie et d'aller avec toi en Castille voir le Roi, la Reine et le Prince leur fils, qui sont les plus puissants seigneurs du monde, qui ont tant de pouvoir qu'ils ont conquis ici tant de terres, et que tu leur obéis et cours tout ce monde selon leur ordre, comme je l'ai appris de ces Indiens que tu as avec toi et partout les gens ont très peur de toi; et quant aux cannibales, qui sont des gens innombrables et très féroces, tu as détruit leurs canots et leurs maisons et pris leurs femmes et leurs enfants, et tu as tué ceux d'entre eux qui n'avaient pas fui." Il disait tout cela d'une façon si bien agencée, que j'en étais émerveillé.

«Il advint à ce moment-là que le vent devint contraire à la poursuite de mon voyage, et je luttai contre lui une grande partie de la journée et toujours je mettais le cap sur la mer, jusqu'à ce que les vagues fussent devenues trop grosses. Les navires et les gens étaient à la peine et je mis le cap sur la terre, car la raison de la navigation l'exigeait. Et durant ce temps ces femmes eurent si peur, qu'elles demandèrent en pleurant à leur mari et père de revenir chez eux jusqu'à ce que je revinsse en ce pays; elles le priaient de considérer la grande peine qu'elles éprouvaient à lui dire cela, car il savait bien que c'étaient elles qui avaient la plus grande envie d'aller en Castille. Le mari eut pitié de sa femme et de ses filles, et plus encore d'un garçon de six ou sept ans, son dernier enfant, qui ne quittait jamais ses bras, et à cause de cela il décida de rentrer chez lui, croyant que je serais très vite de retour. Il me donna une grande partie des choses qu'il avait avec lui en signe de noblesse, et je ne le laissai pas repartir mécontent: je lui fis montrer tout ce que j'avais, et après qu'il eut pris tout ce qui lui plut et tout ce qu'il voulut, je lui fis présent de tout ce qui m'avait semblé lui plaire; j'en fis autant pour sa femme et ses filles, et à ses frères et à tous les autres je donnai de nouvelles choses.

«J'aurais voulu que la fille aînée se vêtît, mais sa mère refusa, car ce n'était pas leur habitude; depuis qu'elle était montée dans le navire, cette fille s'était assise derrière son père et sa mère, qui étaient l'un près de l'autre, dans un coin, et elle s'était recroquevillée en serrant ses bras autour de sa poitrine, qu'elle couvrait ainsi; quant à sa figure, toujours posée contre ses jambes, elle ne la montrait que bien rarement; elle ne dit mot de toute la journée, mais resta toujours dans cette attitude, honnête et réservée. Je les fis ramener à terre, comme ils me l'avaient demandé. Le cacique et tous les siens en eurent grande peine, et moi-même je ne fus pas sans en éprouver aussi, car j'aurais bien voulu qu'il se rendît auprès de Vos Altesses, parce qu'il était bien celui qu'il fallait pour leur faire connaître tous les secrets et toutes les choses de l'île, étant homme d'âge mûr et de grande intelligence.

«Quand les vents me le permirent, je fis route vers l'orient jusqu'à une pointe que j'appelai de la Lanterne, qui se trouve à l'extrémité de cette île Saint-Jacques, du côté est; j'en partis au nom de Notre-Seigneur le lundi 18 août par un temps passable, et en naviguant sans cesse vers l'est; à trois heures de l'après-midi le mercredi, en regardant vers le nord, je découvris une terre très élevée et immense, à une distance de seize lieues, sur laquelle je mis le cap. Lorsque je la touchai, je m'aperçus que c'était l'île Isabela, en son cap occidental, auquel je donnai le nom de Saint-Michel, et qui est situé à trente et une lieues à l'orient de la Jamaïque. Je décidai ensuite de naviguer à l'est et je découvris toute la partie de cette île qui est au sud, que je n'avais pas vue jusqu'ici. Il plut à Notre-Seigneur de me donner un temps aussi beau que celui dont j'avais besoin, car tous les navires étaient près de couler, à cause des épreuves que j'avais passées, et tous les gens étaient très fatigués ; quant à moi, cela faisait près de cinq mois que je ne m'étais reposé une heure durant, et que j'avais une vie très difficile à cause des vivres que nous avions perdus. Et ainsi nous atteignîmes le bout de l'île par un temps si favorable que c'était un rêve, et là, dans le port de Santa Cruz, qui est très bon, je réparai les navires du mieux que je le pus et exhortai les gens à aller courir toutes les îles des cannibales, puisque nous en étions si près, et que nous y trouverions de quoi manger.

« Et comme nous étions arrivés à l'île Saint-Jean-Baptiste, je fus tout à coup abattu par une maladie qui m'ôta le sens et la raison, comme si c'était une peste ou une torpeur. Les capitaines et les pilotes et tous les gens décidèrent de partir sur-le-champ et le plus rapidement possible pour la ville, afin de me soigner, et c'est ainsi que s'arrêta mon entreprise de découverte des autres îles. Je rends responsables de cette maladie les épreuves et les dangers extrêmes de ce voyage, plus pénibles qu'en vingt-sept années passées sur la mer. J'étais fort peiné pour moi-même, car il n'y a d'homme si énergique qu'il ne finisse par recevoir la mort, et ensuite pour ramener navires et gens à bon port, ce qui me donnait une non moins grande peine que celle que j'éprouvais pour moi-même, car il me semble que lorsque je rentre à bon port, c'est une victoire que je ramène. Je veillai beaucoup nuit et jour, au point que je ne pouvais trouver le sommeil, et ces trente derniers jours je n'ai pas dormi plus de cinq heures, et lors des huit derniers, je n'ai dormi que la durée de trois ampoulettes de sablier d'une demi-heure chacune, si bien que j'en restai à moitié aveugle, et à certaines heures de la journée, complètement. J'espère en Notre-Seigneur qui, dans sa miséricorde, me délivrera.

« J'ai écrit cette lettre dans le port de Santa Cruz, qui se trouve près du cap Saint-Raphaël de l'île Isabela, du côté est, car je croyais que je pourrais y trouver des navires qui rentreraient en Castille ; et comme il n'y en avait pas j'ai fait en sorte d'aviser Vos Altesses, dont la Sainte Trinité veuille garder la vie et la rendre heureuse, pour son saint service et à tout jamais. En date du 26 février de l'an 95. »

Lettre aux Rois Catholiques

Plaine de Maguana, le 15 octobre 1495

« Très Chrétiens, Très Hauts et Très Puissants Princes, Roi et Reine, Nos Seigneurs.

« Par Antonio de Torres j'ai écrit à Vos Altesses que j'espérais, au nom de Notre-Seigneur tout-puissant, passer tout cet été à voir la plus grande partie des terres de ces îles, particulièrement la province de Cibao, à cause de ses mines d'or, et donner des ordres pour qu'on y travaillât, et passer dans le pays où vivait le grand cacique Cahonaboa, afin de faire en sorte qu'il obéît à Vos Altesses.

«Je partis donc pour Saint-Thomas et je décidai de remonter la Plaine Royale, pour voir et pressentir Guarionex, qui est l'un des trois principaux caciques de l'île, car il m'avait souvent envoyé des présents et fait dire qu'il serait heureux de faire tout ce que je lui ordonnerais, et il était l'ennemi de ce Cahonaboa ; j'y allai aussi pour qu'il ne s'entendît point avec d'autres caciques pour marcher contre nous. Sur ce, je reçus des lettres d'une compagnie de nos gens, que j'avais envoyés voir toutes les montagnes et les terres de l'autre côté de l'île, et qui me disaient qu'ils avaient été jusqu'à la terre où vivait Cahonaboa, et l'avaient poussé et décidé à venir à la Isabela, en lui disant que je lui ferais fête et qu'il recevrait de grands cadeaux. J'étais fort préoccupé de cela, car tous les notables de l'île regardaient ce que ferait ce Cahonaboa, et ils n'avaient nulle peur, au contraire, il leur donnait du courage, car il avait tué des chrétiens. Il suffira de dire qu'alors que nos gens étaient auprès de lui à l'importuner pour qu'il vînt, des messagers de nombreux autres caciques de cette région arrivèrent pour le prier de venir nous chasser d'ici. Il vit l'occasion belle de dire à nos gens qu'il lui plaisait de venir et aux messagers des autres également, tout en leur faisant comprendre qu'il voulait d'abord essayer de faire semblant de venir en ami et de voir si, de cette manière, il réussissait dans son entreprise. Et il ne plut pas à Notre-Seigneur qu'il en fût ainsi, mais tout au contraire : c'est lui qui fut fait prisonnier et ensuite tous les gens de la terre où il vivait.

« Cela fait, je revins à mon entreprise de parcourir autant de régions de l'île que je le pourrais, et je trouvai partout le pays dans une très grande disette de vivres, au point que d'innombrables Indiens étaient morts de faim, et qu'une compagnie de nos chrétiens, que j'avais envoyés dans une autre partie de l'île afin qu'ils observassent la disposition de la terre et des chemins, n'avait depuis seize jours rien mangé d'autre que des fruits et des herbes, et qu'à la Isabela nous n'avions plus de vivres que pour les malades et très peu d'autres personnes. Je ne pouvais pas même aller à Cibao, car cette province était plus nécessiteuse que n'importe quel autre endroit, et c'était là qu'il y avait eu le plus de morts. Et s'ils meurent, c'est parce que dès que nous fûmes arrivés dans ce pays, je tâchai de m'intéresser à l'or plus qu'à toute autre chose, et comme cette province est la mère de l'or, j'y fis édifier cette maison de Saint-Thomas ; et les Indiens qui étaient là détruisirent eux-mêmes tous les pains, croyant que la faim me ferait quitter le pays, et ils cessèrent d'extraire de l'or et ils usèrent, et continuent à user aujourd'hui, de tout ce qu'ils peuvent pour que je n'en trouve ni n'en obtienne plus. Quand ils virent que j'étais toujours ferme, ils décidèrent de planter et de semer toute la terre, parce qu'ils mouraient de faim, et alors l'eau du ciel ne tomba pas, et ils furent perdus et moururent en si grand nombre que c'est merveille, car ils ne mangeaient ni ne mangent rien d'autre que des poissons et des racines sauvages de l'île.

«Dans le pays où habite Guarionex, qui se trouve dans la Plaine Royale jusqu'aux pentes de Cibao, au milieu du cœur de l'île, je trouvai qu'il y avait du pain, et il m'en pourvut très bien ainsi que tous nos gens. Comme je ne pouvais partir de là et aller nulle part dans l'île à cause de cette nécessité dont je parle, et que c'était un endroit si idoine et si propice, au milieu de l'île et dans une si bonne région, et comme la croyance des Indiens était que moi-même et tous les autres, même si nous parcourions ainsi les terres, retournerions très vite en Castille, que ce n'était pas pour autre chose que nous avions nos nefs et que nous n'avions avec nous ni nos femmes ni nos enfants, et parce que j'étais fort désireux qu'ils abandonnassent cette pensée et décidassent de se donner en toute obéissance à Vos Altesses et à leur payer tribut, je décidai d'élever à cet endroit une forteresse près de chez Guarionex, au pied de Cibao.

«Elle est en voie d'achèvement et c'est la meilleure chose que nous ayons faite ici, tant par l'ouvrage que pour l'utilité; et je suis bien certain que, si Vos Altesses la voyaient, elles la trouveraient parfaite, car, comme je l'ai dit, elle est à Cibao, au pied de la Plaine, et de ses murs on voit partout alentour aussi loin que les regards peuvent porter; il y a dans la cour une source d'où jaillit un jet d'eau gros comme le bras, et qui est la meilleure du monde, et on peut le faire monter à la hauteur d'un grand mur. Nous avons donné à cette maison le nom de Sainte-Marie-de-la-Conception. Cette maison est si joyeuse et elle a si belle apparence, l'endroit est si tempéré que c'est merveille, et elle peut devenir si forte que, parmi les chrétiens, il n'y aura la pareille au monde, avec de si riches régions alentour. Cette construction et les réparations des nefs, qui étaient maintenant vieilles et impropres à la navigation, avaient ôté aux Indiens l'idée que je repartirais pour la Castille; et malgré tout ils ne cessent d'interroger les nôtres à ce sujet.

« Tandis que j'étais occupé à cet ouvrage, le désir de bien connaître cette province de Cibao et d'essayer de savoir ce qu'il en était de l'or m'inquiétait continuellement. Sur ce sujet de la recherche de l'or, les Indiens me mirent tous les obstacles qu'ils purent. Je leur dis que je cesserais de creuser les mines s'ils voulaient me donner au nom de Vos Altesses, toutes les quatre pleines lunes, la moitié d'un grelot rempli d'or par personne; et ils répondirent que cela leur convenait. Ils ont commencé à le faire, mais bien que certains puissent l'extraire en trois jours, la faim est si grande qu'aucun d'eux ne pourra continuer. Je fis expérimenter s'il était possible de l'extraire en trois jours, et je trouvai que quelques personnes, qui savaient bien l'extraire, en remplissent un grelot de la valeur de plus de huit castillans. Je conclus avec eux qu'ils me donneraient ledit grelot toutes les quatre lunes, et que je donnerais au cacique un bassin et aux autres du *tureyes* en feuille, c'est-à-dire du laiton, de l'épaisseur d'un doigt.

«S'ils sortent de cette famine, j'espère en Notre-Seigneur mener cette entreprise avec eux, qui ne sera pas de peu de rapport. J'ai fait écrire dans toute la province à tout le monde, de cacique en cacique, mais il n'a pas été possible d'en trouver le quart, parce qu'ils étaient tous dispersés dans les montagnes et les déserts, où ils cherchaient des racines pour nourrir leurs gens. La terre reviendra à son état antérieur, s'il plaît à Dieu, et nous donnera tout l'or que Vos Altesses désireront. Il est certain que pour obtenir que tous ces gens paient quelque chose en tribut, comme ils ont déjà commencé à le faire, il faudrait dans chaque province une maison forte, et des gens à nous pour trois ou quatre années au moins, si jamais on ne voulait pas faire de dépenses pour une plus longue durée, jusqu'à ce qu'ils aient bien pris l'habitude de payer; et je crois que plus le temps passera, plus la rente s'accroîtra, et ils planteront du coton et du poivre, car ces deux choses poussent et produisent très vite, et ne sont pas peu précieuses.

«Dans mes autres lettres, j'ai dit que les *ajes* et les *yuccas*[1] sont les racines dont ils font le pain, et que tous les autres vivres, une fois semés, donnaient leur fruit au bout de vingt-cinq jours; je n'avais pas bien compris, et ce n'est pas pour étonner, car dès le huitième jour la

1. Du pain de *yucca* qu'en guarani on appelait *manioc* (*N.d.T.*).

racine naît et au vingt-cinquième elle engendre ce que j'appelle le fruit des *ajes*. Avant cinq lunes ces fruits ne sont pas comestibles, et pour la *yucca*, il en faut dix, et si on les cueille avant, ils se perdent et il n'y en a pas un sur cent qui mûrisse ; au bout d'un an ils sont bons et parfaitement mûrs, et au bout de dix-huit mois et de plus en plus, jusqu'à quatre ans, ils sont encore meilleurs et de plus en plus gros, et de plus de profit, et le pain est plus substantiel et plus blanc. Le *maïs* est une nourriture très précieuse ; il fait un épi et des grains gros comme des fèves ; c'est une épice, et certain frère droguiste de Séville le connaissait bien. Il donne son fruit en quatre mois, de même que le *mani*[1], qui est un fruit qui pousse sous terre et qui est ici une importante nourriture, qu'ils sèment et qui mûrit toute l'année, comme toutes les autres choses, car il y a toujours pour tout un constant mûrissement. Et que Vos Altesses veuillent croire que je n'ai pas mal compris ces choses, contrairement à d'autres concernant les coutumes, ce qui n'a rien d'étonnant, et que rien n'a été perdu ni ne se perdra de ce qui est écrit, même si rien ne se comprend entièrement.

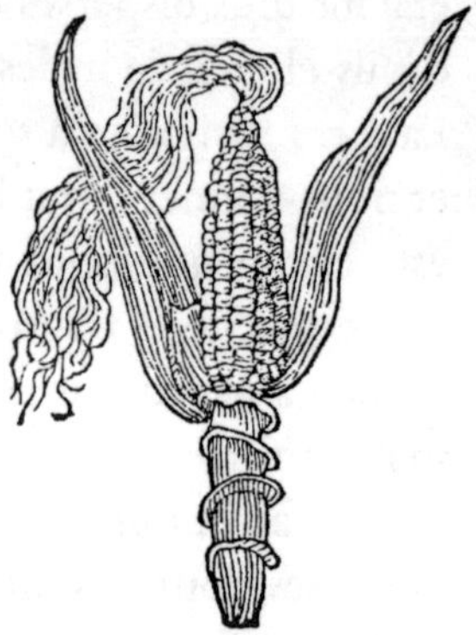

« Guarionex et d'autres caciques ont déjà apporté

1. Cacahuètes (*N.d.T.*).

leur tribut, mais non le grelot rempli, et pas grand-chose en fait. Je pris ce qu'ils apportaient et leur fis aussi bonne figure que s'ils avaient donné tout ce qu'ils devaient. Je leur fis dire ensuite d'y remédier car ils n'avaient pas tenu leur promesse, afin qu'ils ne conservent pas cela comme un droit; ils répondirent très bien et dirent qu'il n'en serait plus ainsi à l'avenir, et que c'était la famine qui était la cause de tout cela, qu'ils n'étaient pas venus parce qu'ils pensaient apporter quelque chose, mais pour tenir leurs engagements, car ils étaient bien certains que c'était ce que j'estimais le plus, et que je savais parfaitement dans quel besoin ils se trouvaient.

«Pour ce qui est de notre sainte foi, j'essaie toujours de la leur faire bien comprendre ainsi qu'il convient, afin qu'ils sachent que sans elle personne ne peut être sauvé. Je crois que si on faisait venir aujourd'hui tous les caciques et tous les habitants de cette île pour qu'ils reçoivent le baptême, ils arriveraient tous en courant, mais je ne pense pas qu'ils sachent ni ne comprennent jusqu'où va ce saint mystère. Cela se ferait sans délai s'il y avait des interprètes, et il n'y aurait guère besoin pour le moment de maîtres en sainte théologie pour cela, mais de quelqu'un qui sût leur raconter clairement dans leur langue, comme une histoire, la Genèse et l'Incarnation de Notre Rédempteur, ainsi que tout ce qui convient. Ce sont des gens qui, pour entendre, viendraient du bout du monde, et oublieraient de manger pour écouter, et il ne fait aucun doute qu'ils voudraient aussitôt se faire chrétiens. Que Notre-

Seigneur y pourvoie dans sa sainte pitié et nous garde dans sa sainte voie.

«Après sa capture, Cahonaboa travailla à sa délivrance et me fit prier, puisque la terre où il vivait appartenait à Vos Altesses, d'envoyer quelqu'un la défendre de ses ennemis, qui y entraient et la volaient. Tout cela n'était que malice et audace, car si j'envoyais là-bas des gens, ses frères et ses parents les feraient prisonniers et il se sortirait de nos mains de cette façon. Et moi pendant ce temps je pensais le contraire, et je confiais en Notre-Seigneur que je pourrais bien courir tout le pays sans peur de ce qu'il pensait et imaginait, et que ce serait bien d'aller là-bas pour inspirer de la crainte à toutes ces terres et aux autres provinces. Et donc j'y envoyai Ojeda avec soixante-dix personnes; un frère de Cahonaboa les assiégea aussitôt. Il ordonna ses gens en cinq armées, à chacune desquelles il assigna un camp; il établit le sien sur un gros tertre à deux tirs d'arbalète des chrétiens, et de là il gouvernait toutes les autres armées, lesquelles, bien qu'elles fussent éloignées et dispersées, se déplaçaient de concert vers l'endroit où étaient les chrétiens. Les nôtres prirent une bonne décision et allèrent au-devant de la plus grosse armée, laquelle s'avançait en un lieu propice aux chevaux; nos gens m'ont assuré que les Indiens étaient plus de deux mille, tous porteurs de leurs flèches, qu'ils tirèrent avec leur espèce de fronde beaucoup plus vite qu'avec un arc. Ils étaient tous barbouillés de noir et peints de couleurs avec des masques et des miroirs de cuivre et d'or sur la tête, et ils poussaient des cris épouvantables, comme ils ont coutume de le faire, à intervalles réguliers. Une partie d'entre eux avaient pour tâche d'attendre les chevaux en terrain découvert et de les prendre à bras le corps pour les renverser, mais ils se trompèrent lourdement, en pensant renverser les chevaux; et bien qu'ils eussent mis leur idée à exécution, ce furent les chevaux qui renversèrent tous ceux qui se trouvaient devant eux. Cette armée fut défaite, qui était la principale, et toutes les autres s'enfuirent et abandonnèrent le terrain.

«Quant à moi, je me trouvais à la Conception; un Indien vint à moi, qui m'apprit le péril où se trouvaient les nôtres, et je les secourus le plus rapidement possible et de la meilleure façon que je pus. Et comme tout le succès de la Isabela dépendait de cela, je me rendis moi aussi là-bas, bien que le chemin fût long et mauvais. Les Indiens abandonnèrent leur entreprise et se réfugièrent dans les montagnes, où ils sont encore, bien brisés et repentis de ce qu'ils ont fait, et tout désireux de notre amitié et de payer le tribut.

«La plaine où vivait Cahonaboa s'appelle la Maguana. J'y restai jusqu'à ce que les caravelles fussent arrivées de Castille, et je rentrai à la Isabela en laissant les Indiens bien punis, car par deux fois ils avaient gravement porté la main sur nos chrétiens et en avaient tué sans raison; ils furent bien punis dans les provinces limitrophes de celle-ci, et leurs gens furent très contents quand ils se furent entendus avec moi pour payer en tribut à Vos Altesses une certaine mesure de coton, à peu près une arrobe, par tête et toutes les trois lunes, car dans cette région il n'y a pas d'or; ils donneront aussi du poivre si on leur en demande.

«L'an passé, quand je revins de découvrir, mes bateaux étaient très fatigués, comme les gens. Il fut nécessaire de les mettre tous les trois à sec pour changer leurs varangues, et il m'est arrivé avec les charpentiers la même chose qu'avec tous les artisans qui sont venus ici : outre qu'ils sont de mauvais ouvriers, on ne peut rien leur faire faire : ils font si peu cas de leur conscience. J'ignore pourquoi ils agissent de cette façon, car ils ne reçoivent de moi aucun mal. On leur avait promis la solde des bons maîtres qu'ils prétendaient être, que jusqu'ici on leur avait payée sans raison, au contraire, certains méritaient un châtiment, car il en est venu un qui se disait charpentier et ne savait pas reconnaître une hache. J'ai choisi moi-même tous les gens – je veux celui-ci, celui-ci je ne le veux pas –, et parmi plus de mille personnes ; ensuite, lors de la revue passée sur les navires, je n'en trouvai pas le tiers, on les avait tous changés. Je n'y pus rien faire. car le temps et le vent étaient favorables au départ et Vos Altesses me pressaient, mais cette expédition m'a beaucoup coûté à moi, car là où j'avais engagé des gens de bien, beaucoup se révélèrent des débauchés, et je ne suis pas sorti de mes ennuis que je retombe dans la peine. Sur douze qui sont venus ici, onze l'ont fait par cupidité. Je suis fort peiné de voir que la conscience s'est perdue, et davantage d'un autre mal, car qu'auraient répondu les Indiens s'ils avaient compris tout cela quand on leur parla de notre sainte foi ? ils auraient dit qu'elle n'est pas aussi droite que cela.

« Vos Altesses feraient grand service à Dieu en envoyant ici quelques frères dévots et dépourvus de la cupidité des choses du monde, afin qu'ils nous donnent de bons exemples, qui pour sûr nous manquent, et pour qu'on se repente des mauvaises actions. Les vivres et le climat ne leur rendront pas la vie difficile, car la mauvaise période est passée, et nous vivons largement; on sera pourvu de tout ce qui est nécessaire pour un an, et il en sera ainsi continuellement. Ils trouveront de très belles cultures potagères, des eaux abondantes et de belles terres, ils auront des fruits frais toute l'année et tout ce que produit le jardin en toute saison, et on leur bâtira une très bonne maison. Vos Altesses doivent le faire car nous avons plus besoin qu'on rétablisse notre foi que les Indiens de la recevoir.

«Je reviens à mon propos sur les artisans, je veux parler des charpentiers et des autres, car mille fois ils refusent de travailler en prétextant qu'ils sont malades. Depuis que je suis revenu de la terre ferme, j'ai fait mettre les navires à sec, afin que pour le mois de mars ils soient radoubés. Je jure que cette semaine seulement ils en ont terminé deux, et c'était un travail qu'en Castille ils auraient fait en quarante jours, et encore n'auraient-ils pas eu à leur disposition tous les outils qu'on leur a donnés ici. Que Vos Altesses ne croient pas que tout cela nous manque par incurie ou par manque d'ingéniosité, ou bien parce qu'on ne procède pas par la rudesse ou la douceur, ou de mille façons différentes, car je certifie à Vos Altesses que depuis que je suis ici, j'ai vieilli de dix ans, tant je m'angoisse en voyant si peu de foi et de crainte de Dieu.

«Au mois de juillet s'est soudain levé un vent accompagné d'un tremblement de terre, il a arraché des arbres qui étaient là depuis l'enfance d'Adam, et il est arrivé ici, à la Isabela, où, sans qu'il y eût la moindre tempête sur mer, il rompit les amarres des nefs et les fit couler près du rivage. Aucune créature n'y a péri. Les Indiens en sont épouvantés, particulièrement les plus vieux, car ils disent n'avoir jamais entendu parler d'un tremblement de terre dans cette région, et ils nous en rendent responsables.

«Notre-Seigneur a privilégié les Indiens qui ont été envoyés en Espagne, car ici ils seraient morts de faim comme leurs voisins et aucun d'eux ne serait devenu chrétien; il en aurait été, à mon avis, exactement de même pour les autres. Et s'ils venaient à mourir là-bas, que Vos Altesses ne croient pas que ce soit à cause du froid, car il y a ici des endroits où ces gens qui vont nus en souffrent autant que ceux qui sont habillés à Burgos. Il m'est arrivé de voir ici toute une plaine blanche de gelée, et on a vu beaucoup de glace, et cela, au mois d'août; et en cette demi-saison, quand je suis allé rejoindre nos chrétiens assiégés, quatre Indiens se sont gelés en chemin, à cause de la pluie qu'ils avaient reçue. Je dis que ce n'est pas le froid qui affecte spécialement les Indiens, mais que le changement d'air n'épargne presque personne.

«Les gens de ce pays sont si robustes et si bien faits et si beaux que c'est merveille, et tous intelligents pareillement, et leurs œuvres en témoignent. Ce sont de grands chasseurs et des marcheurs hors pair: j'en ai vu qui parcouraient trente lieues d'une traite. Ils mangent très peu, sauf si c'est quelqu'un d'autre qui leur donne la nourriture, et alors ils mangent bien comme trois d'entre nous. Toute leur nourriture est légère et digeste, et on trouve ici les meilleures eaux sous le ciel, bien qu'ils boivent très peu. De même, leurs femmes travaillent que c'est merveille : ce sont elles qui plantent la *yucca* dont elles font le pain, ainsi

que les ignames, et ce sont elles qui les récoltent ainsi que tous les autres aliments. La chasse et la pêche sont le travail des hommes, ainsi que le labourage de la terre pour les semailles. Les femmes pourvoient à tout le reste, sauf les femmes de cacique, qui sont plus dorlotées et se reposent davantage que filles de duc chez les chrétiens ; elles ne seraient pas de bonnes esclaves pour servir, mais elles savent broder des choses de coton très fines. Pour les autres, je croirais volontiers qu'elles n'ont pas leurs pareilles au monde, ni chez les Maures ni ailleurs, et je dis la même chose des hommes pour ce qui est d'apprendre quoi que ce soit de subtil et de savant, et je dis que je crois que, sans en excepter aucun, il ne peut y en avoir de plus intelligents, et spécialement s'ils sont jeunes. Ce que je crois, c'est que là-bas, outre le changement d'air, ce qui fera mal aux Indiens c'est l'hiver, et de trop manger de nourriture indigeste. Je certifie que Vos Altesses verront que ceux qui seront bien gouvernés vaudront si cher que l'argent ne pourra les acheter ; et qu'elles voient s'il serait bon de prendre six ou sept jeunes garçons et de les séparer des autres pour leur faire apprendre les lettres, car je crois qu'ils apprendraient rapidement : ils apprendront très vite là-bas, et nous ici nous apprendrons leur langue, et notre désir sera réalisé.

« J'envoie à Vos Altesses Cahonaboa et son frère. C'est le plus grand cacique de l'île, le plus brave et le plus intelligent. S'il apprend à parler, il décrira toutes les choses de cette île mieux que personne, car il n'y a aucune chose, d'aucune sorte, qu'il ne connaisse. Que la Très Sainte Trinité garde le très haut état de Vos Altesses et qu'il prospère en Son haut service à tout jamais. En l'île Espagnole, dans la plaine de Maguana, en date du 15 octobre 1495. »

Mémoire aux Rois Catholiques sur le peuplement des Indes

Très Hauts et Puissants Seigneurs,

Obéissant à ce que Vos Altesses m'ont ordonné, je dirai ce que j'ai pensé pour le peuplement et gouvernement aussi bien de l'île Espagnole que des autres, découvertes comme à découvrir, et me soumets à avis plus compétent.

Premièrement, pour ce qui est de l'île Espagnole, que s'y installent jusqu'à deux mille habitants, de ceux qui veulent y aller, pour que le pays soit plus sûr et que l'on y puisse mieux exploiter la terre et commercer ; ils pourront ainsi y aller et venir et commercer avec les îles voisines.

Item, qu'en ladite île on fasse trois ou quatre villes, réparties dans les endroits les plus convenables, et que les habitants qui iront soient répartis dans lesdites villes ou villages.

Item, qu'en chaque village ou ville il y ait un ou des alcades[1], ainsi qu'un notaire du village, selon l'usage et la coutume de Castille.

Item, qu'il y ait une église et des abbés, ou des frères, pour l'administration des sacrements, pour le culte divin et pour la conversion des Indiens.

Item, qu'aucun des habitants ne puisse aller recueillir

1. Des juges de paix.

de l'or si ce n'est avec l'autorisation de l'adelantado[1] ou de l'alcade du village où il résidera, et il devra d'abord faire le serment de revenir au même village d'où il sera parti pour faire enregistrer tout l'or qu'il aura recueilli et obtenu, et de revenir une fois par mois ou par semaine, selon la période qui lui sera assignée, afin de rendre compte et d'indiquer la quantité dudit or; qu'elle soit consignée par le notaire du village en présence de l'alcade, et, si cela semble bien, qu'il y ait aussi un moine ou abbé délégué à cela.

Item, que tout l'or qui sera ainsi apporté soit ensuite fondu et marqué de quelque marque que chaque ville indiquera, que soit passée et remise à chaque alcade dans son village la part qui revient à Vos Altesses, et qu'elle soit consignée par ledit notaire et par l'abbé ou le frère, en sorte que cela ne passe pas par une seule main et que l'on ne puisse donc cacher la vérité.

Item, que de tout l'or qu'il y aura on prélève un pour cent pour la construction des églises, leur ornementation et pour l'entretien de leurs abbés ou frères; et s'il est jugé bien qu'aux alcades et notaires on donne quelque chose pour leur travail et pour qu'ils remplissent fidèlement leurs offices, que l'on s'en remette au gouverneur et au trésorier qui auront été nommés là par Vos Altesses.

Item, pour ce qui concerne la répartition de l'or et la part que devront avoir Vos Altesses, à mon avis, que

1. L'adelantado était le plus haut représentant des pouvoirs politique, militaire et judiciaire.

l'on s'en remette auxdits gouverneur et trésorier, parce qu'elle sera plus ou moins grande selon la quantité d'or qui sera trouvée.

Item, que si lesdits alcades et notaires pratiquaient ou consentaient quelque fraude, ils soient punis, et également les habitants qui ne déclareraient pas intégralement tout l'or qu'ils pourraient avoir.

Item, parce que, en raison de la cupidité pour l'or, chacun voudra plutôt s'occuper de cela que de faire d'autres travaux, il me semble que, pendant une certaine période de l'année, on doive défendre d'aller chercher de l'or, afin de permettre que se fassent dans ladite île d'autres travaux dont elle a besoin.

Que Vos Altesses me considèrent à leurs ordres : quant à moi, je ne cesse de prier Notre-Seigneur Dieu pour la vie de Vos Altesses et le très grand accroissement de leurs États.

.S.
.S. A .S.
X M Y
Xpo FERENS.

III
Troisième voyage
(1498-1500)

Mémoire aux Rois Catholiques

Mémoire présenté par Colomb pour l'enrôlement à l'occasion de son troisième voyage

Vos Altesses m'ont ordonné de rédiger ce mémoire des choses nécessaires pour que les Indes soient approvisionnées, et, à mon avis, est nécessaire ce qui suit :

Premièrement, six navires pour quatre cents ou cinq cents hommes, qui sont nécessaires pour soumettre l'île Espagnole, à mon avis ; il y a quatre de ces navires en ladite île : deux appartiennent à Vos Altesses, un, qui s'appelle la *Niña*, appartient pour moitié à Vos Altesses et pour moitié à moi, et l'autre, qui s'appelle la *Vaqueños*, appartient pour une moitié à Vos Altesses et pour l'autre moitié à une veuve qui habite Palos. Quant aux deux navires qui manquent pour arriver à six, il faut qu'ils soient de cent vingt tonneaux chacun pour compenser l'insuffisance des autres qui sont plus

petits, et il sera meilleur marché de les acheter que de les affréter ; de même il faut prendre les marins à solde et non les louer avec les navires, car cela reviendra meilleur marché et ils serviront mieux.

Et pour les ravitailler et que les gens soient nourris, il faut que ce soit de cette manière : un tiers de biscuit, qui doit être bon, bien à point et pas trop vieux, car sinon on en perd la plus grande partie, puis un tiers de farine salée, que l'on sale quand on moud le grain, et un tiers de blé.

Également, il faut du vin, du lard, de l'huile, du vinaigre, du fromage, des pois chiches, des lentilles, des fèves, du poisson salé, des filets pour pêcher, du miel, du riz, des amandes et des raisins secs.

Également, pour pouvoir réparer les navires, il faut de la poix, de l'étoupe, des clous, du suif, des cordages, du fer et des ferrures.

Également, parmi les gens qui doivent aller sur ces navires, il faut les artisans suivants : des calfats, des charpentiers, des tonneliers, des scieurs et des forgerons, et aussi emporter des scies sera meilleur marché.

Il faut encore que les navires qui viendront emportent du bétail, aussi bien ovin que bovin et caprin, et qu'il soit jeune ; on peut le prendre dans les îles Canaries, parce qu'on l'aura meilleur marché et que c'est plus près.

Il faut encore emporter pour l'habillement de la toile, du drap, des chaussures, du fil, des aiguilles, de la futaine, de la grosse toile, des bonnets et, pour les chevaux, des selles, des mors et des éperons.

Il faut encore, pour les navires qui viendront, comme pour les gens qui résideront ici, des armes : des bombardes pour les navires, des lances, des épées, des poignards, des arbalètes, de la corde pour les arbalètes, et des munitions pour les arbalètes.

Il faut une personne de bonne conscience, qui respecte ce qui est juste pour chacun et traite tout le monde comme il faut; en effet, si ceux qui aujourd'hui possèdent cette charge continuent à la tenir, non seulement les chrétiens, mais aussi les Indiens abandonneront ces terres, parce qu'ils sont, les uns et les autres, davantage traités selon la cruauté que selon la justice, et comme il y a beaucoup de ceux qui sont là-bas qui voudront s'y installer, il faut que celui qui possédera cette charge ait le pouvoir de leur assurer ce parti et de leur donner la liberté, comme ils le jugeront nécessaire.

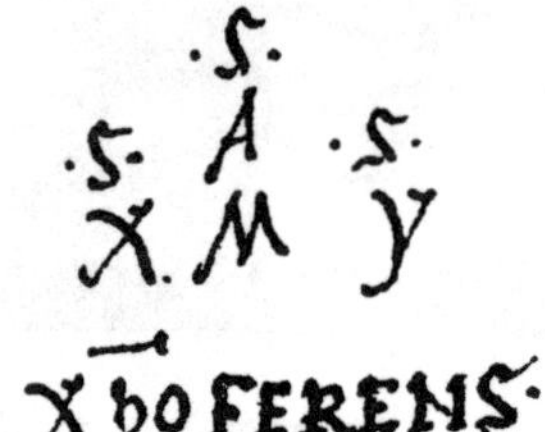

Histoire du voyage que l'Amiral don Cristóbal Colón fit la troisième fois qu'il alla aux Indes et découvrit la terre ferme, ainsi qu'il l'adressa au Roi et à la Reine, de l'île Espagnole

«Sérénissimes, Très Hauts et Très Puissants Princes, Roi et Reine, Nos Seigneurs:

«La Sainte Trinité a inspiré à Vos Altesses cette entreprise des Indes, et, dans son infinie bonté, elle a fait de moi son messager, et je suis venu me présenter à elles, chargé de cette ambassade, comme aux plus hauts Princes de la chrétienté, qui se consacraient à la foi et avaient tant travaillé à sa propagation. Les personnes qui eurent connaissance d'une telle entreprise la tinrent pour impossible; elles faisaient grand cas des richesses matérielles comme fondement de leur prospérité. J'y consacrai six ou sept ans de grande peine, à faire voir, du mieux qu'il m'était possible, comme on pouvait en cela servir Notre-Seigneur, en divulguant son saint nom et sa foi parmi tant de peuples, ce qui était très excellent pour la renommée et la longue mémoire des grands Princes.

«Je partis au nom de la Sainte Trinité, et revins très vite, avec en main les preuves de tout ce que j'avais annoncé. Vos Altesses m'envoyèrent à nouveau en ces Indes et, en peu de temps, je découvris par divine vertu trois cent trente-trois lieues de terre ferme, à l'extrémité de l'Orient, et dénombrai sept cents îles[1], outre tout ce que j'avais découvert lors de mon premier voyage ; je soumis l'île Espagnole, dont les côtes sont plus longues que celles de l'Espagne ; ses habitants sont innombrables et tous paieront tribut [*ces obligations furent violentes et tyranniques*]. Il naquit là des médisances et du mépris pour l'entreprise qui avait commencé, sous prétexte que je n'avais pas envoyé sur-le-champ de navires chargés d'or, mais sans considérer la brièveté du séjour et tout ce que j'ai dit au sujet de tant d'obstacles. Et dès lors, pour mes péchés, ou plutôt pour mon salut, à ce que je pense, tout ce que je disais fut pris en horreur, et on fit empêchement à tout ce que je demandais. C'est pourquoi je décidai de venir trouver Vos Altesses et de manifester mon étonnement, en leur montrant la raison de tout ce que j'avais fait, et je leur parlai des peuples que j'avais vus, desquels bien des âmes pourraient être sauvées, et de quelle façon. Je leur fis part aussi des obligations des gens de l'île Espagnole qui s'engageaient à payer tribut et les tenaient pour leurs Rois et Seigneurs. Je leur apportai aussi maints échantillons d'or, car il y a des mines et de grosses pépites, de même que pour le cuivre, et je leur apportai tant de sortes d'épices qu'il serait trop long de les énumérer ; je leur parlai aussi de la grande quantité de bois brésil[2] et d'autres choses

1. Exagération manifeste que Colomb répétera en d'autres occasions.

2. Un bois qui contient un colorant rouge comme la *braise* et qui a, d'ailleurs, donné son nom au *Brésil*.

en nombre infini. Tout cela ne fut d'aucune utilité auprès de certaines personnes qui étaient envieuses et qui avaient commencé à mal parler de cette entreprise.

«Plus je disais, et plus on s'employait à vitupérer cette entreprise, en y mettant de la haine, sans considérer combien elle avait été estimée dans le monde entier et quel bien on avait dit de Vos Altesses dans la chrétienté pour s'y être engagées, au point que tous, grands ou petits, voulaient en avoir des nouvelles. Vos Altesses me répondirent en riant et en me disant de ne me soucier de rien, car elles n'accordaient ni autorité ni créance à ceux qui leur parlaient mal de cette entreprise.

«Je partis au nom de la Très Sainte Trinité, le mercredi 30 mai, de la ville de Sanlucar[1]. Une fois arrivé aux îles du Cap-Vert, nom impropre car elles sont si arides que jamais je n'y ai rien vu de vert, tous mes gens étant malades, je n'osai y relâcher, et je naviguai vers le sud-ouest durant quatre cent quatre-vingts milles. Là le vent m'abandonna, et j'entrai en telle chaleur, et si grande, que je crus que mes navires et mes gens allaient brûler; cela arriva si soudainement et de façon si anormale que personne n'osait descendre sous le pont pour prendre soin des tonneaux ou des vivres. Cette chaleur dura huit jours; le premier jour le

1. Effectivement, le 30 mai 1498, Colomb quittait le port de Sanlucar, après deux ans de préparatifs, avec une flotte de six caravelles (*N.d.T.*).

temps fut clair, et durant les sept autres jours il plut et le ciel fut couvert ; et malgré cela nous ne pûmes trouver remède, et il est bien certain que si le soleil avait été jusqu'au bout le même que le premier jour, je n'eusse pu en aucune façon me tirer de là.

« Je déterminai alors que s'il plaisait à Notre-Seigneur de me donner du vent et du beau temps pour pouvoir sortir de l'endroit où je me trouvais, je renoncerais à aller plus au sud sans pour autant revenir en arrière, et décidai de naviguer vers le ponant. Au bout de ces huit jours il plut à Notre-Seigneur de me donner un bon vent d'est, et je continuai vers le ponant. Je décidai de poursuivre ma route, toujours vers l'ouest exactement, au droit de la Sierra Leone, dans le dessein de ne pas changer de route jusqu'à l'endroit où j'avais pensé que je trouverais la terre, pour y radouber les navires, et si possible sauver ce que je pouvais des vivres et faire de l'eau car je n'en avais plus.

« Et au bout de dix-sept jours, durant lesquels Notre-Seigneur me donna vent prospère, le mardi 31 juillet, à midi, la terre parut, un marin monta par hasard dans la hune et vit au ponant trois montagnes ensemble. Nous dîmes le *Salve Regina* et d'autres hymnes, et rendîmes tous nombreuses grâces à Dieu. Je quittai ensuite la route du nord et revins vers la terre, que je touchai à l'heure des complies, à un cap que je nommai de la Galère, après avoir donné à cette terre le nom d'île de la Trinité. J'allai jusqu'au cap, où je trouvai un abri contre le vent d'est et un très bon fond. J'ordonnai alors de mouiller et de réparer les tonneaux, et fis descendre les gens pour qu'ils se reposent après tant de temps passé à la peine.

«J'appelai cette pointe pointe de la Sablière, et on y trouva tout le sol foulé par des animaux qui avaient les pattes semblables au sabot des chèvres [*ces traces étaient des traces de cerfs, qui abondent en cet endroit*], et bien qu'ils y fussent manifestement fort nombreux, nous n'en vîmes qu'un seul, qui était mort.

«Le lendemain arriva de l'orient un grand canot avec vingt-quatre hommes, tous jeunes et très bien armés d'arcs, de flèches et de boucliers de bois. Quand ce canot arriva, ces gens nous parlèrent de très loin, mais ni moi ni personne ne comprenions ce qu'ils disaient; j'ordonnais qu'on leur fît signe d'approcher; cela dura plus de deux heures, et s'ils approchaient un peu, c'était pour s'éloigner aussitôt; je leur faisais montrer des bassins et d'autres choses brillantes, pour les séduire et les faire venir, et au bout d'un long moment ils approchèrent davantage qu'ils ne l'avaient fait jusque-là; et moi je désirais beaucoup prendre langue avec eux, mais je n'avais plus rien qui me parût bon à leur montrer pour les faire venir, alors je fis monter un tambourin sur le château de poupe, pour qu'il batte et fasse danser quelques jeunes hommes, pensant qu'ils viendraient voir cette fête. Et sitôt qu'ils entendirent le tambourin et virent les danseurs, ils laissèrent tous leurs rames, et prirent leurs arcs et y mirent la corde, chacun prit son bouclier et ils commencèrent à nous lancer des flèches. Aussitôt on cessa de jouer du tambourin et de danser, et je donnai ordre de sortir les arbalètes ; alors ces gens me laissèrent.

« En arrivant à cette pointe de la Sablière, on voit une grande embouchure de deux lieues de large, du ponant au levant, qui sépare l'île de la Trinité de la terre de Grâce ; si on y entre afin d'aller vers le septentrion, on rencontre des flots de courant qui traversent cette embouchure avec un très grand rugissement ; je pensai que celui-ci était dû à un haut-fond de récifs et de rochers, qui interdirait qu'on y entrât. Et derrière ce flot il y en avait un autre, puis un autre, qui rugissaient tous aussi fort que la vague de la mer quand elle se brise contre les rochers.

« Je mouillai à la pointe de la Sablière, hors de ladite embouchure, et trouvai que l'eau coulait de l'orient au ponant avec autant de fureur que le Guadalquivir en temps de forte crue, et cela de façon continue, nuit et jour, au point que je pensai ne pouvoir plus ni reculer, à cause du courant, ni avancer, à cause des hauts-fonds. Dans la nuit déjà très avancée, comme j'étais à bord de la nef, j'entendis un terrible rugissement qui venait du sud vers le bâtiment ; je regardai attentivement et je vis que la mer s'était levée de ponant en levant, à la façon d'une crête aussi haute que la nef, et qu'elle avançait vers moi petit à petit, portant sur elle un flot de courant qui rugissait à grand fracas. Aujourd'hui encore je suis jusqu'au tréfonds de moi habité par la peur que je ressentis alors que la nef ne chavirât quand ce flot passerait dessous. Et il passa et atteignit l'embouchure, où il s'arrêta un long moment.

«Le lendemain, j'envoyai les barques sonder, et je trouvai qu'il y avait au plus six ou sept brasses de fond dans cette embouchure, et que ces flots de courant ne cessaient pas, les uns entrant et les autres sortant. Il plut à Notre-Seigneur de me donner bon vent, et j'entrai dans la bouche, où je trouvai le calme ; de l'eau de mer fut puisée par hasard, et je la trouvai douce. Je naviguai au septentrion jusqu'à une montagne très haute, plus j'avançais, plus je trouvais l'eau de la mer douce et savoureuse. Après une assez longue navigation, j'arrivai à un endroit où il me sembla que les terres étaient cultivées ; je mis au mouillage[1] et envoyai les barques à terre, et leurs occupants trouvèrent que les gens de cette terre étaient partis depuis peu ; ils trouvèrent aussi que les bois étaient peuplés de sapajous ; ils revinrent. Comme ce pays était très montagneux, il me sembla que plus loin, vers le ponant, les terres étaient plus plates, et que pour cette raison même elles seraient peuplées.

«Arrivé au-delà d'une pointe que j'appelai pointe de l'Aiguille, je trouvai des terres qui sont les plus belles du monde et très peuplées. J'y arrivai à l'heure de tierce, et pour voir cette verdure et cette beauté je décidai de mouiller et de voir ces gens, dont certains vinrent bientôt en canot à la nef me prier de la part de leur roi de descendre à terre. En voyant que je ne m'en souciai pas, il en vint en canot une multitude, et

1. Nous ignorons l'endroit exact où les Espagnols débarquèrent pour la première fois en Amérique du Sud ; on suppose que ce fut dans une petite baie au sud de Paria, sur les côtes vénézuéliennes (*N.d.T.*).

beaucoup d'entre eux portaient au cou des plaques d'or et certains avaient des perles autour des bras.

«J'aurais voulu m'arrêter, mais les vivres que je transportais, du blé, du vin et de la viande pour les gens de chez nous qui sont ici, étaient en train de se gâter; j'avais eu beaucoup de peine à les trouver en Espagne, et c'est pourquoi je ne cherchais qu'à me hâter de les mettre en sûreté, en ne m'arrêtant pour rien au monde. Je tâchai d'avoir de ces perles et envoyai les barques à terre.

«Ces gens sont très nombreux et tous de très belle apparence, de la même couleur que les précédents et faciles à traiter; ceux des nôtres qui furent à terre les trouvèrent fort accommodants, et ils furent très honorablement reçus par eux. Ils rapportent que, dès que les barques eurent accosté, vinrent à eux deux personnes de haut rang accompagnées de tout le peuple ; ils pensent que l'un était le père et l'autre son fils, et ils furent conduits par eux à une très grande maison, avec un toit à deux pentes et non, comme les autres, ronde à la manière des tentes de campagne, où il y avait beaucoup de sièges sur lesquels ils les firent asseoir, et d'autres où ils s'assirent eux-mêmes ; ils firent apporter du pain, et beaucoup de fruits, et du vin de plusieurs sortes de fruits, blanc et rouge, mais pas de raisin. Il doit y en avoir de différentes manières, l'un d'un fruit et l'autre de l'autre, et il doit y en avoir même de maïs, qui est une graine qui forme un épi comme un fuseau, dont j'ai déjà rapporté des spécimens et qui pousse maintenant abondamment en Castille ; et il semble que celui qui avait le meilleur le tenait pour le bien le plus grand et l'estimait à grand prix. Tous les hommes étaient ensemble à une extrémité de la maison et les femmes à l'autre. Les deux parties furent bien peinées de ne pouvoir se comprendre, eux pour interroger les nôtres sur notre patrie, et les nôtres pour les faire parler de la leur. Quand ils eurent reçu collation dans la maison du plus vieux, le plus jeune les emmena à la sienne et en fit tout autant, puis nos gens montèrent dans les barques et revinrent à la nef.

« Et moi je fis aussitôt lever l'ancre, ayant grande hâte de sauver les vivres que j'avais eus à si grand-peine et qui étaient en train de se perdre et de me sauver moi-même, parce que mes yeux souffraient fort du manque de sommeil; car bien que durant le voyage où je découvris la terre ferme[1] je fusse resté trente-trois jours sans pouvoir dormir et aussi longtemps privé de la vue, mes yeux ne m'avaient pas fait alors aussi mal et n'avaient pas été aussi injectés de sang de si douloureuse façon que cette fois.

« Ces gens sont tous de très belle stature, hauts de taille et de très beau visage, avec des cheveux très longs et plats, et ils ont autour de la tête une pièce de tissu à dessins, très belle, qui ressemble de loin à un *almaizar*[2] de soie. Ils en portent une autre, plus longue, autour de la taille, dont ils se couvrent en guise de caleçon, tant les hommes que les femmes. Leur couleur est la plus blanche que j'aie vue aux Indes. Tous avaient autour du cou et des bras quelque chose à la façon de ce pays, et beaucoup avaient des plaques d'or vil pendues au cou. Leurs canots sont très longs, mieux faits que les nôtres, et plus légers, avec en leur milieu un endroit fermé comme une sorte de chambre, où je vis que se trouvaient les chefs et leurs femmes.

« J'appelai cet endroit Jardins, car c'était le nom qui leur convenait. Je m'efforçai de savoir où ils prenaient cet or, et tous me montraient une terre à la frontière de la leur, du côté du ponant, qui était très haute, mais pas très éloignée; mais tous me disaient de ne pas y aller parce qu'on y mangeait les hommes, et je compris alors

1. Pour Colomb, la terre ferme est l'île de Cuba et non la terre qu'il vient de découvrir, et qu'il prend pour une île (*N.d.T.*).

2. Turban de gaze porté par les Maures (*N.d.T.*).

qu'il s'agissait de cannibales et qu'ils devaient ressembler aux autres. J'ai pensé ensuite qu'il se pouvait qu'ils le disent parce qu'il y avait là-bas des animaux féroces. Je leur demandai où ils trouvaient les perles, et ils me montrèrent également la direction du ponant et du nord, derrière la terre où ils se trouvaient. Je renonçai à le vérifier à cause des vivres et de mon mal aux yeux, et parce que la grande nef que j'avais ne convient pas à ce genre de navigation.

«Et comme le temps fut court il se passa tout entier en questions, et ils revinrent aux navires, à peu près à l'heure des vêpres. Je levai aussitôt l'ancre et naviguai au ponant, et ainsi le lendemain, jusqu'à ce que je ne trouve que trois brasses de fond, croyant toujours que cette terre était une île et que je pourrais sortir vers le nord. Ce que voyant, j'envoyai une caravelle légère en avant pour voir s'il y avait une sortie ou si la passe était fermée, et j'allai de la sorte sur une longue distance jusqu'à un très grand golfe, dans lequel il semblait y en avoir quatre autres moyens, et de l'un d'eux sortait un fleuve gigantesque. On trouva encore cinq brasses de fond et l'eau très douce, en très grande quantité, et je n'en avais jamais bu de pareille. J'en fus très mécontent, car je voyais que je ne pouvais sortir vers le nord ni aller au sud ni au ponant, parce que j'étais de toute part entouré de terre. Je levai donc l'ancre et rebroussai chemin pour trouver le nord dans l'embouchure dont j'ai parlé plus haut, et je ne pus revenir au village où j'avais été à cause des courants qui m'en avaient écarté. Et toujours, partout, je trouvais l'eau douce et claire, et elle m'entraînait impétueusement à l'orient, vers les deux embouchures dont j'ai parlé. Je conjecturai alors que les flots de courant et ces crêtes qui sortaient et entraient dans ces embouchures avec ce rugissement si puissant étaient les signes de la lutte entre l'eau douce et l'eau salée: la douce repoussait l'autre pour l'empêcher d'entrer, et la salée poussait l'autre pour qu'elle ne sortît point; je conjecturai que là où se trouvaient ces embouchures fut peut-être jadis une terre ininterrompue de l'île de la Trinité à la terre de Grâce, comme Vos Altesses le pourront voir sur le dessin que j'en ai fait et que je joins à cette lettre.

«J'ai toujours lu que le monde, terre et eau, était sphérique, chez les autorités et dans les expériences que Ptolémée et tous ceux qui ont écrit sur le sujet donnaient et faisaient pour le démontrer, tant par les éclipses de lune que par d'autres démonstrations qu'ils font d'orient jusqu'en occident, comme celle de l'élévation du pôle du septentrion au midi. Je me mis à réfléchir à cette particularité du monde et je trouvai qu'il n'est pas rond de la manière qu'on l'écrit, mais qu'il a la forme d'une poire qui serait toute ronde, sauf à l'endroit de la queue, où elle forme un renflement, ou comme si on avait une balle parfaitement ronde sauf à l'endroit où il y aurait comme un téton de femme, et que cette partie où se trouve la queue soit la plus haute et la plus près du ciel, et se situe sous cette ligne équinoxiale, dans cette mer océane, à l'extrémité de l'orient (j'appelle extrémité de l'orient l'endroit où finissent toute la terre et les îles).

« Ni Ptolémée ni ceux qui écrivent sur le monde ne savaient rien de cette moitié-ci, parce qu'elle était tout à fait ignorée. Ils ne se fondèrent que sur l'hémisphère dans lequel ils se trouvaient, qui est parfaitement rond.

Et maintenant que Vos Altesses ont ordonné qu'il soit navigué, cherché et découvert, cela est absolument évident ; en effet, comme je me trouvais au cours de ce voyage à vingt degrés au nord de la ligne équinoxiale, j'étais au droit d'Hargin et de ces régions-là, où les gens sont noirs et la terre très brûlée. Puis, quand j'allai aux îles du Cap-Vert, j'y trouvai des gens bien plus noirs encore, et plus on descend vers le sud, plus ils le sont, de sorte que là où je me trouvai, au droit de la Sierra Leone, où à la tombée de la nuit l'étoile du nord se hausse à cinq degrés, les gens sont extrêmement noirs ; puis lorsque je naviguai de là vers l'ouest j'entrai dans des chaleurs extrêmes, et une fois passée la ligne que j'ai dite, je trouvai que la température devenait de plus en plus douce, au point que lorsque j'atteignis l'île de la Trinité, où l'étoile du nord, à la tombée de la nuit, se hausse également de cinq degrés, l'air de la terre de Grâce était très suave, la campagne et les arbres très verts et aussi beaux que dans la plaine de Valence en avril. Là, les gens sont de très belle taille et plus blancs que tous ceux que nous avons vus ailleurs aux Indes, ils ont les cheveux très longs et plats, ce sont des gens plus astucieux et de meilleur entendement que les autres, et point couards. Le soleil était alors dans la Vierge, au-dessus de nos têtes et des leurs. Tout cela est dû à la douceur de l'air en cet endroit, parce qu'on se trouve au plus haut point du monde et plus près de cet air dont je parle.

« Et c'est ce qui me confirme que le monde n'est pas sphérique, mais qu'il a cette différence, dont j'ai déjà parlé, qui se trouve dans cet hémisphère où sont situées les Indes et la mer océane, et l'extrémité en est sous la ligne équinoxiale. Cela est aussi amplement confirmé par le fait que lorsque Notre-Seigneur fit le soleil, ce fut sur le premier point d'orient, là où se trouve l'extrême hauteur du monde. L'Écriture sainte témoigne que Notre-Seigneur fit le Paradis terrestre et qu'il y mit l'arbre de vie, et que de là sort une source d'où naissent en ce monde quatre grands fleuves : le Gange en Inde, le Tigre et l'Euphrate qui séparent les montagnes et forment la Mésopotamie avant de couler en Perse, et le Nil qui naît en Éthiopie et rejoint la mer à Alexandrie.

«Je ne trouve pas, je n'ai jamais trouvé un écrit ni chez les Latins ni chez les Grecs qui dise de manière certaine l'endroit du monde où se trouve le Paradis terrestre, et je ne l'ai vu sur aucune mappemonde, sinon situé d'autorité. Certains le mettaient là où sont les sources du Nil en Éthiopie, mais d'autres parcoururent toutes ces régions et ne trouvèrent pas qu'elles possédaient la température de l'air ni l'élévation vers le ciel qui pussent faire admettre que c'était là qu'il se situait, ni que les eaux du déluge y fussent arrivées, qui l'auraient submergé, etc. Tous les théologiens sacrés s'accordent à dire que le Paradis terrestre est en Orient.

«J'ai déjà dit ce que je pensais de cet hémisphère et de sa forme, et je crois que si je passais au-dessous de la ligne équinoxiale, en arrivant là où est le point le plus élevé, je trouverais un air bien plus doux et bien plus de diversité dans les étoiles et dans les eaux. Je crois que c'est là qu'est le Paradis terrestre, que personne ne peut atteindre hors de la volonté divine.

«Je ne tiens pas que le Paradis terrestre ait la forme d'une montagne abrupte, comme nous le disent les écrits, mais qu'il se situe au sommet, là où j'ai parlé d'une queue de poire, et que lorsqu'on se dirige vers lui, on monte peu à peu, longtemps avant d'y arriver, et je crois que personne ne pourra arriver tout en haut, comme je l'ai dit; et je crois que c'est là que peut naître cette eau, bien que ce soit très loin, et qu'elle peut arriver à l'endroit d'où je viens, et y former ce lac. Ce sont là de grands indices du Paradis terrestre, car l'endroit est conforme à l'opinion de ces sacrés théologiens. Et de même les signes sont-ils tout à fait conformes, car je n'ai jamais lu ni entendu dire qu'une telle quantité d'eau douce fût ainsi mêlée et proche de l'eau salée ; cela est confirmé par cette température si douce. Et si ce n'est pas du Paradis que descend cette eau, cela paraît plus grande merveille encore, car je ne sache qu'on connaisse au monde un fleuve si grand et d'une telle profondeur.

« Après être sorti de la bouche du Dragon, et j'ai ainsi nommé celle des deux embouchures qui se trouve au septentrion, le lendemain, jour de Notre-Dame d'août, je trouvai un tel courant vers le ponant que m'étant mis en chemin après l'heure de la messe, je parcourus jusqu'à complies soixante-cinq lieues, de quatre milles chacune, et le vent n'était point trop fort, mais au contraire très doux. Cela permet de comprendre qu'en allant vers le midi on monte, tandis qu'en allant vers le septentrion, comme alors, on descend.

« Pline écrit que la mer et la terre forment une sphère, et dit que cette mer océane constitue la plus grande masse d'eau, et qu'elle est située vers le ciel, tandis que la terre se place en dessous et la soutient ; que tout cela est mêlé comme la chair de la noix avec le tissu qui l'enveloppe. Aristote dit que ce monde est petit, que la surface de l'eau y est peu étendue, et qu'on peut facilement passer d'Espagne aux Indes. Quant aux parties sèches de la terre, l'expérience montre abondamment qu'elles sont bien plus étendues que ne le croyait le vulgaire, ce qui n'est pas pour étonner, car plus on voyage, plus on sait de choses.

«Je reviens à mon propos sur la terre de Grâce, le fleuve et le lac que j'y trouvai, lequel est si vaste qu'on peut bien l'appeler mer plutôt que lac; un lac est une étendue d'eau, mais quand il est grand, on l'appelle mer, comme on a dit mer de Galilée et mer Morte. Et je dis que s'il ne vient pas du Paradis terrestre, ce fleuve vient d'une terre sans limites, située au midi, dont on n'a eu jusqu'ici aucune notion. Mais, quant à moi, je tiens pour assuré en mon âme que là où je l'ai dit se trouve le Paradis terrestre.

«Plaise à Notre-Seigneur d'accorder longue vie, santé et tranquillité à Vos Altesses, afin qu'elles puissent poursuivre cette si noble entreprise, d'où Notre-Seigneur reçoit grand service, et tous les chrétiens grande consolation et grand plaisir, car partout ici se répandra le nom de Notre-Seigneur. Et sur toutes les terres que touchent les navires de Vos Altesses, sur tous les caps, je fais planter une grande croix; à tous les gens que j'y trouve je notifie le pouvoir de Vos Altesses et qu'elles sont établies en Espagne; je

leur dis tout ce que je peux au sujet de notre sainte foi, et de la croyance en notre sainte mère l'Église, laquelle a ses membres dans le monde entier; je leur dis aussi l'urbanité et la noblesse de tous les chrétiens, et la foi qu'ils ont en la Sainte Trinité. Et plaise à Notre-Seigneur de rayer de leur mémoire les personnes qui ont combattu et combattent encore une si excellente entreprise, qui l'empêchent comme elles l'ont fait jusqu'ici d'aller de l'avant, sans considérer l'honneur et la grandeur qu'elle confère au royal état de Vos Altesses dans le monde entier.

«J'ai dit tout cela, non que je croie que la volonté de Vos Altesses ne soit pas de poursuivre cette entreprise leur vie durant, et je tiens pour très ferme ce que me répondirent Vos Altesses un jour que je leur parlais de vive voix de tout cela. Et Votre Altesse me répondit avec le cœur que toute la terre lui connaît de ne point me préoccuper de cela, car sa volonté était de poursuivre cette entreprise et de la soutenir; que quand bien même elle ne rapporterait que pierres et rochers, elle tenait pour rien la dépense qu'elle entraînait, car Vos Altesses dépensaient bien davantage pour des choses bien moins grandes et qu'elles tenaient tout cet argent pour fort bien dépensé ici, tant pour les dépenses passées que pour celles qui viendraient, car elles croyaient que notre sainte foi en serait accrue et leur royale souveraineté élargie, et que ceux qui médisaient de cette entreprise n'étaient pas les amis de leur royal état.

Deo Gratias.

Las Casas, en racontant le troisième voyage dans son Histoire des Indes, *se sert de cette Relation, qu'il transcrit parfois littéralement ; parfois encore, il copie des textes qui devaient se trouver dans la lettre aux Rois Catholiques, mais qu'il n'inclut pas dans son résumé. Nous ajoutons ci-dessous ces paragraphes.*

30 mai - 31 août 1498

Notre premier Amiral partit, donc, « au nom de la Très Sainte Trinité » (comme il le dit, et c'est toujours ainsi qu'il s'exprimait), du port de Sanlucar de Barrameda, le mercredi 30 mai de l'an 1498, dans l'intention de découvrir une terre nouvelle, autre que celle qu'il avait déjà découverte, avec ses six navires... et comme alors la guerre avec la France avait commencé, on reçut la nouvelle qu'une flotte ennemie attendait l'Amiral au large du cap Saint-Vincent pour le prendre. C'est pourquoi il décida de ne pas lui prêter le flanc, comme on dit, en faisant un détour pour voguer droit sur l'île de Madère.

Il arriva à l'île de Porto-Santo le jeudi 7 juin, et s'y arrêta pour charger du bois, de l'eau et des vivres, et la même nuit il mit à la voile pour l'île de Madère... où il arriva le dimanche suivant, 10 juin. Il reçut dans cette ville très bon accueil et on lui fit fête, car il y était très connu, y ayant habité jadis. Il resta six jours, durant lesquels il se munit en abondance d'eau et de bois, et de tout ce qui était nécessaire à son voyage.

Le samedi 16 juin, il quitta l'île de Madère avec ses six navires, et le mardi suivant il arriva à l'île de la Gomera.

Ayant embarqué de l'eau et du bois ainsi que d'autres provisions, des fromages en particulier, qui sont nombreux et excellents dans cette île, l'Amiral mit à la voile avec ses six navires, le jeudi 21 juin, en direction de l'île du Fer, qui se trouve à environ quinze lieues de la Gomera.

Poursuivant sa route, l'Amiral arriva aux îles du Cap-Vert, lesquelles, à ce qu'il dit, ont un nom erroné, car il n'y a jamais rien vu de vert, mais qu'au contraire tout y est sec et stérile. La première qu'il vit fut l'île du Sel, le mercredi 27 juin ; c'est une petite île. De là il en gagna une autre, qui a pour nom «Buenavista», et qui est absolument stérile, où il mouilla dans une baie, près de laquelle se trouve une île toute petite. C'est là que viennent se soigner tous les lépreux du Portugal, et il n'y a en tout que six ou sept maisons. L'Amiral ordonna d'aller à terre dans les barques pour s'approvisionner en sel et en viande, car il y a dans cette île beaucoup de chèvres. Un majordome, maître de cette île, appelé Rodrigo Alonso, notaire des finances du roi du Portugal, vint aux navires offrir à l'Amiral tout ce qui s'y trouvait et dont il aurait besoin ; il en fut remercié, et on lui donna des provisions de Castille, ce dont il se réjouit beaucoup.

Il raconta à l'Amiral que les lépreux venaient dans cette île se guérir de leur maladie, grâce aux tortues qui s'y trouvent en grande abondance, et qui sont communément aussi grandes que des boucliers ; en mangeant la chair de ces tortues et en se lavant très souvent avec leur sang, ils guérissent de la lèpre. Trois mois par an, en juin, juillet et août, un nombre infini de ces tortues viennent là, en provenance de la terre ferme, c'est-à-dire de l'Éthiopie, pour pondre dans le sable ; avec leurs petites mains et leurs pieds, elles creusent le sable et y pondent cinq cents œufs et davantage, aussi gros que des œufs de poule, qui cependant n'ont pas de coquille dure, mais une pellicule fine qui couvre le jaune, comme celle des œufs de poule quand on leur a enlevé leur coquille. Elles recouvrent les œufs avec le sable comme le ferait une personne, et là le soleil les couve, et dès que les petites tortues sont formées et vivantes, elles vont en toute hâte à la mer, comme si elles en étaient sorties vivantes et par leurs pieds. Voici comment on capturait ces tortues : la nuit, avec des flambeaux, qui sont des torches de bois sec, les gens cherchent la trace de la tortue, qui n'en fait pas une petite, et ils la trouvent, dormant de fatigue ; ils arrivent prestement, et la retournent, en mettant la carapace du ventre sur le dessus, et celle du dos sur le dessous, et ils la laissent sur place, car il est bien sûr qu'elle ne peut se retourner toute seule, et ils vont en chercher une autre…

Les gens de bonne santé qui habitaient dans cette île de Buenavista, et qui menaient une vie difficile, car ils n'ont même pas d'eau, sauf l'eau salée de quelques puits, étaient au nombre de six ou sept familles, dont l'occupation était de tuer des boucs pour en saler la peau et l'envoyer au Portugal dans des caravelles qui viennent là tout exprès ; parfois, en une année ils en tuaient tant et envoyaient autant de peaux, que cela rapportait deux mille ducats au notaire à qui était l'île. Certaines années, ceux qui vivaient là restaient quatre et cinq mois sans manger de pain ni boire de vin, mais seulement cette viande de chèvre ou du poisson, ou des tortues. Voilà ce que ces gens dirent à l'Amiral.

Il partit de là le soir du samedi 30 juin, pour l'île de Santiago, qu'il atteignit le dimanche à l'heure des vêpres, car elle n'est éloignée que de vingt-huit lieues ; c'est la principale des îles du Cap-Vert. Il voulut y prendre des bovins, pour les emmener à l'île Espagnole, comme le roi et la reine le lui avaient ordonné, et pour ce faire il demeura là huit jours, mais sans succès ; et parce que cette île est extrêmement dangereuse pour la santé, car l'on y cuit, et que ses gens commençaient à tomber malades, il décida de partir.

Le mercredi 4 juillet, il fit mettre à la voile pour quitter cette île de Santiago, où, dit-il, depuis qu'il y était arrivé, il n'avait jamais vu le soleil ni les étoiles, mais simplement un ciel couvert d'un brouillard si épais, qu'on aurait dit qu'on pouvait le couper au couteau, ainsi qu'une très intense chaleur qui angoissait les gens.

Poursuivant sa route vers le sud-ouest, il commença à trouver des herbes semblables à celles qu'on rencontre quand on va droit vers les Indes; et l'Amiral dit ici qu'après avoir parcouru quatre cent quatre-vingts milles, qui font cent vingt lieues, comme la nuit tombait, il fit le point, et trouva que l'étoile du nord était à cinq degrés... ; et il dit que là, le vendredi 13 juillet, le vent l'abandonna, et qu'il fit une chaleur et une ardeur telles, et si fortes, qu'il craignit que les navires ne prissent feu et que les gens ne périssent. Cette chute du vent et cette montée démesurée de la chaleur furent si soudaines et simultanées que personne n'osait s'aventurer à aller sous le pont, pour protéger les barils d'eau et de vin, qui éclataient, car les cercles des futailles se cassaient; le blé brûlait comme le feu; le lard et la viande salée cuisaient et pourrissaient. Cette ardeur et ce feu durèrent huit jours.

Le premier jour, le temps fut clair, avec un soleil qui les rôtissait; Dieu permit qu'il souffrît d'un moindre mal, car les sept jours suivants il plut et le temps fut couvert; mais, malgré tout, ils ne voyaient comment garder l'espoir de ne pas périr brûlés, et si durant ces sept jours il avait fait aussi clair avec autant de soleil, l'Amiral dit qu'il aurait été impossible à quiconque de sauver sa vie. Ils furent donc bien secourus divinement par les quelques grosses averses qu'il fit et par les jours où le ciel était couvert. Il décida, si Dieu lui donnait du vent pour sortir de cette agonie, d'aller vers l'ouest pendant quelques jours, puis, lorsqu'il se verrait sous une température plus clémente, il reprendrait la direction du midi, qui était la route qu'il souhaitait suivre.

Le dimanche 22 juillet, l'après-midi, comme il avait bon temps, ils virent passer d'innombrables oiseaux qui allaient d'ouest-sud-ouest vers le nord-est; il dit que c'était là grand signe de terre. Ils en virent d'autres le lundi suivant et deux jours après, et une fois un albatros vint à la nef de l'Amiral, qui fut suivi par d'autres encore le lendemain, ainsi que par ces oiseaux que l'on nomme pailles-en-queue.

Le dix-septième jour de ce bon temps, l'Amiral espérait voir la terre, à cause de ces signes qu'étaient les oiseaux, et comme il ne la vit pas le lundi, le lendemain, mardi 31 juillet, comme l'eau était venue à manquer, il décida de changer de cap, c'est-à-dire quitter l'ouest pour se diriger à la main droite et aller toucher l'île de la Dominique, ou quelque autre des cannibales... ; il ordonna alors de gouverner vers le nord, un quart nord-est, et il suivit cette route jusqu'à la mi-journée. « Mais comme Sa Haute Majesté, dit-il, a toujours usé de miséricorde envers moi, par hasard et par chance, un marin de Huelva, de mes serviteurs, qui s'appelait Alonso Pérez, monta à la hune et vit une terre à l'ouest, à quinze lieues, et ce qu'on en put voir ce furent trois buttes, ou trois montagnes», telles sont ses paroles. Il appela cette terre «île de la Trinité», car il avait décidé de donner ce nom à la première terre qu'il découvrirait. Il rendit grâces infinies à Dieu, comme à son habitude, et tous louèrent la bonté divine et, avec grande allégresse et grande joie, ils chantèrent le *Salve Regina*, ainsi que d'autres hymnes et proses dévotes qui contiennent les louanges de Dieu et de Notre-Dame, selon l'usage des marins, du moins de ceux d'Espagne, qui ont coutume de dire cette prière dans les tribulations et dans la joie.

Une fois cette terre en vue, donc, pour la grande consolation de tous, il quitte la route qu'il voulait suivre dans sa quête d'une des îles des cannibales pour se ravitailler en eau, dont il avait grande nécessité, et il fait voile sur cette nouvelle terre, vers un cap qui semblait être au ponant et qu'il appela «cap de la Galère», à cause d'un gros rocher qui de loin ressemblait à une galère toutes voiles dehors.

Il dit qu'il vint chercher un port sur la côte de l'île de la Trinité, qui est une pointe, à laquelle il donna le nom de «pointe de la Sablière», au ponant.

Comme il se trouvait à la pointe de la Sablière, il vit, vers le nord, un quart nord-est, à une distance de quinze lieues, un cap ou une pointe de la même terre ferme… l'Amiral, croyant qu'il s'agissait d'une autre île, lui donna pour nom «île de Grâce»; il dit qu'elle s'étend vers l'ouest, c'est-à-dire au ponant, et que c'est une très haute terre, qu'il y a beaucoup de vallées, et que « tout doit être peuplé », car il vit que partout la terre était travaillée. Les rivières sont nombreuses, car chaque vallée a la sienne, de lieue en lieue ; ils trouvèrent de nombreux fruits, et des raisins comme des raisins et de très bon goût, d'excellents myrobolans, et d'autres qui ressemblent à des pommes, d'autres encore à des oranges, mais qui à l'intérieur sont comme des figues ; ils trouvèrent des singes capucins en grande quantité ; quant aux eaux, ce sont les meilleures qu'on puisse voir.

Le mardi 7 août, un grand nombre d'Indiens vinrent par la mer et par terre, et tous apportaient du pain et du maïs, et des choses bonnes à manger, et des jarres pleines de boissons, certaines blanches comme du lait, au goût du vin, d'autres encore d'une couleur foncée ; il pense que toutes sont faites avec des fruits… ils avaient tous un arc et des flèches enduites d'herbe vénéneuse, très pointues ; ils se moquaient des perles, auraient donné tout ce qu'ils avaient pour des grelots, et ne demandaient rien d'autre ; ils prisaient fort le laiton… L'Amiral dit que tous les objets de Castille qu'on leur donnait, ils commençaient par les renifler. Ils apportèrent des perroquets de deux ou trois sortes, et particulièrement de cette grande espèce qu'on trouve dans l'île de la Guadeloupe, et qui ont une longue queue ; ils apportaient aussi des pièces de coton très bien tissées et décorées, semblables à celles qu'on fait en Guinée, des fleuves à la Sierra Leone, sans aucune différence, et il dit qu'ils ne communiquent sûrement pas avec ces régions, qui sont éloignées de plus de huit cents lieues de l'endroit où il se trouve ; il ajoute que ces linges ressemblent à des *almaizars*. Il souhaitait prendre avec lui une demi-douzaine de ces Indiens, mais il ne put le faire, car tous quittèrent les navires avant la nuit.

Mais le 8 août, un canot monté par douze hommes vint à la caravelle ; on les prit tous et on les amena sur la nef de l'Amiral ; il en choisit six, et renvoya les six autres à terre… il mit alors à la voile vers une pointe dite « de l'Aiguille », nom dont il ne dit pas quand il le lui donna ; de là il découvrit les terres les plus belles qu'on ait vues, et les plus peuplées ; il arriva en un lieu que pour sa beauté il appela « Jardins », et où il y avait des maisons et des gens en grand nombre, et ceux qu'il avait emmenés avec lui lui dirent que ces gens étaient vêtus, ce qui le décida à mouiller ; et aussitôt vinrent à lui une infinité de canots, grands et petits, et remplis de gens, à ce qu'il dit. Le soir, il en vint davantage encore de toute la région, et nombre d'entre eux portaient au cou des pièces d'or en forme de fer à cheval, et il semble qu'ils prisaient fort cet or ; mais ils auraient tout donné pour des grelots, dit-il, mais il n'en avait pas… toutefois, il s'en trouva un, très grossier, qui avait l'air doré. Ils disaient, à ce qu'on pouvait comprendre de leurs signes, qu'il y avait non loin de là des îles, où on trouvait cet or en abondance, mais que les gens qui les peuplaient étaient des cannibales ; l'Amiral dit alors que ce nom de « cannibales » se donnait dans ces régions par inimitié, ou alors parce que ces gens ne voulaient pas que les chrétiens y aillent, mais plutôt qu'ils restent avec eux leur vie durant. Les chrétiens virent un Indien qui avait un morceau d'or aussi gros qu'une pomme. D'autres canots en nombre infini, chargés de gens, vinrent encore, et tous leurs occupants portaient de l'or et des colliers, et des perles d'espèces infinies ; ils avaient un tissu noué autour de la tête pour retenir leurs cheveux, lesquels étaient bien coupés, ce qui leur allait bien.

Il se mit à pleuvoir beaucoup, et les gens cessèrent d'aller et venir ; vinrent ensuite des femmes qui portaient autour des bras des chapelets de petites perles, dont certaines étaient rondes, et d'autres, baroques, très fines ; on les troqua, et il dit qu'il les enverrait à Leurs Altesses... L'Amiral demanda aux Indiens où ils les trouvaient ou pêchaient, et ils lui montrèrent où naissent ces coquilles, en lui disant, au moyen de signes très clairs, qu'on les pêchait vers le ponant, derrière cette île, où étaient le cap de Lapa et la pointe de Paria, terre ferme qu'il avait prise pour une île...

Le vendredi 10 août, il fit mettre à la voile et se dirigea vers le ponant de ce qu'il pensait être une île, et ayant parcouru cinq lieues, il mouilla, craignant de ne pas avoir de fond. Il cherchait une embouchure par où sortir de ce golfe, dans lequel il avançait entouré de terre ferme et d'îles, bien qu'il ne crût pas qu'il s'agissait de la terre ferme ; il était sûr que c'était une île, car les Indiens le disaient, ce qui montre qu'il ne devait pas les comprendre. Il aurait voulu aller à ces îles, mais ne pouvait revenir en arrière, à cause de l'urgence où il se trouvait, car les vivres qu'il apportait aux chrétiens de l'île Espagnole étaient en train de se perdre, alors qu'il avait eu tant de peine, fatigue et de difficultés à les obtenir ; il insiste à plusieurs reprises sur cette affaire de vivres, comme sur quelque chose qui lui a causé bien des tourments.

Il ajoute ici que si les perles, comme Pline le prétend, naissent de la rosée qui tombe dans les huîtres quand elles s'ouvrent, il y a toutes les raisons qu'il s'en trouve ici, car il y tombe beaucoup de rosée et il y a un nombre infini d'huîtres très grandes, et de plus il n'y a point ici de tempête ; la mer est toujours calme, ce que montrent bien les arbres qui vont jusque dans l'eau, ainsi que chacune de leurs branches : ces arbres étaient couverts d'huîtres, et quand on tirait sur une branche, elle sortait de l'eau couverte d'un nombre infini d'huîtres qui s'y collaient ; elles sont blanches à l'intérieur, ainsi que leur chair, et très savoureuses, non pas salées mais douces, au point qu'il faut y ajouter un peu de sel, et il dit qu'il ignore si c'est là que naissent les perles. Où qu'elles naissent, elles sont très fines, et les Indiens les percent comme à Venise…

Désirant sortir de ce golfe de la Baleine, où il naviguait entre la terre ferme et l'île de la Trinité, et se dirigeant vers le ponant le long de la côte appelée « de Grâce », vers la pointe Sèche, dont il ne nous dit pas où elle se trouve, il trouva deux brasses d'eau, pas davantage. Dans l'intention déjà rappelée de sauver les vivres qu'il transportait et qui étaient en train de se perdre, sur la route de cette île Espagnole, le samedi 11 août, au lever de la lune, il leva l'ancre et mit à la voile, et navigua vers l'est, c'est-à-dire là où le soleil se lève…

Il arriva à un très bon port, qu'il appela « port des Chats », qui se trouve près de l'embouchure où sont situés les deux îlots de l'Escargot et du Dauphin, entre le cap de Lapa et le cap Camus, et cela, le dimanche 12 août.

Il mouilla près dudit port, pour pouvoir sortir par cette embouchure le lendemain matin. Il trouva près de là un autre port, où il envoya la barque. Il était très bon. Ils trouvèrent des maisons de pêcheurs, une eau profonde et très douce. Il lui donna le nom de « port des Cabanes ». Ils trouvèrent là, dit-il, des myrobolans dans les terres ; près du rivage, une infinité d'huîtres collées aux branches des arbres qui entrent dans la mer, la bouche ouverte pour recevoir la rosée qui tombe des feuilles, jusqu'à ce que tombe la goutte qui engendre les perles, à ce que dit Pline.

Le lundi 13 août, aussitôt que la lune se leva, il quitta son mouillage et navigua en direction du cap de Lapa… pour sortir vers le nord par l'embouchure qu'il appela « du Dragon », à cause de ce qui suit et du danger qu'il y courut : il trouva un grand conflit entre l'eau douce, qui voulait pénétrer dans la mer, et l'eau salée de la mer, qui voulait pénétrer le golfe ; et ce conflit était si rude, si effrayant, qu'il faisait naître une grande crête, aussi élevée qu'une haute colline ; les deux eaux faisaient un grand fracas, du levant au ponant, un bruit long et épouvantable, avec la trace d'un courant, derrière lequel en venaient quatre autres, qui combattaient entre eux. Ils pensèrent mourir là, comme ils l'avaient cru dans l'embouchure du Serpent, près du cap de la Sablière, en entrant dans le golfe. Ce danger fut plus grand que l'autre, car le vent sur lequel ils espéraient pour sortir du golfe tomba, et il aurait voulu mettre au mouillage, mais non sans péril, à cause du combat des eaux; mais ils ne trouvèrent pas de fond, car la mer était très profonde à cet endroit. Quand le vent fut tombé, ils craignirent que l'eau douce ou l'eau salée ne les jetât sur les rochers, à cause du courant, et alors ils n'auraient pas eu de salut... il plut à la volonté de Dieu que du danger même leur vinssent le salut et la délivrance, car l'eau douce, venant à bout de l'eau salée, fit sortir de là les bateaux, sans qu'ils s'en aperçussent, et ils furent ainsi sauvés; car lorsque Dieu veut qu'un homme ou plusieurs restent en vie, l'eau leur est un remède. C'est ainsi qu'il sortit, le lundi 13 août, du golfe en question et de la bouche du Dragon, si dangereuse.

L'Amiral était fort malade des yeux, à force de ne point dormir, car allant toujours entre tant de dangers au milieu de ces îles, c'était son habitude; telle doit être la façon de faire de quiconque a charge de navires, comme c'est le cas des pilotes, et il dit qu'il fut plus fatigué ici que lorsqu'il découvrit l'autre terre ferme, c'est-à-dire l'île de Cuba... Car ses yeux furent injectés de sang, et ses épreuves sur la mer étaient incomparables. Cela fit qu'il dut passer cette nuit-là au lit, et il se trouva en haute mer, plus loin que s'il avait veillé; ce qui fait qu'il ne se relâchait pas un instant et qu'il ne faisait pas confiance aux marins, pas plus que ne doit se fier à qui que ce soit le pilote diligent et parfait; car c'est lui qui a la charge et la responsabilité de tous ceux qui sont sur le navire, et la chose la plus appropriée et la plus nécessaire à son travail, c'est de veiller, et ne pas dormir, aussi longtemps qu'il navigue.

Depuis qu'il est sorti de la bouche du Dragon, le lundi ou le mardi, l'Amiral a longé la côte sur trente ou quarante lieues tout au plus, à ce qu'il semble, car il n'en dit rien ; c'est qu'il se plaint de n'avoir écrit tout ce qu'il devait écrire, car il ne le pouvait, étant si malade. Et comme il voyait que la terre s'étendait très loin au ponant, et n'avait point la sortie qu'il espérait trouver, croyant que cette terre était une île, il prit enfin conscience qu'une terre aussi grande n'était pas une île, mais la terre ferme.

Le mercredi 15 août, jour de l'Assomption de Notre-Dame, après le lever du soleil, il fit lever l'ancre de son mouillage et mit à la voile en direction de l'île Espagnole.

Le dimanche 19 août, il fit durant le jour et la nuit trente-trois lieues, et atteignit la terre ; c'était une petite île qu'il appela « Madame Beata »… et près d'elle s'en trouve une autre plus petite encore qui a une petite montagne assez haute, qui de loin ressemble à une voile, et il l'appela « Haute Voile ». Il crut que l'île Beata était un îlot qu'il avait appelé « Sainte-Catherine » quand il suivit la côte sud après la découverte de Cuba, et elle est située à vingt-cinq lieues du port de Saint-Domingue, près de cette île. Et comme de Saint-Domingue on avait dû voir passer les trois navires, et qu'on était certain qu'il s'agissait de l'Amiral, car on l'attendait tous les jours, l'adelantado sauta sur-le-champ dans une caravelle et rejoignit ici l'Amiral ; ils se réjouirent fort de se revoir. Interrogé sur l'état du pays, l'adelantado lui apprit que Francisco Roldan s'était rebellé avec quatre-vingts hommes, et lui rendit compte de tout ce qui s'était passé dans l'île depuis qu'il en était parti…

Lettre aux Roi et Reine Catholiques [1]

« Très Hauts Princes, quand je suis venu ici, j'ai amené beaucoup de gens pour conquérir ces terres, que j'avais tous reçus parce qu'ils m'importunaient de leurs demandes, me disant qu'ils serviraient très bien et mieux que personne ; mais c'était l'inverse, comme on l'a vu par la suite, parce qu'ils ne venaient qu'avec

1. Cette lettre rend compte du soulèvement de Roldan et, au passage, répond aux plaintes et accusations qui commençaient à rendre la situation de Colomb difficile à la Cour.

l'espoir de l'or, dont on disait qu'on en trouvait, et des plantes médicales, qui étaient à ramasser à la pelle, et des épices qui étaient sous forme de meules toutes prêtes sur le bord de la mer et qu'il n'y avait qu'à les mettre dans les nefs. Si grande était la convoitise qui les rendait aveugles ; et ils ne pensaient pas que, même s'il y avait de l'or, il se trouverait dans des mines, tout comme les autres métaux, et les épices dans les arbres, et que pour l'or il faudrait creuser et pour les épices les cueillir et en prendre soin.

« Tout cela je le leur avais présenté à Séville, et comme ceux qui voulaient venir étaient si nombreux et que je connaissais leur but, j'essayais de leur dire toutes les peines que sont accoutumés de supporter ceux qui vont très loin peupler des terres nouvelles. À cela tous me répondaient que c'était pour cela qu'ils venaient, et pour y gagner honneur. Mais comme ils pensaient le contraire, comme je l'ai dit, dès leur arrivée ici, quand ils virent que je leur avais dit la vérité et que leur convoitise ne pouvait être rassasiée, ils voulurent repartir aussitôt, sans voir qu'il était difficile de conquérir et dominer tout cela. Et comme je n'y consentis point, ils me prirent en haine sans raison, car je les avais emmenés parce qu'ils m'importunaient et leur avais dit que je venais pour conquérir et non pour repartir aussitôt, car j'étais quelqu'un qui en avais vu d'autres du même genre et qui connaissais leur intention. Ils me prirent également en haine, parce que je ne leur permettais pas d'aller dans l'intérieur du pays dispersés deux par deux, ou trois par trois, et certains seuls, raison pour laquelle les Indiens en avaient tué beaucoup qui allaient ainsi dispersés, et en auraient tué davantage si je n'y avais pas remédié, et leur audace aurait atteint un tel degré qu'ils m'auraient chassé de ce pays sans combattre, si Notre-Seigneur n'y avait pourvu.

«De cela je conçus un grand chagrin ainsi que des vivres dont je les devais approvisionner, car certains qui, en Castille, ne pouvaient même pas donner à manger à un enfant, voulaient ici avoir six ou sept hommes que je nourrirais et paierais pour eux, alors qu'il n'y avait aucune raison pour que je leur donne satisfaction. D'autres étaient venus sans salaire, je dis bien, le quart, cachés dans les nefs, qu'il me fallut contenter, ainsi que les autres, en sorte que depuis lors je suis en plus grande peine à cause des chrétiens qu'à cause des Indiens, ainsi au jour d'aujourd'hui ce n'est pas fini, et elle a doublé d'un certain côté, si elle s'est allégée de l'autre.

«Elle a doublé à cause de cet ingrat inconnu, Roldan, qui vivait à mes côtés, et de ceux qui le suivent, auxquels j'avais fait tant d'honneur – tout comme à ce Roldan (qui n'avait rien) –, et tant donné, si bien qu'en peu de jours il avait déjà plus d'un million, et aux autres qui sont maintenant venus avec lui de Castille j'ai donné argent et bonne compagnie; ils me donnent donc de la peine. D'un autre côté, je suis soulagé, parce que les autres sèment et ont déjà beaucoup de vivres et connaissent les habitudes du pays et commencent à en aimer la noblesse et la fertilité, tout au contraire de ce que l'on disait jusque-là, si bien que je pense qu'il n'y a pas de terre au monde si bien faite que celle-ci pour des fainéants, mais encore meilleure pour celui qui voudra amasser un bien.

«Quant à nos gens, quand ils virent que les choses n'étaient pas ce qu'ils avaient imaginé, ils étaient sans cesse désireux de rentrer en Espagne. Je leur donnais la possibilité d'être sur chaque passage, mais eux, c'était bien ma chance, même si je les avais accueillis avec grand honneur et bien traités, dès qu'ils arrivaient là-bas, disaient de moi pis que d'un Maure, sans en donner nulle raison, et présentèrent contre moi mille fausses accusations; et cela dure encore au jour d'aujourd'hui. Cependant, Notre-Seigneur, qui connaît mes intentions et la vérité sur tout, me sauvera, comme Il l'a fait jusque-là, car, à ce jour, il n'y a eu personne qui se soit opposé à moi avec malignité qu'Il n'ait puni; aussi est-il bon de mettre tout son soin à Le servir, car Lui mettra de l'ordre.

«Là-bas ils dirent que j'avais établi la ville au pire endroit de l'île, alors que c'en est le meilleur, et ce, sorti de la bouche même des Indiens de cette île; et nombre de ceux qui disaient cela ne s'étaient pas éloignés à plus d'une portée de bombarde de la ville; je ne sais quelle foi on peut avoir en eux. Ils disaient qu'ils mouraient de soif, alors que le fleuve passe par là, près de la ville, même pas si loin qu'il n'y a, à Séville, de Sainte-Marie jusqu'au fleuve. Ils disaient que cet endroit était le plus insalubre, alors que c'est le plus sain.

« Ils dirent qu'il n'y avait pas de vivres, alors qu'il y a de la viande, du pain, du poisson, et bien d'autres nourritures en si grande abondance que, lorsqu'on amène d'Europe des péons pour travailler ici, ils ne veulent pas de salaire, et ils se nourrissent ainsi que les Indiens qui les servent, et cela se peut d'ailleurs constater avec le nommé Roldan, qui bat la campagne depuis plus d'un an déjà avec cent vingt personnes, qui emmènent avec eux plus de cinq cents Indiens qui les servent et les nourrissent tous très abondamment.

« Ils dirent que la terre de la Isabela, où est l'établissement, était très mauvaise et ne donnait pas de blé ; j'en ai récolté et on a mangé du pain fait avec lui, et c'est la plus belle terre qui se puisse désirer.

« Ils proférèrent une infinité d'autres calomnies contre moi et contre cette terre, dont on voit bien que Dieu l'a donnée miraculeusement et qui est la plus belle et la plus fertile qu'il y ait sous les cieux, en laquelle il y a de l'or, du cuivre, toute sorte d'épices et une très grande quantité de bois brésil (dont les marchands me disent qu'en y ajoutant les esclaves on en peut tirer chaque année quarante millions, ce qu'ils expliquent par le fait qu'ici on peut en faire trois chargements par an), et où les gens peuvent vivre de façon très reposante, comme cela se verra très vite. Et je pense que, d'après les besoins de la Castille et l'abondance de l'île Espagnole, doivent y venir très promptement d'Europe un grand nombre de gens, et l'établissement sera à la Isabela, où tout a commencé, car c'est l'endroit le plus idoine et il est meilleur que tout autre sur cette terre, comme on le doit croire au fait que c'est là que Notre-Seigneur m'a miraculeusement conduit, en sorte qu'avec mes nefs je ne pouvais ni reculer ni avancer, si ce n'est tout décharger et m'établir; et cette raison m'a poussé à rédiger ce document, même si certains disaient qu'il n'était pas nécessaire de rapporter des faits passés et trouvaient cela long, alors que tout est si bref.

« Mais j'ai compris que tout cela était nécessaire à Vos Altesses comme à d'autres personnes qui avaient ouï ces médisances pleines de malignité et de tromperies, qui ont été dites sur chacune des choses ici consignées, et non seulement par les personnes qui sont venues ici, mais avec beaucoup de cruauté par certains qui ne sont pas sortis de Castille et qui avaient la possibilité de démontrer leur malignité à l'oreille de Vos Altesses, et tout cela avec ruse, et tout cela pour me faire tort, par envie, comme à un pauvre étranger; mais en tout m'a secouru et me secourt Celui qui est éternel et qui a toujours usé de miséricorde envers le très grand pécheur que je suis. »

Lettre à doña Juana de la Torre, nourrice du prince don Juan

« Très vertueuse Dame,

« S'il est nouveau que je me plaigne du monde, il y a longtemps que lui me maltraite. Il a livré contre moi mille combats et j'ai résisté jusqu'à maintenant où ni armes ni conseils ne me sont d'aucun profit. Avec cruauté il m'a rejeté au plus bas. L'espoir en Celui qui a tout créé me soutient ; Son secours a toujours été très prompt.

« Sept années ont passé en discussions et neuf autres se sont passées à exécuter des choses remarquables et dignes de mémoire ; de tout cela on n'a pas eu idée. Je suis revenu et il n'est personne d'assez vil qui ne pense à m'outrager. Il sera bien vertueux dans le monde celui qui ne le consentira pas.

« Si j'avais volé les Indes et la terre ferme, dont on parle maintenant et qui fait partie de l'autel de saint Pierre[1], et si je les avais données aux Maures, on ne pourrait me manifester en Espagne plus d'inimitié.

« J'ai cru que ce voyage au Paria apporterait un peu de paix grâce aux perles et à la découverte d'or dans l'île Espagnole. J'ai demandé aux gens de là-bas d'amasser et de pêcher les perles, et je me suis mis d'accord avec eux pour revenir les chercher et ce sera,

1. Il s'agit de la terre de Paria, qu'il considère désormais comme intégrée aux Indes. L'« autel de saint Pierre » est une métaphore pour la « chrétienté » (*N.d.T.*).

si j'ai bien compris, par boisseaux. Quand je suis allé au Paria, j'ai trouvé presque la moitié des gens de l'île Espagnole soulevés, et ils m'ont fait la guerre jusqu'à maintenant comme à un Maure, et les Indiens d'un autre côté, tout aussi sérieusement [*pourquoi leur avez-vous fait la guerre et les avez-vous opprimés injustement ?*]. Les Indiens donnèrent la nouvelle de six autres caravelles qu'amenait un frère de l'alcade[1], mais ce fut par malignité.

« Un certain Adrian[2] chercha, en ce temps-là, à se soulever de nouveau comme avant, mais Notre-Seigneur ne voulut point que son mauvais dessein réussît. Je m'étais, en moi-même, proposé de ne toucher un cheveu de personne, mais envers lui, en raison de son ingratitude, il ne fut pas possible de m'en tenir à ce que j'avais pensé. Envers mon frère je n'en aurais pas fait moins, s'il m'avait voulu tuer et voler le domaine que mon Roi et ma Reine m'avaient donné en garde.

« Il y avait six mois que j'étais résolu à retourner auprès de Leurs Altesses avec les bonnes nouvelles de l'or, mais aussi pour fuir le gouvernement de gens si dissolus, pleins de vices et de malignité, qui ne craignaient ni Dieu, ni le Roi, ni la Reine.

« Avant mon départ, j'ai supplié bien des fois Leurs Altesses d'envoyer là-bas, à mes frais, quelqu'un qui fût en charge de la justice, et quand je vis que l'alcade

1. L'alcade était Francisco Roldan (*N.d.T.*).

2. Adrian de Mugica, qui fit partie de la conspiration de Roldan et qui, plus tard, se souleva contre lui (*N.d.T.*).

s'était soulevé, je leur demandai à nouveau d'envoyer, soit quelque personne, soit quelque domestique porteur de lettres, car ma renommée est telle que, même si je fais des églises et des hôpitaux, ils seront toujours tenus pour des repaires de voleurs.

« Sur ce, le Commandeur Bobadilla arriva à Saint-Domingue. Je me trouvais dans la Vega et l'adelantado à Xaragua, où le nommé Adrian s'était soulevé, mais où tout désormais était calme, la terre prospère et tout le monde en paix. Le second jour de son arrivée, il s'institua gouverneur, nomma des officiers, fit des exécutions et dit qu'il venait payer tout le monde, même ceux qui n'avaient point servi pleinement jusqu'à ce jour ; et proclama qu'il m'allait renvoyer, ainsi que mes frères, les fers aux pieds, comme il l'a fait, et que je ne reviendrais plus ici, ni aucun autre de mon lignage, disant de moi mille turpitudes et choses discourtoises. Tout cela fut le second jour de son arrivée, comme je l'ai dit, et alors que j'étais absent et ignorant tout de lui et de sa venue.

« Il apportait une quantité de lettres de Leurs Altesses signées en blanc, dont il remplit et envoya quelques-unes à l'alcade et à sa compagnie avec des faveurs et des *encomiendas*[1] ; mais à moi il ne m'a jamais envoyé de lettre, ni de messager, ni ne m'en a donné à ce jour. Pensez ce que peut penser quelqu'un qui aurait ma charge : honorer et faire des faveurs à qui a cherché à voler Leurs Altesses et a causé tant de mal et de dommage, et traîner dans la boue qui les a défendues à si grands risques ! [*Certes, en cela l'Amiral eut plus que raison.*]

« J'aurais pu remédier à tout cela et au reste de ce que j'ai dit et qui est arrivé depuis que je suis aux Indes, si j'avais cédé à la volonté de ne rechercher que mon bien propre et ce qui m'était convenable. Mais le fait de soutenir la justice et d'accroître le domaine de Leurs Altesses jusqu'à maintenant m'a abattu. Au jour d'aujourd'hui, où l'on trouve tant d'or, il y a division, parce que l'on veut plus de gain : ou bien voler ou bien aller aux mines. Pour une femme aussi, on trouve cent castillans, comme pour une terre de labour, et cela se fait beaucoup ; il y a désormais bien des marchands qui

1. Institution espagnole qui consistait à diviser les Indiens en plusieurs groupes mis au service d'un *encomendero* pour lequel ils devaient travailler et payer un impôt. En contrepartie, celui-ci était chargé de les protéger et de les évangéliser.

vont à la recherche de fillettes ; de neuf à dix ans elles sont maintenant appréciées : un honnête homme doit en avoir de tous âges.

«Je dis que la force de la médisance de quelques débauchés m'a fait plus de mal que mes services ne m'ont fait de profit. Mauvais exemple pour le présent et pour l'avenir. Je fais le serment que quantité d'hommes sont allés aux Indes, qui ne méritaient pas le bonjour de Dieu et du monde, et qui maintenant reviennent là-bas. Cet homme les a dressés contre moi, mais lui, semble-t-il, d'après ce qui se passa et d'après ses façons de faire, m'était déjà hostile quand il est arrivé ; et cela est bien entendu, car on dit qu'il a dépensé beaucoup pour venir en cette entreprise. Je ne sais de cela que ce que j'entends. Je n'ai jamais entendu qu'un enquêteur ait assemblé les rebelles et les ait pris pour témoins contre celui qui gouverne, eux et d'autres sans foi et indignes d'en avoir.

«Si Leurs Altesses y faisaient faire une enquête générale, moi je vous dis qu'elles verraient, de façon étonnante, que l'île ne s'écroule pas.

«Même si je ne sais pas grand-chose, je ne sais qui peut me tenir pour assez lourdaud pour ne pas savoir que, même si les Indes étaient à moi, je ne m'y saurais maintenir sans l'aide d'un prince. Puisqu'il en est ainsi, où aurais-je pu trouver meilleurs appui et sécurité qu'auprès du Roi et de la Reine, Nos Seigneurs, qui, à partir de rien, m'ont élevé à un si grand honneur et sont les plus hauts princes du monde, sur mer comme sur terre ?

«J'ai parlé ainsi contre la médisance, mais aussi contre ma volonté, parce que ce sont des choses qui, même en rêve, ne devraient pas revenir à la mémoire, et que c'est avec malignité que le Commandeur Bobadilla cherche à éclairer ses manières et ses actions en cette affaire ; mais je lui ferai voir avec la plus grande facilité que son peu de savoir et sa grande couardise ainsi que sa cupidité effrénée l'ont fait échouer en cela.

«Je suis reparti tout seul, parce que tous les gens étaient avec l'adelantado. Lui, quand il l'apprit, jeta don Diego[1] prisonnier dans une caravelle, chargé de fers et, dès que j'arrivai, il m'en fit autant, et ensuite à l'adelantado quand il revint. Depuis, je ne lui ai plus parlé et lui n'a permis, jusqu'à ce jour, à personne de me parler. Et je fais le serment que je ne peux pas penser que je puisse être prisonnier.

«Le premier soin qu'il eut fut de prendre l'or, dont il s'empara sans le mesurer ni peser, et hors de ma présence ; il dit qu'il voulait payer les gens avec cela mais, d'après ce que j'ai entendu dire, il fit pour lui la meilleure part, puis envoya, pour en obtenir d'autre, de nouveaux collecteurs. De cet or j'avais mis à part certains échantillons, des grains aussi gros que des œufs d'oie, de poule ou de poulette et de bien d'autres formes, que quelques personnes avaient recueillis en peu de temps, et ce, afin de faire plaisir à Leurs Altesses et qu'elles eussent par là une bonne compréhension de cette entreprise ; il y avait aussi une grande quantité de

1. Don Diego Colomb, frère cadet de l'Amiral (*N.d.T.*).

grandes pierres pleines d'or. Il fut le premier à se l'accorder avec malignité, afin que Leurs Altesses ne prissent pas cette entreprise en considération, tant que lui n'aurait pas fait son nid, ce à quoi il met toute sa hâte.

«Le Commandeur mit en œuvre tout ce qui lui parut me devoir être dommageable. Avec six cent mille maravédis, j'aurais pu payer tout le monde, sans voler personne, or il y avait plus de quatre millions de dîmes et droits de justice, sans toucher à l'or. Il fit des largesses qui prêtent à rire, bien que je pense qu'il prit d'abord pour lui la meilleure part; Leurs Altesses le sauront quand elles ordonneront de vérifier les comptes, surtout si je suis présent. Lui ne fait que dire que l'on doit une grande somme d'argent; or elle n'est pas si grande. J'ai été grandement offensé que l'on ait envoyé contre moi un enquêteur qui sache que, si le rapport qu'il envoyait était très grave, il resterait comme gouverneur.

«Plût à Notre-Seigneur que Leurs Altesses l'eussent envoyé, lui ou un autre, il y a deux ans, parce que je sais que je serais maintenant libre de toute injustice ou infamie et que l'on ne me priverait point de mon honneur ni ne le perdrais. Dieu est juste et Il fera en sorte que l'on sache le pourquoi et le comment de tout cela. On me juge là-bas comme si j'étais allé gouverner en Sicile ou dans une cité ou une ville qui ait une administration et où les lois peuvent être entièrement observées, sans crainte de tout perdre, et cela est pour moi un grand tort. Je dois être jugé comme un capitaine qui est parti d'Espagne pour conquérir jusqu'aux Indes des gens belliqueux [*l'Amiral ne disait pas que c'étaient des gens belliqueux lorsque Guacanagarí sauva sa personne et son bien, quand il perdit sa nef; admirable fut l'ignorance de l'Amiral en cette matière*] nombreux, aux coutumes et à la religion contraires au nôtres, et où, par la volonté divine, j'ai placé sous le vasselage du

Roi et de la Reine, Nos Seigneurs, un autre monde, grâce auquel l'Espagne qui était considérée comme pauvre est maintenant la plus riche. [*À cause de cet enrichissement injuste et de ce bien mal acquis, elle deviendra la plus pauvre du monde.*]

«Pour l'or et les perles la porte est ouverte, et l'on peut fermement espérer quantité de tout: de pierres précieuses, d'épices et de mille autres choses. Les nouvelles de l'or que j'ai dit que je donnerais sont les suivantes: le jour de Noël, j'appris qu'il y avait quatre-vingts lieues de terre et partout, tout près, des mines. Il semble maintenant que toutes celles-ci n'en soient qu'une seule. Certains ont recueilli cent vingt castillans en un seul jour et d'autres quatre-vingt-dix, et on en a même recueilli deux cent cinquante. Il semble que ces mines soient comme toutes les autres, à savoir qu'elles ne rendent pas également tous les jours. L'avis de tout le monde est que, même si toute la Castille vient ici, si maladroite soit la personne, elle ne descendra pas au-dessous d'un castillan ou deux par jour, et en étant nouvelle en cette pratique. Il est vrai qu'ils ont quelque Indien [*ils n'avaient pas un mais beaucoup d'Indiens, qui y laissaient leur sueur et leur vie*], mais l'affaire repose sur le chrétien. [*Que l'affaire repose sur le chrétien signifiait maintenir les Indiens par force, leur donner des coups de bâton et de fouet, et n'avoir aucune pitié d'eux.*]

«Voyez quelle fut la sagesse de Bobadilla. Le Commandeur, dès son arrivée à Saint-Domingue, se logea dans ma maison. Telle il la trouva, telle il la considéra comme sienne ; à la bonne heure ! Peut-être en avait-il besoin ? Aucun corsaire n'agit jamais de la sorte avec un marchand. De mes papiers j'ai plus à me plaindre, car depuis qu'il me les a pris je n'ai pas pu lui en tirer un seul, surtout ceux qui devaient m'être les plus utiles pour me disculper, et qui étaient ceux que j'avais le mieux cachés. Voyez quel juste et honnête enquêteur[1] ! De toutes les choses que l'on me dit qu'il a pu faire,

1. Les Rois Catholiques firent rendre à Colomb tout ce que Bobadilla avait confisqué.

il n'en est aucune qui ait été faite dans un but de justice mais tout au contraire. Mais Dieu est là avec toute Sa puissance, comme toujours, et Il punit partout, particulièrement l'ingratitude et les injustices. »

IV
Quatrième voyage de Christophe Colomb aux Indes (1502-1504)

Île de la Jamaïque, le 7 juillet 1503

Sérénissime et Très Haut et Très Puissant Prince,
Roi, Notre Seigneur

« Le 9 mai 1502 je partis de Cadix, d'où je passai aux Canaries en quatre jours, et de là aux Indes en seize, d'ou j'écrivis à Vos Altesses que mon intention était de hâter mon voyage, tant que mes navires étaient en bon état, ainsi que mes gens et les vivres, et que ma destination était l'île de la Jamaïque.

« C'est à la Dominique que j'écrivis cela. Jusque-là, je bénéficiai d'un temps de rêve. La nuit où j'atteignis cette île, ce fut avec une grosse tempête. Là, la mer démontée se transforma en mer calme et en fort courant, qui m'emporta jusqu'aux Figuiers sans toucher ni voir la terre. De là, dès que je le pus, je naviguai vers la terre ferme, où je trouvai un vent contraire et un courant terrible. Je luttai contre eux soixante jours, et ne pus gagner sur eux plus de soixante-dix lieues. Durant tout ce temps je n'entrai dans aucun port ; je ne le pus et j'en fus empêché par la tempête, l'eau du ciel, les énormes trombes et les éclairs incessants, qui faisaient croire à la fin du monde.

«J'arrivai au cap de Grâce-à-Dieu et de là Notre-Seigneur me donna vent et courant favorables. C'était le 12 septembre. Cette épouvantable tempête ne m'avait pas laissé depuis quatre-vingt-huit jours, au point que je ne vis ni le soleil ni les étoiles pour repère ; mes navires étaient troués, mes voiles déchirées, mes ancres et mes agrès perdus, ainsi que les câbles et les barques et beaucoup d'approvisionnements. Les gens étaient très malades, tous étaient contrits et beaucoup promettaient d'entrer en religion, il n'y en avait aucun qui ne fît d'autres vœux, ainsi que d'aller en pèlerinage. À plusieurs reprises, ils en étaient venus à se confesser les uns les autres. On a vu d'autres tempêtes, mais aucune qui durât si longtemps et fût si effroyable. Nombreux étaient ceux qui défaillaient fort et fort souvent, que nous tenions pour très courageux. La douleur du fils que j'avais là m'arrachait l'âme, et surtout de le voir à cet âge si tendre de treize ans dans une telle peine et y demeurer si longtemps. Notre-Seigneur lui donna un tel courage, que c'est lui qui ranimait les autres, et dans les épreuves il se conduisait comme s'il naviguait depuis cinquante ans, et c'était lui qui me consolait.

«J'étais tombé malade et avais été bien souvent aux portes de la mort ; je dirigeais la navigation d'une petite chambre que j'avais fait construire sur le pont. Mon

frère se trouvait sur le plus mauvais des navires et le plus dangereux. Grande était ma douleur, et plus grande encore parce que je l'avais emmené contre son gré.

Une autre peine m'arrachait le cœur, et c'était don Diego, mon fils, que j'avais laissé en Espagne, si orphelin et si dépossédé de mon honneur et de mes biens ; bien que je tinsse pour certain que Vos Altesses, qui sont des Princes justes et reconnaissants, les lui restitueraient, et avec intérêt.

«J'arrivai à la terre de Cariay[1], où je m'arrêtai pour réparer les navires, refaire les provisions, et faire souffler les gens, qui étaient fort malades, et quant à moi, comme je l'ai dit, j'avais été à plusieurs reprises sur le point de mourir. Là, j'appris l'existence des mines d'or de la province de Ciamba[2], que je cherchais. Deux Indiens me menèrent à Caramburu, où les gens vont nus avec autour du cou un petit miroir d'or, mais ils ne voulaient ni le vendre ni le troquer. Ils me nommèrent de nombreux endroits sur la côte où, disaient-ils, il y avait de l'or et des mines ; le plus lointain était Beragua[3], qui se trouvait à vingt-cinq lieues environ. Je partis dans l'intention de les explorer tous et, parvenu à mi-chemin, j'appris qu'il y avait des mines à deux journées de marche. Je décidai d'envoyer les voir ; et la veille de Saint-Simon et Saint-Jude, où devait avoir lieu le départ, il se leva dans la soirée une mer et un vent si forts qu'il fallut courir là où bon leur sembla, le guide indien des mines toujours avec moi.

«Quand je partis de Caramburu et arrivai à ces en-

1. Sur l'actuelle côte des Mosquitos, entre le Nicaragua et le Honduras.

2. Nom donné par Marco Polo à la Cochinchine (*N.d.T.*).

3. Nom indigène de la côte occidentale du Panamá (*N.d.T.*).

droits que j'ai dits, j'y trouvai des gens qui avaient les mêmes coutumes, sauf que ceux qui avaient des miroirs les donnaient pour n'importe quoi: ils s'estimaient très contents avec trois grelots à épervier pour un. Dans toutes leurs coutumes ils sont comme ceux de l'île Espagnole; ils extraient l'or d'une autre façon, bien qu'elle n'ait rien à voir avec celle des chrétiens, ils ne travaillent pas pour l'or et ne le fondent pas.

«J'ai dit que la veille de Saint-Simon et Saint-Jude je courus là où le vent me poussait sans pouvoir lui résister. J'arrivai sous la pluie au port du ravitaillement, où j'arrivai et n'entrai pas de mon plein gré. La tempête et la force du courant m'y enfermèrent quatorze jours, après lesquels je repartis, par mauvais temps encore. Quand j'eus péniblement parcouru quinze lieues, le vent et le courant me firent reculer avec fureur. En revenant au port d'où j'étais parti, je trouvai sur mon chemin le port du Retrait, où je me retirai avec grands péril et contrariété, et mes gens, les navires et moi-même étions bien fatigués.

«Je restai là plusieurs jours, car dans sa cruauté le temps le voulut ainsi, et quand je crus en avoir fini, je n'en étais qu'au commencement. J'errai durant neuf jours sans espoir de survie. Jamais personne ne vit la mer si haute, si laide et toute d'écume. Le vent ne permettait pas d'avancer, ni de se diriger vers quelque terre. Il me gardait là, sur cette mer de sang, qui bouillonnait comme une chaudière à grand feu. Jamais personne ne vit un ciel si affreux: un jour et une nuit entière il brûla comme un four, et lançait de telles flammes avec les éclairs, que je regardais chaque fois s'il ne m'avait pas emporté mâts et voilure. Ces éclairs étaient si furieux et si épouvantables que tous nous pensions qu'ils finiraient par faire fondre les navires. Durant tout ce temps l'eau ne cessa pas de tomber du ciel, et je ne veux pas dire par là qu'il pleuvait, mais que c'était un nouveau déluge qui se

produisait. Les gens étaient si fourbus qu'ils appelaient la mort pour sortir de tant de souffrances. Les navires avaient déjà perdu par deux fois leurs barques, ancres et cordages, et ils étaient troués et sans voiles. Quand il plut à Notre-Seigneur, je revins à Gros-Port, où je fis réparer du mieux que je le pus.

« Le jour de l'Épiphanie, j'arrivai à Beragua, presque sans vie. Là, Notre-Seigneur me donna un fleuve et un port sûr, bien qu'il n'eût point à l'entrée plus de dix empans de fond. La côte de Beragua ressemble à celle du Portugal, et elle est aussi dangereuse. Comme nous pensions enfin être en sécurité, le 24 janvier, le fleuve grossit soudain avec un courant très violent ; il rompit mes amarres et mes câbles de proue et faillit emporter les navires, et pour sûr je les vis en plus grand danger que jamais. Notre-Seigneur me secourut, comme il l'a toujours fait. Je ne sais si quelqu'un a déjà souffert davantage.

«Le 6 février, sous la pluie, j'envoyai soixante-dix hommes explorer la terre et, au bout de cinq lieues, ils trouvèrent de nombreuses mines. Les Indiens qui les accompagnaient les menèrent à une colline très haute, et du sommet ils leur montrèrent tout l'espace à perte de vue en disant que partout il y avait de l'or et que vers le ponant il y avait des mines jusqu'à vingt jours de marche; ils nommaient les villes et les villages où il s'en trouvait en plus ou moins grande quantité.

«J'avais avec moi ce qu'il fallait pour construire et équiper, et des vivres en abondance. J'installai un village à deux lieues du village du Quibian et fis beaucoup de dons à ce Quibian, qui est le nom qu'ils donnent au seigneur de cette région. Je savais bien que la concorde ne durerait pas; ils sont très rustres et nos gens sont très importuns, et moi je prenais possession de sa terre.

«Quand il vit les maisons que nous avions bâties et tout notre trafic, il décida de les incendier et de nous tuer tous. Son projet se retourna contre lui: il fut pris avec ses femmes, ses enfants et ses serviteurs, bien que sa captivité ait peu duré. Le Quibian échappa en abusant de sa confiance à un certain Juan Sanchez, originaire de Cadix, que nous tenions pour un honnête homme, à qui il avait été confié sous bonne garde; le mal fut important, et les dépenses bien augmentées. Ses enfants échappèrent au capitaine d'un navire, sur lequel ils avaient été mis en lieu sûr et sous sa garde.

«En janvier, l'embouchure du fleuve s'était fermée.

En avril, les navires étaient tous dévorés par les tarets et on ne pouvait les maintenir sur l'eau. À cette époque il plut et le fleuve forma un canal, par lequel j'en fis sortir trois, vides, avec d'énormes difficultés. Les barques remontèrent le fleuve pour faire du lest et de l'eau. La mer devint grosse et laide et ne les laissa pas ressortir. Les Indiens s'étaient rassemblés en très grand nombre et ils les combattirent, et finalement ils tuèrent tous nos gens. Mon frère et les autres gens étaient tous sur un navire qui n'était pas sorti, et j'étais très seul dehors sur une côte si sauvage, avec une forte fièvre ; au milieu d'une si grande épreuve l'espoir d'en réchapper était mort. Fatigué, je m'endormis en gémissant. J'entendis une voix compatissante qui me disait[1] : "Ô insensé, lent à croire et à servir ton Dieu, le Dieu de l'Univers, qu'a-t-Il fait de plus pour Moïse ou pour David, son serviteur ? Depuis ta naissance, Il a toujours pris grand soin de toi. Quand Il te vit en âge qu'Il trouva bon, Il fit merveilleusement retentir ton nom par toute la terre. Les Indes, qui sont une si riche partie du monde, Il te les a données pour tiennes. Les privilèges, les lettres et les promesses que fait Dieu, tout ce qu'Il promet, Il l'accomplit et au-delà, et après avoir reçu le service, Il en accroît le salaire et donne le Paradis. Tel est son usage. Je viens de te dire ce que ton Créateur a fait pour toi et ce qu'Il fait pour tous. Maintenant, me dit-il, montre-moi la récompense des peines que tu as

1. Colomb utilise souvent ce procédé comme une figure de style qui lui permet d'accuser les souverains avec une liberté qu'il n'aurait pu se permettre autrement.

traversées et des dangers que tu as encourus au service des autres." Moi, à demi mort, j'entendis tout, mais je ne sus que répondre à des paroles si vraies, et ne pus que pleurer sur mes erreurs. Celui qui parlait, quel qu'il fût, termina en disant: "Aie confiance et ne crains point."

«Je me relevai comme je pus, et au bout de neuf jours il y eut un bon vent, mais pas suffisamment pour faire sortir les navires du fleuve. Je recueillis les gens qui étaient à terre et tous ceux qui restaient, parce qu'il n'y avait plus assez de monde pour demeurer à terre et pour gouverner les navires. Je serais resté sur place avec tous les hommes pour maintenir le village, si Vos Altesses avaient pu en connaître l'existence. La crainte que jamais des navires ne viendraient ici me détermina à partir, ainsi que la pensée que lorsque les secours viendraient tout viendrait en même temps.

«Je partis la nuit de Pâques, en invoquant la Très Sainte Trinité, avec des navires pourris, rongés par les tarets et tout percés de trous. Il ne m'en restait que deux, dans le même état que les autres, sans barques ni vivres, pour entreprendre une traversée de sept mille milles de mer et d'eau, ou bien mourir en route avec mon fils et mon frère et tant de gens. Qu'ils répondent, ceux qui ont l'habitude de censurer les autres et de les reprendre en disant là-bas, bien à l'abri: "Pourquoi ne faisiez-vous pas ceci ou cela?" J'aurais bien voulu les voir dans ce voyage.

«J'atteignis la Jamaïque à la fin du mois de juin, toujours avec des vents debout et mes navires bien mal en point; avec trois pompes, des cuves et des chaudrons, tous les hommes ne pouvaient triompher de l'eau qui entrait dans le navire, et pour ce mal des tarets il n'y a point d'autre remède. Je repris la route pour me rapprocher le plus possible de l'île Espagnole, qui se trouvait à vingt-huit lieues, et j'aurais voulu n'être jamais parti. L'autre navire courut chercher un port, à demi submergé. Moi, je m'obstinai à reprendre la mer pour tenter la fortune de gagner un port. Mon navire faillit sombrer, et c'est par miracle que Notre-Seigneur me ramena à terre.

« Qui pourrait croire ce que j'ai écrit ici ? J'assure que je n'ai pas dit dans cette lettre le centième de ce qui m'arriva. Que ceux qui étaient avec l'Amiral en témoignent.

« S'il plaît à Vos Altesses de me faire la grâce du secours d'un navire de plus de soixante tonneaux, avec deux cents quintaux de biscuits et quelques autres provisions, cela suffira pour me ramener avec mes gens en Espagne. De l'île Espagnole à la Jamaïque, où je me trouve, j'ai déjà dit qu'il n'y a pas vingt-huit lieues.

« À Cariay et dans toutes les terres de la région les gens sont de grands sorciers et très couards. Ils auraient donné le monde entier pour que je ne m'arrête pas une heure chez eux. Quand j'arrivai là, ils m'envoyèrent aussitôt deux jeunes filles très bien parées. La plus âgée ne devait pas avoir onze ans et l'autre sept, toutes deux l'air si libre que des putains ne l'auraient pas davantage. Elles portaient, cachées sur elles, des poudres magiques. Dès qu'elles arrivèrent, je les fis parer de certains de nos objets et les renvoyai à terre. Là, je vis une sépulture sur la montagne, aussi grande qu'une maison, et décorée à merveille, et le corps y était à découvert, à la vue de tous. On me parla d'autres ouvrages encore plus magnifiques. Il y a là beaucoup d'animaux petits et grands très différents de ceux de chez nous.

« On m'y a offert deux porcs, qu'un chien d'Irlande n'osait pas affronter. Un arbalétrier avait blessé un animal qui ressemblait à un sapajou, sauf qu'il était plus grand et avait un visage d'homme ; sa flèche l'avait traversé de la poitrine à la queue, et comme il était féroce il avait dû lui couper un bras et une jambe. Dès qu'il le vit, le porc se hérissa et s'enfuit. En voyant cela, j'ordonnai de jeter contre lui le "bégare", car c'est ainsi qu'on l'appelle, là où il se trouvait ; quand il fut sur lui, tout moribond qu'il était, avec sa flèche encore dans le corps, il lança sa queue autour du groin de l'autre et le serra très fort, et avec la main qui lui restait il le saisit par la crinière comme un ennemi. La nouveauté de la scène et cette belle action de vénerie me poussa à écrire ce qui précède. On captura de nombreux animaux, mais tous moururent de la maladie de fureur. J'ai vu des quantités de poules très grosses avec des plumes comme de la laine ; des lions, des cerfs, et autres chevreuils, ainsi que des oiseaux.

« Les animaux et les oiseaux de la nature dans les terres sont très petits et amers, contrairement à ce que j'entends dire par ceux qui parlent des Indes. En certains endroits les poissons sont très savoureux, et en d'autres non. Une fois par lune, il en vient à la côte de tout petits, pas plus grands que du vermicelle, que les gens attrapent avec une sorte de poche ; ils les font cuire au feu ou au soleil et s'en nourrissent. Cela dure chaque lune de trois à cinq jours, et ensuite il en vient d'autres comme des petites sardines, pendant aussi longtemps, mais ces derniers ne s'échouent pas sur la plage ; avec des paniers, ils les attrapent aussi facilement que les autres. C'est là la principale nourriture de ces gens frustes qui vivent sur la côte de la mer, qui est toute marécageuse et couverte d'eau, presque partout où je suis allé. Dans les terres, il y a de l'ordre public, des foires et du commerce.

« Quand je naviguais sur cette mer avec tant de peine, certains étaient tombés dans l'hérésie de croire que nous étions ensorcelés, et ils le croient encore aujourd'hui. J'ai rencontré d'autres gens, qui mangeaient les hommes : la laideur de leur visage l'indique. On dit qu'il y a là de grandes mines de cuivre ; j'ai eu des haches de ce métal, et beaucoup d'autres objets travaillés, fondus, soudés, et j'ai vu une forge avec tout l'attirail des argentiers et les creusets. Les gens de cette région sont vêtus, et j'ai vu de grands draps ou tissus de coton brodés de très fines broderies, et d'autres finement peints au pinceau de couleurs variées.

« Quand j'ai découvert les Indes, j'ai dit que c'était le plus grand et le plus riche royaume du monde. Je parlai de l'or, des perles, des pierres précieuses, des épices, ainsi que de leur commerce et leurs marchés, et comme tout cela n'apparut pas tout de suite, je fus l'objet d'un scandale. Cette leçon me conduit aujourd'hui à ne dire que ce que m'ont rapporté les habitants de ce pays. Au sujet de l'un d'entre eux, j'ose dire, parce qu'il y a de très nombreux témoins, que j'ai vu dans cette région de Beragua plus de signes de l'existence de l'or durant les deux premiers jours qu'en quatre ans à l'île Espagnole, et que les terres de l'endroit ne peuvent être plus belles ni mieux travaillées, et qu'il y a là un bon port et un beau fleuve facile à défendre, au-delà de ce qu'on peut imaginer.

« Tout cela est une assurance pour les chrétiens et la certitude de leur souveraineté, en même temps qu'un grand espoir d'honneur et de propagation de la religion chrétienne ; le voyage pour y aller depuis l'Espagne sera aussi bref que celui de l'île Espagnole, car il se fera avec un vent favorable. Vos Altesses sont aussi maîtres de ces terres que de Séville ou de Tolède. Leurs navires qui feraient le voyage iraient chez elles. De là on tirera de l'or et on ira à l'intérieur des terres. L'or est très excellent ; c'est de l'or qu'on fait les trésors, et celui qui le possède fait ce qu'il veut sur terre, si Dieu Notre-Seigneur ne s'y oppose pas, et il parvient même à envoyer les âmes au Paradis.

« Quand ils meurent, les seigneurs des pays de la région de Beragua enterrent leur or avec leur corps ; c'est ce qu'ils disent.

« On apporta à Salomon en une seule fois six cent soixante-six quintaux d'or, outre ce que lui avaient apporté les marchands et les marins et outre les droits qu'on lui avait payés en Arabie. Je dis que ces mines sont les mêmes et coïncident avec celles de Beragua. Or, pierres et argent, Salomon avait tout acheté, et là,

Vos Altesses peuvent le faire prendre pour rien si elles le veulent.

«Jérusalem et la montagne de Sion doivent être reconstruites par des mains chrétiennes; et quant à celui qui doit le faire, Dieu le dit par la bouche du Prophète dans le quatorzième Psaume. L'abbé Joachim[1] dit que cet homme doit venir d'Espagne.

«J'ai passé sept ans à la Cour royale, au cours desquels tous ceux à qui on parla de cette entreprise dirent d'une seule voix que c'était une plaisanterie. Aujourd'hui, chacun se veut auteur et dit des merveilles, et il n'est pas jusqu'aux tailleurs qui ne supplient qu'on leur donne licence de découvrir et on leur permet de le faire, au grand préjudice de mon honneur et au grand dommage de l'entreprise. Il est juste de rendre à Dieu ce qui est à Dieu et à César ce qui lui appartient. C'est une juste sentence, et une sentence de juste.

«Les terres qui obéissent ici à Vos Altesses sont plus vastes et plus riches que toutes les autres terres chrétiennes. Après que, par la volonté de Dieu, je les eus placées sous leur royale et haute seigneurie et les eus rendues prêtes à produire une énorme rente, à l'improviste, alors que j'attendais des navires pour qu'ils me mènent en leur royale présence, victorieux et porteur de grandes nouvelles au sujet de l'or, très tranquille et très joyeux, je fus, contre leur royale volonté, fait prisonnier et jeté avec mes deux frères dans un navire, chargé de fers, dépouillé de mes vêtements, fort mal

1. Il s'agit de Joachim de Flore, mystique italien du XIIe siècle (*N.d.T.*).

traité, sans avoir désobéi, ni été ni cité, ni convaincu par justice. Privilèges, lettres, promesses, contrat, rien ne m'a servi.

«Qui croira qu'un pauvre étranger pouvait se soulever dans cet endroit contre Vos Altesses sans raison et sans le soutien d'un autre prince, seul au milieu de leurs vassaux et de leurs sujets naturels, alors qu'il avait tous ses enfants à leur Cour royale ?

«Je suis entré à votre service à vingt-huit ans, et maintenant je n'ai plus un cheveu qui ne soit blanc, j'ai le corps à tout jamais malade, j'ai dépensé tout ce qui me restait de mes aïeux, on m'a pris et vendu, comme mes frères, jusqu'à ma casaque, sans que je sois entendu ni vu, à mon grand déshonneur, et contre votre royal ordre et commandement.

«Que Vos Altesses aient pitié de mon malheur, elles que j'ai servies avec tant d'amour, de privations et de dangers.

«La restitution de mon honneur et de mes pertes et le châtiment de celui qui a fait cela feront retentir partout votre royale noblesse.

«Je jure qu'en l'an 1500 j'ai cru et je tenais pour certain qu'en 1503 je pourrais envoyer à Vos Altesses cent vingt quintaux d'or, sans compter une grande quantité de perles, de bois brésil et de nombreuses autres choses, et ainsi chaque année, et chaque fois davantage. Si j'en donnais les raisons, les ignorants eux-mêmes le comprendraient. J'ai parlé de tout cela à Vos Altesses de vive voix.

«J'avais aussi imaginé de fonder de grands villages

d'Indiens et de faire d'eux des chrétiens, et je m'étais mis à l'œuvre ; et si j'en ai envoyé quelques-uns en Castille, c'était pour qu'on les renvoyât ensuite aux Indes. Je me suis longuement expliqué par écrit à Vos Altesses.

« L'île Espagnole fait huit cents lieues de tour. Quand j'y fus, elle était fort peuplée, et de gens utiles. Quand j'en partis, je la laissai dans un tel état d'obéissance que si j'envoyais un seul chrétien au bout de l'île appeler le plus grand de ses caciques, celui-ci venait aussitôt à moi avec tous ses vassaux, sans perdre une heure ni chercher d'excuse. Quiconque était dans ce pays a pu le constater.

« J'ai toujours rapporté par écrit à Vos Altesses que les Indiens étaient ici l'or et la richesse, car dès que les chrétiens arrivent ici, d'aussi modeste origine soient-ils, ils prétendent descendre du roi Priam et veulent être traités comme si c'était vrai. Perdus les Indiens, perdue la terre ; un bon ordre pourrait garder tout cela.

« L'empereur de Cathay a eu naguère la souveraineté sur toute l'île ; il l'a perdue à cause de ses gouverneurs. C'est ce qu'écrit le Vénitien Marco Polo.

« La vue de son maître engraisse le cheval : c'est un dicton de Castille.

« Les nouvelles me disent que je suis perdu, si Dieu ne vient bientôt à mon secours. J'ai pleuré jusqu'à ce jour sur les autres. Que le ciel ait maintenant pitié de moi et que la terre pleure sur moi. Au temporel, après avoir servi pendant vingt ans avec tant de peines et de dangers, je n'ai pas en Castille une tuile qui m'appartienne, et si je veux manger ou dormir, je ne puis le

faire qu'à l'auberge ou à la taverne, et le plus souvent je n'ai pas de quoi payer mon écot, et pourtant je n'ai pas gaspillé mon salaire. Au spirituel, je me suis trouvé ici aux Indes de la façon que j'ai dite : isolé dans cette peine, malade, attendant chaque jour la mort et entouré d'un million de sauvages pleins de cruauté et sans miséricorde, nos ennemis, plus instables qu'une feuille de peuplier, et je suis si éloigné des saints sacrements de la sainte Église, qu'elle oubliera cette âme si elle vient à se séparer ici de son corps. Que celui qui aime la charité, la chasteté, la vérité et la justice pleure sur moi. Je n'ai pas fait ce voyage et cette navigation pour y gagner honneur et fortune. C'est la vérité. Je suis venu ici pour servir Vos Altesses avec une honnête intention et un grand zèle, et je ne mens pas.

«Je supplie Vos Altesses, si j'ai dit ici quelque chose contre leur royale volonté, de me pardonner. Je suis dans de telles angoisses et à de telles extrémités, que c'est merveille si je suis vivant, et non fou à lier. Mille feuillets ne suffiraient pas pour y écrire mes peines. Tout mon sang est changé en pus. Je supplie aussi Vos Altesses, s'il plaît à Dieu de me sortir d'ici, de trouver bon que je me rende à Rome et à d'autres lieux de pèlerinage. Que la Sainte Trinité garde et augmente leurs jours et leur puissance pour son saint service.

«Aux Indes, dans l'île de la Jamaïque, en date du 7 juillet 1503.

«De Vos Altesses
«le très humble serviteur
«qui baise leurs mains et pieds royaux»

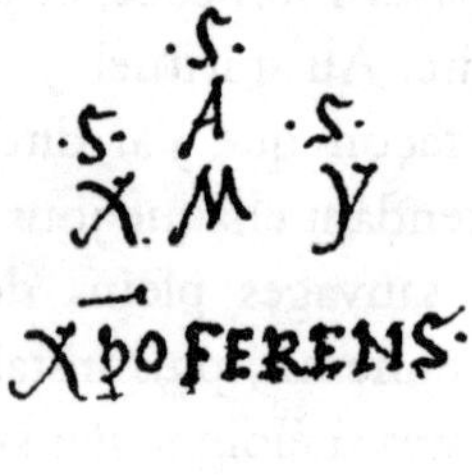

Le Testament et le Codicille

Valladolid, 19 mai 1506

Dans la noble ville de Valladolid, le 19 mai de l'an 1506 de la naissance de Notre-Seigneur Jésus-Christ, par-devant moi, Pedro de Inojedo, secrétaire de la Chambre de Leurs Altesses et secrétaire de province en leurs Cour et Chancellerie, le seigneur don Cristóbal Colón, Amiral et Vice-Roi et Gouverneur Général des îles et de la terre ferme des Indes découvertes et à découvrir, selon son dire, étant malade dans son corps, déclara qu'attendu qu'il avait fait déjà un testament par-devant notaire public, il ratifiait ledit testament, qu'il l'approuvait et le donnait pour bon. Et maintenant pour ajouter audit testament, il avait écrit de sa main un document que par-devant moi, ledit notaire, il montra et présenta, dont il dit qu'il était de sa main, et signé de son nom, disant qu'il ratifiait tout ce qui était contenu dans ledit écrit et toutes les dispositions en lui contenues afin qu'elles soient exécutées et aient valeur de dernière et ultime volonté.

«J'ai constitué mon cher fils don Diego héritier de tous mes biens et offices que j'ai de droit et par héritage, dont j'ai constitué un majorat en sa faveur, et si ce fils n'avait pas d'héritier mâle, que mon fils don

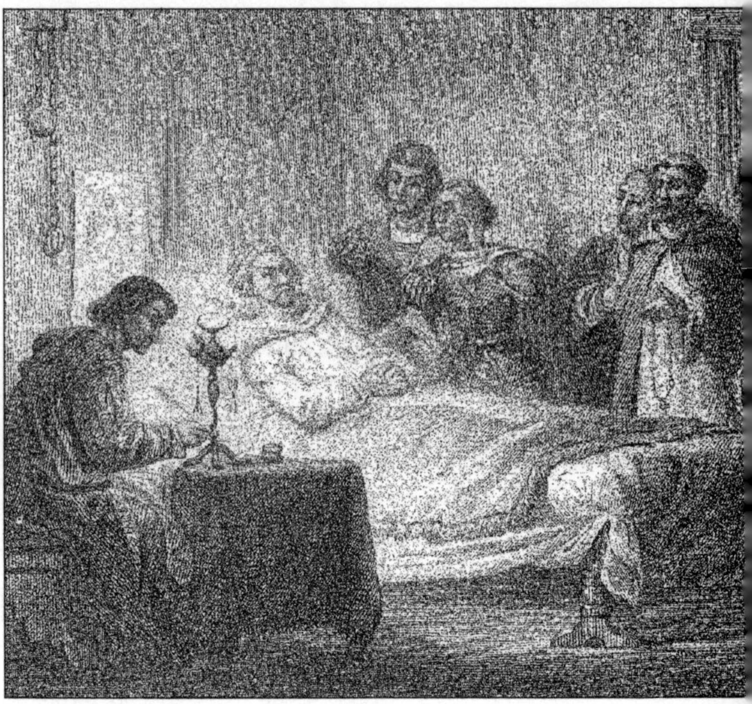

Fernando hérite de ces biens de la même façon ; et de la même façon, si celui-ci n'avait pas d'héritier mâle, que mon frère don Bartolomé hérite de la même façon ; et de la même façon, s'il n'avait pas d'héritier mâle, que l'héritier soit mon autre frère ; et que cela soit ainsi entendu d'un parent au parent le plus proche de mon lignage, et à tout jamais. Et qu'aucune femme n'hérite, à moins que la descendance mâle ne vienne à manquer ; et si cela se produisait, que l'héritière soit la femme la plus proche de mon lignage. Et j'ordonne audit don Diego, mon fils, ou à quiconque hériterait,

qu'il ne pense et ne s'aventure à amoindrir ledit majorat, mais au contraire qu'il l'accroisse et l'affirme : c'est à savoir que la rente qu'il en aurait, serve avec sa personne et son état le Roi et la Reine, Nos Seigneurs, et la propagation de la religion chrétienne.

« Le Roi et la Reine, Nos Seigneurs, quand je les eus servis avec les Indes, je dis bien servis, car il semble que je les leur ai données par la volonté de Dieu Notre-Seigneur, comme quelque chose qui m'appartenait, je peux le dire, car j'importunais Leurs Altesses à cause d'elles, lesquelles étaient inconnues et leur chemin caché à tous ceux à qui on en avait parlé ; et pour aller les découvrir, outre que j'ai mis mes conseils et ma personne, Leurs Altesses ne dépensèrent et ne voulurent dépenser qu'un million de maravédis, et c'est moi qui dus dépenser le reste. Ainsi donc il plut à Leurs Altesses que j'eusse pour ma part desdites Indes, îles et terre ferme, qui se trouvent au ponant d'une ligne qu'ils firent tracer à cent lieues des îles Açores et du Cap-Vert, et qui allait d'un pôle à l'autre, que j'eusse pour ma part le tiers et le huitième de tout, plus la dixième partie de ce qui s'y trouve, comme le montrent plus amplement mes privilèges et lettres de grâce. Parce que jusqu'ici il n'y a pas eu de rente desdites Indes, dont je puisse répartir ce que je vais dire ci-après, et dont on espère de la miséricorde de Notre-Seigneur qu'elle sera très grande, mon intention serait et est que don Fernando, mon fils, en reçût un million et demi chaque année, et don Bartolomé, mon frère, cent cinquante mille maravédis, et mon frère don Diego cent mille maravédis, car il appartient à l'Église. Mais je ne peux établir cela de façon précise, parce que, comme je l'ai dit, il n'y a pas eu et il n'y a point encore de rente connue.

«Je dis que cette part que j'ordonne de donner à don Fernando, mon fils, j'en fais un majorat en sa faveur, où lui succédera son fils aîné, et ainsi de l'un à l'autre perpétuellement, sans qu'il puisse la vendre ni l'échanger, ni la donner, ni l'aliéner en aucune manière, et que cela soit fait de la même façon que pour l'autre majorat que j'ai fait pour don Diego, mon fils.

«Je dis à don Diego, mon fils, et j'ordonne, que tant qu'il recevra une rente dudit majorat et héritage, il entretienne dans une chapelle qui sera construite trois chapelains qui diront chaque jour trois messes, une en l'honneur de la Sainte Trinité, l'autre en l'honneur de la Conception de Notre-Dame et la dernière pour l'âme de tous les fidèles défunts, et pour mon âme et pour celles de mon père, de ma mère et de ma femme. Et que si cette rente est suffisante, il fasse ladite chapelle glorieuse et qu'il augmente les oraisons et prières en l'honneur de la Sainte Trinité; et s'il était possible que cette chapelle soit bâtie dans l'île Espagnole, que Dieu m'a miraculeusement donnée, je serais heureux que cela fût là où je l'ai invoquée déjà, c'est-à-dire dans la plaine, qu'on appelle de la Conception.

«Je dis et j'ordonne à don Diego, mon fils, ou quiconque hériterait de lui, de payer toutes les dettes dont je laisse un mémoire, de la façon qui y est dite, plus celles dont il apparaîtra que je les dois vraiment. Et je lui ordonne de prendre soin de Beatriz Enriquez, mère de don Fernando, mon fils, qu'il la pourvoie afin qu'elle puisse vivre honnêtement, comme quelqu'un à qui je dois tant. Et que cela se fasse pour l'apaisement de ma conscience, car c'est un grand poids pour mon âme.» Fait le 25 août 1505 : suit *Christo Ferens*.

Pedro de Hinojedo, notaire.

CHRONOLOGIE

1451 : naissance à Gênes, en Italie, de Cristoforo Colombo. Son père est un modeste tisserand. Intelligent, mais sans instruction, Colomb a un tempérament d'aventurier. Il quitte rapidement la boutique paternelle et, à quatorze ans, embarque pour la première fois. Gênes est alors, avec Venise, l'un des plus grands ports d'Europe.
Pendant quelques années, il sera corsaire. Attention : à l'époque, corsaire n'était pas synonyme de pirate, les corsaires constituaient l'équipage d'un navire armé par un particulier avec l'accord du gouvernement. Ils recevaient de leur souverain une «lettre de marque» les autorisant à attaquer les navires de commerce ennemis.

1476 : Colomb a vingt-cinq ans : il embarque comme mousse sur un navire partant livrer du mastic en Angleterre et en Flandre. Attaqué par les Français au sud du Portugal, le bateau coule. Blessé, Colomb s'agrippe à un aviron et parcourt à la nage les huit kilomètres qui le séparent de la côte. C'est ainsi qu'il se retrouve au Portugal.
Là, il va écouter les histoires des vieux loups de mer : loin vers l'ouest existeraient de vastes terres inexplorées. Il est sûr que ces terres ne sont autres que la Chine décrite par Marco Polo dans son *Livre des merveilles du monde* et qu'on doit pouvoir y accéder en traversant l'Atlantique.

1477-1485 : il voyage vers le nord, jusqu'en Islande, et au sud, le long des côtes africaines, jusqu'au golfe de Guinée.

1479 : à vingt-huit ans, il épouse Felipa Muñiz, une jeune

femme sans fortune, mais de haute lignée, qui va l'introduire dans la noblesse portugaise. Peu après le mariage, les époux vont s'installer sur l'île de Porto Santo, dans l'archipel de Madère, que gouverne le frère de Felipa. Ils y restent jusqu'en 1483. C'est là que naît leur fils Diego.

1483 : ils rentrent à Lisbonne où Colomb retrouve son frère Bartolomé qui se consacre à la cartographie. Pendant des années, il va étudier les documents de marine et de géographie qu'il annote de ses célèbres « apostilles », et se familiariser avec le latin, la langue des hommes de science. Un jour, il demande audience au roi Jean II du Portugal pour lui présenter son projet de rallier les Indes par l'Atlantique. Jean II refuse de soutenir cette entreprise : il trouve Colomb à la fois trop optimiste et trop ambitieux : pas question de le nommer, comme il le réclame, « Grand Amiral de la mer océane ». Poursuivi par les créanciers, Colomb fuit vers l'Espagne, laissant Felipa derrière lui. Elle mourra sans qu'il l'ait revue.

Été 1485 : il débarque à Palos, en Andalousie, en compagnie de son jeune fils Diego, qu'il confie au monastère de la Rabida.

20 janvier 1486 : il décide de soumettre son projet à la cour d'Espagne. Mais Ferdinand d'Aragon et Isabelle de Castille ont d'autres soucis : bouter les Maures – et les Juifs – hors d'Espagne. Colomb va devoir attendre huit longues années avant de pouvoir réaliser son projet. Il a trente-cinq ans, ce n'est plus un jeune homme à une époque où l'âge moyen de la mort est... vingt-cinq ans. Il va tenter de plaider sa cause auprès d'autres cours européennes, mais sans succès. À Cordoue, il noue une liaison avec Béatrice de Arana, une jeune femme de vingt ans qui va lui donner un fils, Ferdinand, futur biographe de son père. Colomb n'épou-

sera jamais Béatrice, préférant rester le veuf d'une noble plutôt que l'époux d'une roturière.

Janvier 1492 : l'Espagne arrache aux Maures leur dernier bastion : Grenade. Les souverains vont pouvoir s'occuper de cette nouvelle croisade : la conquête des Indes par l'ouest.

17 avril 1492 : enfin, les souverains espagnols acceptent de financer le projet. Ils octroient à Colomb une flotte de trois navires : une nef – un grand navire – et deux caravelles, plus petites, et signent les *Capitulations* de Santa Fé, accords par lesquels ils répondent à toutes les exigences de Colomb : il sera, notamment, « Grand Amiral de Castille » et « Vice-Roi des Indes ».

Premier voyage

3 août 1492 : la nef, la *Santa María*, sur laquelle se trouve Colomb, les deux caravelles, la *Pinta* (avec pour capitaine Martín Alonso Pinzón) et la *Niña* (gouvernée par Vicente Yáñez), ainsi que quatre-vingt-dix membres d'équipage, quittent le port de Palos pour Cipango, le Japon tant vanté par Marco Polo, et Cathay, la Chine.
À peine en mer, Colomb commence le journal de son voyage. Il met le cap sur les Canaries. La traversée se passe au mieux jusque dans la mer des Sargasses, près du triangle des Bermudes, où les navires se trouvent pris dans les algues flottantes caractéristiques de l'endroit. Les marins, prêts à se mutiner, menacent de jeter Colomb par-dessus bord. Fort heureusement, la terre est proche.

Nuit du 12 octobre 1492 : vers deux heures du matin, un marin aperçoit la terre. Pourtant, la somme offerte par les souverains d'Espagne à qui la verrait le premier ne lui reviendra pas : Colomb maintiendra avoir lui-même aperçu la terre quatre heures auparavant.

13 octobre 1492 : il débarque dans l'île de Guanahaní (sans doute Watling dans l'archipel des Lucayes, les actuelles Bahamas), qu'il baptise San Salvador. Il s'étonne de rencontrer à Guanahaní des indigènes peu craintifs et peu vêtus : cette île ne ressemble pas vraiment au Cipango de Marco Polo... Où sont l'or, les perles, les pierres précieuses ? Colomb va passer trois mois à les chercher.

15 octobre 1492 : découverte d'une île qu'il appelle Sainte-Marie-de-la-Conception (peut-être Rum Cay), et de Fernandina, aujourd'hui Long Island, toujours dans les Bahamas.

19 octobre 1492 : découverte de l'île de Samoet, qu'il baptise Isabelle.

24 octobre 1492 : il part à la recherche de Cuba, où il arrive le 28 octobre.

7 décembre 1492 : découverte de l'île de la Tortue et de Bohío, qu'il baptise île Espagnole (aujourd'hui Haïti / Saint-Domingue).

19 décembre 1492 : découverte de l'île de Saint-Thomas.

Nuit du 24 au 25 décembre 1492 : la *Santa María* s'échoue sur un banc de sable, près de l'île Espagnole. On a le temps de décharger la nef avec l'aide des indigènes. Colomb ordonne de dépecer le navire et de construire une citadelle avec ses madriers et ses planches : c'est le fort de la Nativité, à l'ouest de l'actuelle ville du Cap-Haïtien. Il va laisser trente-neuf hommes pour y chercher de l'or. Dans le même temps, Martín Alonso Pinzón déserte, avec la *Pinta*, dans le même but…

4 janvier 1493 : Colomb lève l'ancre et quitte le fort de la Nativité pour rentrer en Espagne.

6 janvier 1493 : la *Pinta* le rejoint, bredouille. Au retour en Espagne, son équipage sera condamné pour désertion.

13 janvier 1493 : premières escarmouches, sans doute avec les Caraïbes, réputés cannibales. Colomb bat en retraite.

16 janvier 1493 : la *Niña* et la *Pinta* voguent vers l'Europe.

12 février 1493 : début de la tempête. L'équipage et Colomb lui-même promettent d'aller accomplir des actions de grâces s'ils sont sauvés. Il jette à la mer le journal de son voyage, en espérant que quelqu'un le trouvera : ce ne sera jamais le cas.

4 mars 1493 : arrivée au Portugal. L'expédition y reçoit un accueil hostile. En effet, les Portugais craignent qu'elle ne rentre des côtes africaines, dont les découvertes leur appartiennent. Le roi Ferdinand obtiendra quatre bulles du pape Alexandre VI garantissant à l'Espagne la propriété des terres découvertes : aux Portugais l'Orient, dont l'Afrique, aux Espagnols l'Occident dont les terres découvertes.

15 mars 1493 : la *Niña* entre dans le port de Palos. Une fois encore, la *Pinta* a disparu. Martín Alonso Pinzón a suivi une autre route : il arrive pourtant à Palos le même jour que Colomb. Il mourra un mois plus tard.

30 mars 1493 : Colomb va rejoindre les souverains, escorté de

six Indiens et d'une foule de valets portant les oiseaux, les objets, les graines et l'or rapportés des Indes. À Barcelone, on lui réserve un accueil triomphal. C'est la consécration.

Deuxième voyage

25 septembre 1493: accompagné d'hidalgos, des nobles espagnols désireux de s'établir aux Indes, de religieux chargés d'évangéliser les indigènes et de son jeune frère Diego, Colomb part de Cadix pour prendre possession de ces terres dont il est désormais vice-roi, avec une quinzaine de navires et au moins mille deux cents hommes.

3 novembre 1493: il parvient aux petites Antilles et découvre la Dominique et la Marie-Galante.

4 novembre 1493: découverte de la Guadeloupe, de Sainte-Marie-de-Montserrat et des Saintes. Ce sont les îles des Caraïbes (les cannibales). Puis il mouille devant la première des grandes Antilles: Porto Rico, et longe quasiment toute la côte cubaine.

27 novembre 1493: il arrive à la Nativité et apprend que les trente-neuf colons laissés sur place ont été massacrés pour avoir volé l'or et les femmes des indigènes. Le chef de la révolte est un certain Cahonaboa. Colomb vengera ses colons en faisant la conquête de l'île et en capturant Cahonaboa. Il décide d'édifier une ville, loin du fort dévasté: la Isabela, première cité européenne des Indes.

3 février 1494: les Espagnols étant malades à cause du changement de nourriture et de climat, Colomb envoie en Castille Antonio de Torres, gouverneur de la Isabela, et douze navires pour en rapporter de la nourriture espagnole.

12 mars 1494: il part en reconnaissance à l'intérieur de l'île Espagnole et fait édifier le fort de Saint-Thomas où il va déporter quelque quatre cents colons indisciplinés.

24 avril 1494: il confie le gouvernement de la Isabela à son frère Diego et s'embarque sur la *Niña* avec une soixantaine d'hommes pour prendre officiellement possession de Cuba. Découverte de la Jamaïque, qu'il appelle aussi Saint-Jacques.

15 mai 1494: il rencontre un archipel qu'il baptise les Jardins-de-la-Reine.

29 septembre 1494: retour à la Isabela. Diego a échoué dans son gouvernement: les colons n'obéissent pas et maltraitent les Indiens. Bartolomé est nommé adelantado, commandant militaire.
Cette année-là, les souverains espagnols, fondateurs de l'Inquisition, ayant expulsé les Juifs du royaume et opéré la Reconquête, ont été proclamés «Rois Catholiques» par le pape.

1495: année de la répression contre les Arawaks. On les massacre, on les déporte vers l'Espagne. Les mauvais traitements et les microbes européens vont contribuer à un véritable génocide: en une cinquantaine d'années, des cent mille Indiens que comptait Haïti, il ne restera que quelques centaines de survivants.
Les dissensions entre colons sont nombreuses. Certains Espagnols mécontents, opposés au «clan génois» de Colomb, se plaignent aux souverains du mauvais gouvernement de celui-ci. Les Rois Catholiques décident d'envoyer sur place un enquêteur, Juan Aguado.

Octobre 1495: Aguado débarque sur l'île Espagnole. Par chance, à ce moment-là, on découvre une mine d'or.

10 mars 1496 : Colomb confie le gouvernement de l'île à son frère Bartolomé et rentre en Castille avec la *Niña* et l'*India*.

11 juin 1496 : c'est un équipage affamé et malade qui débarque à Cadix. On affuble Colomb du sobriquet d'« amiral des moustiques ».

La cabale menée par les envieux et les anciens marins déserteurs se fait de plus en plus virulente. Un mois après son arrivée, les Rois Catholiques invitent Colomb à se rendre à la Cour. Ils le félicitent, mais sans chaleur. Il avait promis de l'or et a surtout rapporté la syphilis qui se propage de port en port. En effet, l'une des théories sur l'origine de cette maladie est qu'elle aurait été rapportée en Europe par les marins de Colomb dès le mois de mars 1493. Par ailleurs, les souverains ne semblent pas pressés de financer un troisième voyage. Colomb devra attendre deux ans avant de pouvoir reconquérir les faveurs des monarques et de voir approuver son projet.

14 avril 1497 : il reçoit des souverains l'autorisation d'établir un majorat, c'est-à-dire la possibilité de transmettre ses propriétés à son fils aîné.

Troisième voyage

30 mai 1498 : Colomb part de Sanlucar avec six navires, au lieu de douze. Il a eu du mal à recruter son équipage et a dû embaucher des prisonniers auxquels on a promis des remises de peine…

7 juin 1498 : il s'arrête dans l'archipel de Madère.

16 juin 1498 : il quitte l'île de Madère pour l'île de la Gomera, dans les Canaries. Là, il décide d'envoyer trois de ses six

navires directement dans l'île Espagnole, avec les provisions qu'il rapporte d'Espagne.

21 juin 1498 : il part pour les îles du Cap-Vert.

4 juillet 1498 : il quitte l'île de Santiago dans l'archipel du Cap-Vert.

31 juillet 1498 : il découvre l'île de la Trinité (Trinidad).

Août 1498 : sans le savoir, il découvre le continent américain (la « terre de Grâce ») en abordant à l'embouchure de l'Orénoque, en Amérique du Sud. En parcourant la côte, Colomb va comprendre que ce continent n'est pas la Chine mais une « quatrième partie du monde » : le Paradis terrestre. Pour justifier sa théorie, il réfute les savants qui, depuis Aristote, affirment la rotondité de la Terre, et prétend, quant à lui, qu'elle a la forme d'une poire.

15 août 1498 : il lève l'ancre en direction de l'île Espagnole.

31 août 1498 : il entre dans le port de Saint-Domingue, nouvelle capitale de l'île Espagnole (Haïti) créée par Bartolomé. Là, il apprend le soulèvement de Francisco Roldan, alcade (juge de paix) de l'île, qui a pris la tête du parti espagnol contre le clan génois : les hidalgos espagnols refusent de travailler et réclament des esclaves.

Fin 1498 : Colomb tente de négocier et adopte le système de l'*encomienda* : les Indiens doivent travailler et payer un impôt ; c'est le début de l'esclavage organisé. Néanmoins, ces mesures ne suffisent pas à rétablir le calme sur l'île.
Dans le même temps, les Rois Catholiques commencent à autoriser d'autres personnes à se rendre aux Indes : Colomb voit ses intérêts lésés.

1499-1500 : devant la gravité des troubles, les souverains envoient dans l'île Espagnole un émissaire muni des pleins pouvoirs : Bobadilla arrive le 23 août 1500 et expédie Colomb et ses deux frères, Diego et Bartolomé, enchaînés en Castille.

25 novembre 1500 : arrivée à Cadix.

25 décembre 1500 : Ferdinand d'Aragon les fait relâcher, mais Colomb a perdu tout son crédit.

Il sombre alors dans un véritable délire mystique. Vêtu d'une bure, portant une longue barbe, il s'en va sur les routes prêcher la croisade pour la reconquête de Jérusalem, annonce la fin du monde pour les cent cinquante années à venir et termine la rédaction du *Livre des prophéties*, prônant la réunion des trois grandes religions monothéistes.

3 septembre 1501 : les souverains nomment Nicolas Ovando gouverneur de l'île Espagnole.

Entre-temps, Vasco de Gama a atteint les Indes, celles que nous connaissons sous ce nom. Pour Colomb, c'est un nouveau défi : il sollicite à nouveau le roi et la reine pour qu'ils lui donnent une flotte lui permettant de rallier les Indes de Gama par la route de l'ouest.

QUATRIÈME VOYAGE

9 mai 1502 : Colomb quitte Cadix. Son fils cadet, Fernando, douze ans, l'accompagne. Il ne dispose que de quatre caravelles, dirige l'expédition avec le seul titre d'amiral et non en tant que vice-roi et gouverneur des Indes, et n'a pas la permission d'aborder à l'île Espagnole.

29 juin 1502 : la tempête menace, Colomb se présente

néanmoins devant l'île Espagnole, mais Nicolas Ovando lui interdit d'accoster. Colomb le prévient de la tempête, mais Ovando, qui s'apprête à renvoyer en Espagne une flotte de vingt-huit navires, ne l'écoute pas : vingt bateaux couleront, cinq cents hommes mourront, parmi lesquels Bobadilla. Certains verront dans cette tempête l'instrument d'une justice divine.
Colomb arrive à la Jamaïque.

27 juillet 1502 : pendant six mois, toujours persuadé d'être en Chine, il touche le Honduras, le Nicaragua, Veraguas, où il obtient beaucoup d'or, le Costa Rica et le Panamá, où il croit avoir abordé la Cochinchine.

6 janvier 1503 : il accoste une rade merveilleuse et décide d'y fonder Belém, mais il est assez vite refoulé par les Indiens et abandonne Belém le 16 avril.

Mai 1503 : il repart pour l'île Espagnole et, malade, presque aveugle, échoue sur une plage de la Jamaïque, où il va passer un an.

Mi-juillet 1503 : il fait construire une pirogue. Diego Mendez, l'un de ses fidèles, se porte volontaire pour partir dans cette pirogue chercher du secours auprès de Nicolas Ovando.
Pendant ce temps, l'équipage se scinde en deux clans rivaux ; à ces dissensions s'ajoute l'hostilité des Indiens. Colomb parvient à ruser : il sait, grâce à ses calculs, qu'une éclipse de Lune va se produire le 29 février 1504 et arrive ainsi à impressionner les Indiens.

Mars 1504 : Nicolas Ovando envoie enfin prendre des nouvelles de Colomb, mais toujours en lui interdisant de poser le pied sur l'île Espagnole. Ce n'est qu'au début de l'été 1504 que Diego Mendez parviendra à affréter un

navire pour aller, le 29 juin 1504, récupérer à la Jamaïque son commandant, ses deux frères et les quelques marins survivants.
Une fois à Saint-Domingue, Colomb affrète une caravelle pour rentrer en Espagne.

7 novembre 1504 : il revient à Sanlucar, mal en point et accablé de dettes.

27 décembre 1504 : mort de la reine Isabelle, la seule dont il pouvait encore espérer le soutien.

Colomb va consacrer les dix-huit derniers mois de sa vie à engranger des revenus, à préparer la lutte pour que son fils légitime, Diego, recouvre les titres et privilèges que lui avaient accordés les *Capitulations* de Santa Fé et à suivre la Cour de ville en ville pour tenter d'obtenir une audience du roi.
Ses maux s'aggravent ; le 19 mai 1506, il fait son testament, et meurt le lendemain, à cinquante-cinq ans. Ses restes subirent aussi de nombreuses tribulations sujettes à controverses : ils reposeraient aujourd'hui dans la cathédrale de Saint-Domingue.

Colomb ne laissera pas son nom à sa découverte : en effet, un an après sa mort, Martin Waldseemüller, célèbre géographe allemand, s'inspirera d'un autre explorateur, Amerigo Vespucci, pour baptiser du nom d'Amérique les terres découvertes par Colomb.

TABLE DES ILLUSTRATIONS

La *Santa María*

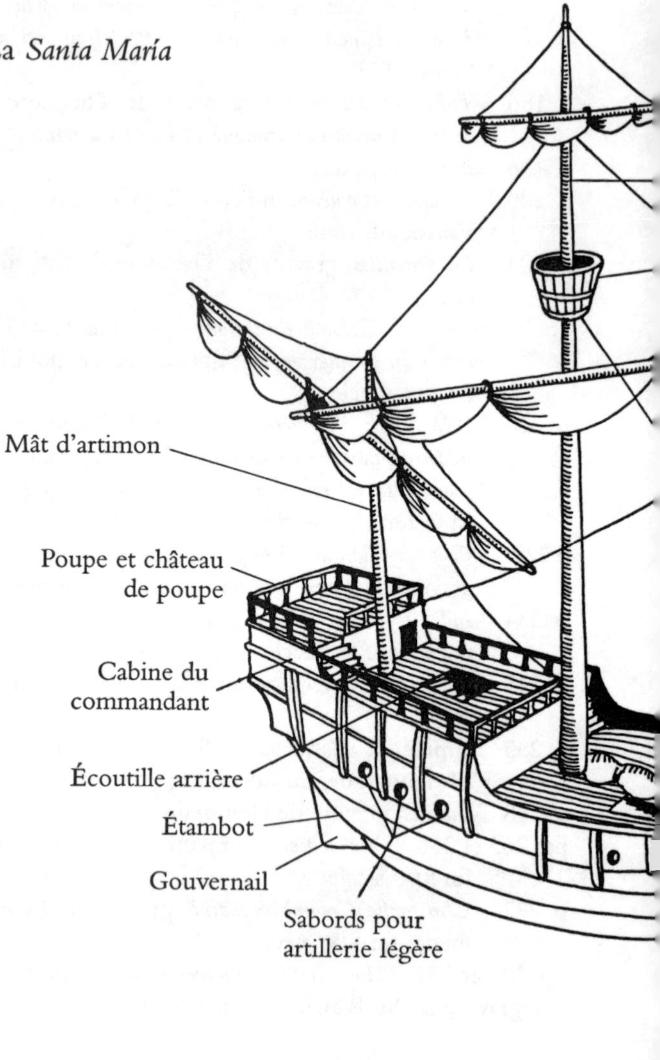

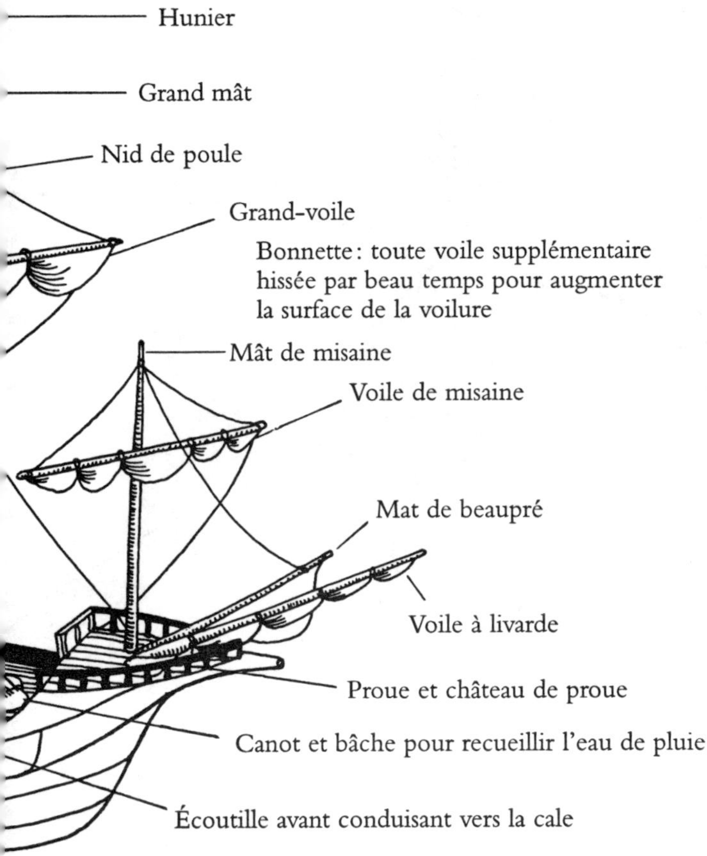
Hunier
Grand mât
Nid de poule
Grand-voile
Bonnette : toute voile supplémentaire hissée par beau temps pour augmenter la surface de la voilure
Mât de misaine
Voile de misaine
Mat de beaupré
Voile à livarde
Proue et château de proue
Canot et bâche pour recueillir l'eau de pluie
Écoutille avant conduisant vers la cale

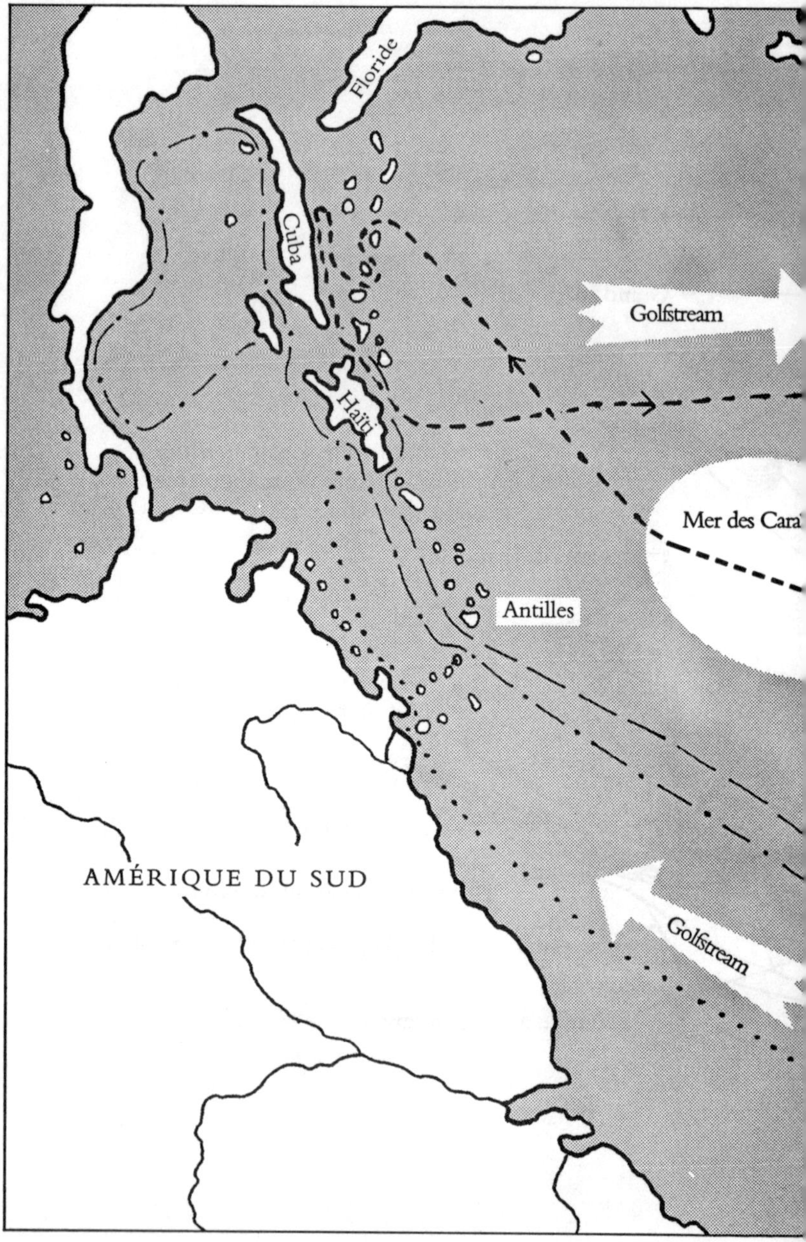
Floride
Cuba
Haïti
Golfstream
Mer des Caraï
Antilles
AMÉRIQUE DU SUD
Golfstream

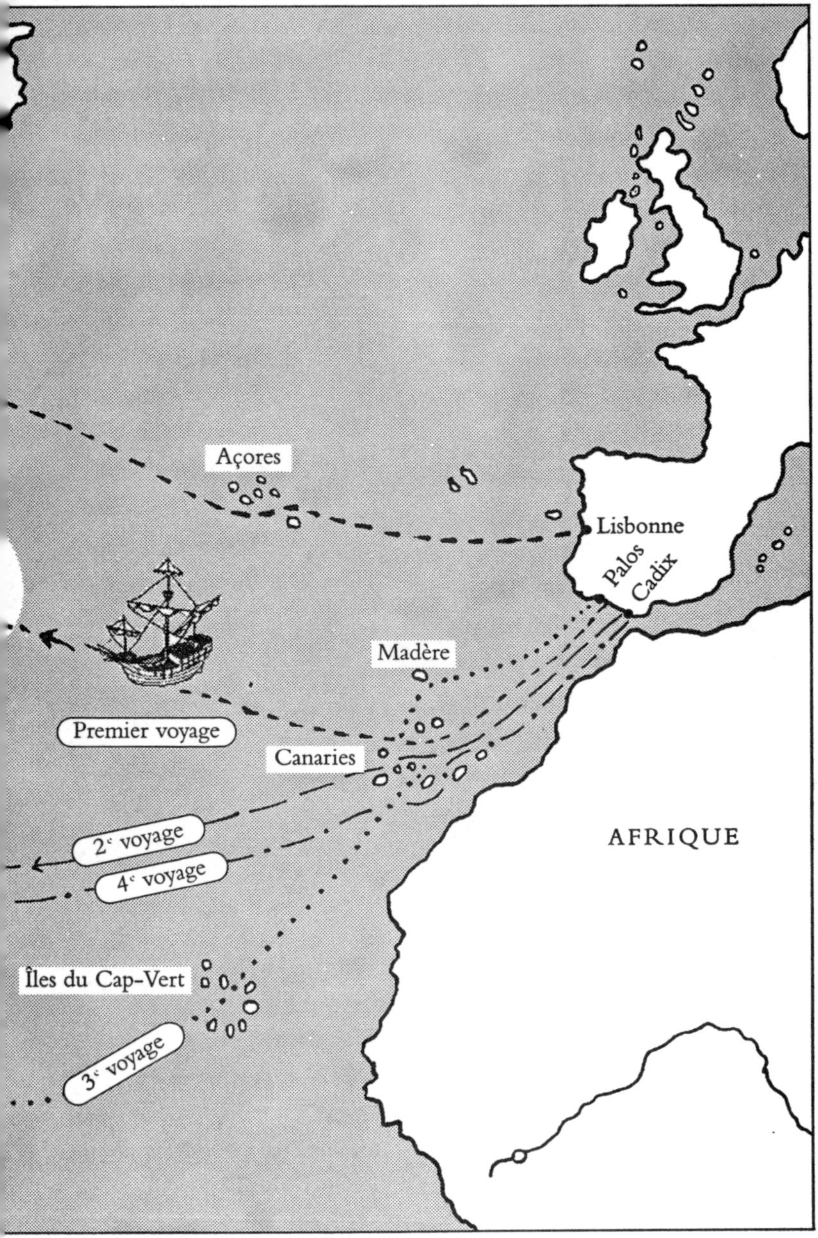
Açores
Lisbonne
Palos
Cadix
Madère
Premier voyage
Canaries
2e voyage
4e voyage
AFRIQUE
Îles du Cap-Vert
3e voyage

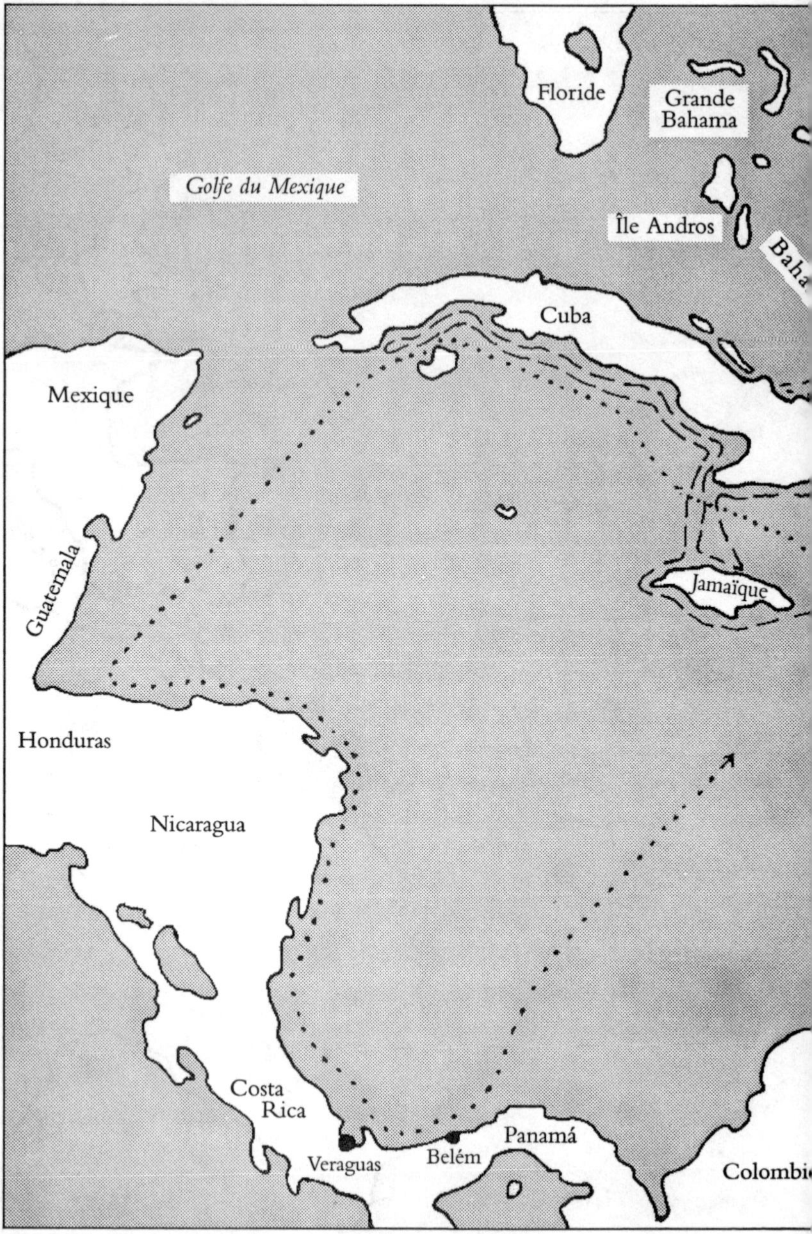
Floride
Grande Bahama
Golfe du Mexique
Île Andros
Baha
Cuba
Mexique
Guatemala
Jamaïque
Honduras
Nicaragua
Costa Rica
Veraguas
Belém
Panamá
Colombi

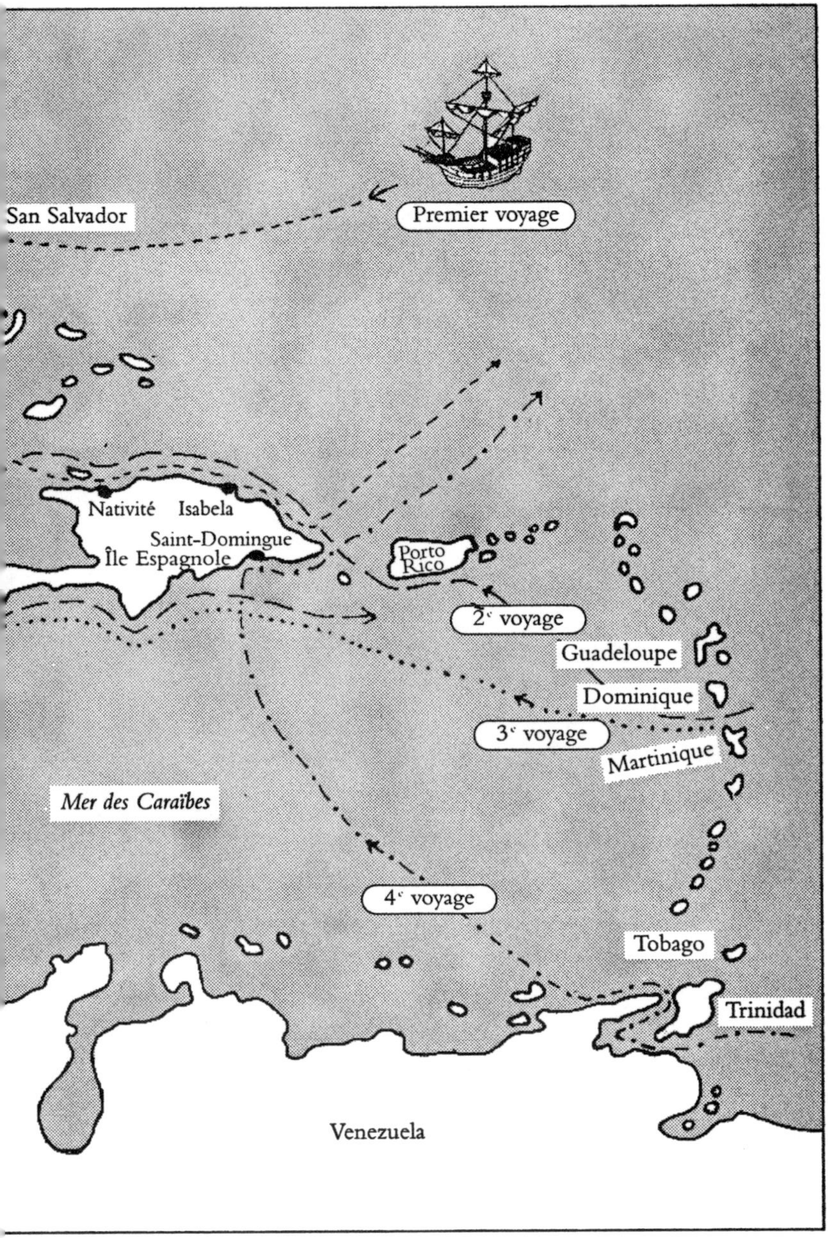
Premier voyage
San Salvador
Nativité
Isabela
Saint-Domingue
Île Espagnole
Porto Rico
2e voyage
Guadeloupe
Dominique
3e voyage
Martinique
Mer des Caraïbes
4e voyage
Tobago
Trinidad
Venezuela

Table